私は小説である

佐々木敦

幻戯書房

目次

I　事実

装釘・本文レイアウト——山本浩貴＋h（いぬのせなか座）

私は小説である

はじめに

私は小説である。

この奇異に思われるかもしれない文章には、幾つかの意味が込められている。

あらゆる小説は、最初の一文とともに、いや、最初の一文よりも前に、いわば言葉にならない前口上というか、叙述の開始の宣言として、常に必ず「私は小説である」と語っている。たとえ一見、小説とは思われないような始まりや体裁をしていたとしても、それが最終的に小説であるのならば、言外に、言葉の前に、必ず常に「私は小説である」は潜在している。

だとすれば、ここで言われる「小説」とは、いったい何のことなのだろうか？

本書の第一のテーマは、まずこの問いであるのだと言っていい。

いやしかし、この問いの答えは最初から決まっている。「わからない」。これが正解である。小説とは何か？　私にはわからない。だがそれでも、たとえ一見、小説ではないかのような出で立ちや振る舞いをしていたとしても、どういうわけか私は、私たちは、多くの場合、そこに書かれざる「私は小説である」を読み取って、これは小説なのだと理解し、受け止める。つまり「小説とは何か？」という問いは、「私は小説である」という暗黙の断言によって常に先回りされており、問い自体が宙吊りにされ、無効化されている。しかしだからといって、私たちは、私は、それでも「小説とは何か？」と問うことを止められはしないし、そう問うことが無意味なのでもない。むしろ「小説とは何か？」と「私は小説である」が組み合わされることによって、あらかじめの答えと遅れてきた問いがぐるぐる循環するようにして、何かを、何ごとかを、生み出す。

私は小説である、と宣っている「私」とは誰なのか？

「私は小説である」とは、つまり「小説」自身による一人称の文である。周知のごとく小説にはさまざまな人称があり得るし、そのことが重要な意味を持つ局面もしばしばある。だが小説そのものが自ら一人称で語るさまを読んだ覚えは私にはないし、実を言えばそれがそもそもどういうものなのかを想像することさえ出来ない。だが、それでも「私は小説である」と書くことは出来る、出来てしまう、この矛盾（？）は私にとっては極めて興味深いことに思われる。

私は小説である。名前はまだ無い。

巫山戯ているのではない。いや巫山戯ているのかもだが。

「私は小説である」には、まだ他にも意味がある。「私」は小説である。そう、私、この私、私にとって私がそうであるところの私、あなたにとってあなたがそうであるところの私、あなたの数だけ存在している筈の私が、つまり「小説」なのだということ。むろんここには、あの麗しくも厄介な「私小説」という問題が見え隠れしている。「私」と呼ばれる何ものかと「小説」は、一体どのように関係しているのだろうか？　もちろんこのことを考えるためには、まず「私」とは何であるのかを考えてみなくてはならないわけだが。

「わたくしといふ現象は」「(あらゆる透明な幽霊の複合体)」「(すべてわたくしと明滅し／みんなが同時に感ずるもの)」……賢治は何を見抜いていたのだろうか？　私という現象は「小説」に滲出し、果たして何をし（ようとし）ているのか？

私は小説である。
この文から始める。
本書＝私が小説でないことだけは確かなのだから、これはおかしな宣言なのだが。

I　事実

小島信夫の／とベケット

サミュエル・ベケットは、一九〇六年にダブリンで生まれ、一九八九年にパリに没した。享年八十三歳。

小島信夫は、一九一五年に岐阜県に生まれ、二〇〇六年に東京で亡くなった。享年九十一歳。

ベケットは、一九六一年に、戯曲『しあわせな日々（Happy Days）』を発表した。小島信夫は、一九九七年に、長編小説『うるわしき日々』を刊行した。この題名が「Happy Days」から採られていることは、よく知られている。そのことについては、しかし『うるわしき日々』ではなく、同じ年に書かれた小説「こよなく愛した」の中に出てくる。この短編には、主として大庭みな子との交流のことが綴られてあるのだが、そもそも『うるわしき日々』の新聞連載（の際は「麗しき日日」という題名だった）の話を仲立ちしたのが、大庭氏なのであった。「こよなく愛した」の最終章の一部を、引用してみよう。

ほんの半月ほど前、山小屋へ持参した雑誌をあけて、大庭みな子のページをあけた。

するとき、「楽しみの日々」というタイトルであった。今の日々のことが書きつらねてあった。

私の出す本は「うるわしき日々」という題になることになっている。都合で「麗しき」が平がなになる。

（中略）

私も「うるわしき日々」はベケットの「しあわせな日々」という芝居からとり、ベケットはヴェルレーヌの「うるわしき（しあわせな）日々」からとった。ベケットもヴェルレーヌも昔を回顧するという扱いととっていいと思う。私のは、大庭みな子さんの扱いと似ている。大庭さんが〈借りた〉というのはその意味だ。


（「こよなく愛した」、作品集『こよなく愛した』所収）

最後の一文の意味がよくわからないかもしれないが、あとで触れる。まず『うるわしき日々』という小説にかんして、少し説明をしておきたい。

小島信夫の長短膨大といってよい作品群は、最初期から最晩年まで、きわめて独特な仕方で繋がっている。作家自身が「私小説」について度々言及してはいたものの、それらはいわゆる「私小説」とは多くの点でかなり異なっている。小説家そのひとの人生と生活と日常が、創作のリソースになっていることは確かなのだが、小島作品における事実／現実と虚構／創造の関係は、どちらかが主で、もう一方が従である、というようなものではなく、なんだかよくわからないかたちで、複雑に融け合ってしまっている。

ともあれ『うるわしき日々』は、新聞連載時のふれこみとしては、名作『抱擁家族』の「三十年後の続編」というものであった。実際、ほとんどあらゆる点で作者である小島信夫自身を彷彿とさせる（が、もちろん完全にイコールというわけではない）主人公は『抱擁家族』と同じく「三輪俊介」であり、二作が連続していることは作中でも明言されている。

たびたび「老作家」などと記される「三輪俊介」は、いまや八十歳を超えている。小島文学の例に漏れず、じつに数多くの事柄がつれづれに語られるのだが、中心的に描かれているのは、五十代の息子がアルコール依存症によって記憶障害に陥り、日常生活もままならなくなり、家族にも見放されて高齢の両親の世話にならざるを得なくなるという話である。息子とは血が繋がっていない二人目の妻は、看病と心労の果てに、自らも健忘症を発症する。彼女のことは、その後も幾つかの小説に書き継がれ、小島信夫の遺作となった長編小説『残光』まで続くことになるだろう。

つまり『うるわしき日々』とは、一言でいうならば、どう考えても「うるわしき＝Happy」とは到底呼べないような日々が綴られた小説なのである。しあわせどころか、それは紛れもない不幸、ほとんど不条理とさえ言えるほどの強いふしあわせであり、いっそ悲惨と呼んでもいいかもしれない。しかし小島信夫は、そのような物語を『うるわしき日々』と題した。そしてそれはベケットの戯曲から採られている。このことを、よくよく考えてみなくてはならない。『しあわせな日々』は、言うまでもなく『ゴドーを待ちながら』『勝負の終わり』と並ぶ、劇作家ベケットの初期代表作である。登場人物はたったの二人。ウィニーという「五十歳くらいの女」と、ウィリーという「六十歳くらいの男」だが、台詞のほとんどはウィニーが喋る。二幕ものである。第一幕冒頭のト書き、その書き出しには、こうある。「焼けただれた草原の広がり」（安藤信也・高橋康也訳、以下同）。その舞台＝草原の真ん中が丸く盛り上がっており、そこにウィニーが腰まで埋まっている。彼女の後方の客席からは見えない位置には、ウィリーが横になっている。劇が始まった時、ウィニーは眠っているが、どこからともなくベルが間を置いて二度、けたたましく鳴ると、彼女は目を覚まし、そして延々と喋り始める。それは独白というよりウィリーへの問いかけが半々ぐらいである。この頃のベケットは、まだそれほど極端に抽象的ではなく、ウィニーは割と時事的なことも言うし、新聞記事を話題にしたりもする。彼女の台詞はとりとめもないようでいて、明らかに或る種の神学的な、それもどこかペシミスティックな、だがどこかコミカルでもあるような神学的様相を帯びている。題名は、第一幕終わりの次の台詞に出てくる。

ウィニー　ああきょうはしあわせな日だわ！(Oh this is a happy day!)　きょうもしあわせな日になるわ！(This will have been another happy day!)　ともかくにも(After all.)。今までのところは(So far.)。

第二幕が開くと、舞台装置は特に変わらないが、ウィニーは第一幕とは違って、もはや首まで円丘の土に埋もれており、ほぼ完全に身動きが出来なくなっている。ベルが激しく鳴ると、彼女は目を開け、また延々と話す。芝居の終わり近く、ウィリーはシルクハットにモーニング服、縞ズボン、白手袋といういでたちとなり、四つん這いになってウィニーに接近しようとするが、円丘からずり落ちてしまう。ウィニーの最後の台詞は、第一幕とまったく同じである。それから彼女は小声で歌を唄う。そして幕が閉じる。『しあわせな日々』は、こんな芝居である。

無論のこと、『ゴドー』とも同様に、この作品からは沢山の、無数の解釈を引き出すことが出来るのだが、それをひとつに絞り切ることは不可能だし、たとえ出来たとしてもそれは単なる誤りでしかない。だからそれはそうなのだが、しかし戯曲を読むだけでも、そこに流れているのがやはり、とても"Happy day!"とは言い難いような感覚であることはわかる。それはむしろ途方もないかなしみや、むなしさや、絶望に限りなく似ている。しかしだからといって、ウィニーの"Happy day!"はいわゆる空元気的なことでもなければ、皮肉でもない。ここには、ベケットが終世手放すことのなかった、人生や世界と呼ばれている何かに対する、独特な、と言っていいだろうスタンスがほの見えている。

題名までいただいているのに、小島信夫が直截的にベケットに言及したテクストは、他のたとえばシェイクスピアとかチェーホフなどと較べると、けっして多くはない。でももちろん、あるにはあって、たとえば二〇〇五年の五月末、ということは亡くなる約一年前に行なわれた講演は「カフカ・ベケット・ポストモダン」と題されている。小島信夫の講演は、その書きものと同じく、一見いかにも脈絡を欠いた、とりとめもない雰囲気で進む。その中に、こんな発言がある。

こう言ってはなんだけれど、ぼくの『別れる理由』は、ベケットの作品によく似ているんです。ベケットの方法とぼくの方法とは、もちろん違う。けれども、作品の狙いは同じなのです。ぼくの場合、本当はベケットに近いものを書きたいという思いがあったけれど、力量がないから絶対に書けない。ベケットは『マローンは死ぬ』なんかも書いているのですが、ぼくには神の問題がないので、それも書けない。

（「カフカ・ベケット・ポストモダン」、『小説のたのしみ』所収）

『別れる理由』は、小島信夫が一九六八年から一九八一年まで月刊文芸誌「群像」に連載し、分厚い三巻本として刊行された大長編である。では「ベケットの方法」とは、いかなるものか。「ベケットやカフカのように、抽象的でありながら具体的なものでもあるというような、両方が一体となっているものに、神聖な感じを受けるんです」と小島は述べている。「小説というジャンルは、もうどのテーマも書き尽くされてしまっている感がある。ところが、抽象と具象とが一体になるというテーマは、それが難しい主題だけに書き尽くされてはおらず、しかも世界的な普遍性を持っているのではないかと思っています。それは、信仰の、神の問題と結びつくわけです。神の問題が、抽象と具象の問題に結びついているわけです」。

重要なことは、ここで言われている「抽象と具象が一体になる」「神の問題」というのは、小島信夫にとっては、いささかも観念的なものではなく、それは彼の人生や生活、彼が感受し捉える現実や世界と、直にかかわっていたのだということである。そして小島信夫からすれば、ベケットのやっていること、その「方法」も、同じことなのだ。『しあわせな日々』から何らかの寓意を読み取ることは可能だし、そうするように作品自体から求められて（誘われて）もいるのだが、しかしそれは同時に、どういうわけか地面に埋まってしまっている中年女と、その女にどういうわけか結びつけられている初老の男の、つまりそこに描かれていること、ただそのままの物語でもある。

　そして、この「どういうわけか」ということを、小島信夫は、おそらく「神の問題」と呼んでいる。ベケットにとっては半分くらいはキリスト教のことであったのかもしれないが、幸か不幸か、大半の日本人と同じように「神の問題がない」小島信夫には、むしろそのせいで、具体的な名前とか教義とかを持ってはいない「神」らしき何かの「抽象と具象が一体」になった問題として、それを考えることが可能になっている。

　じつは小島信夫がベケットから題名を戴いた小説は、『うるわしき日々』の他に、もう一編ある。二〇一四年に編まれた晩年の作品集『ラヴ・レター』に収録されている短編「すべて倒れんとする者」である。発表は二〇〇二年の末。題名のゆえんが語られている箇所を引用する。

　　サミュエル・ベケットの放送劇に「すべて倒れんとする者」というのが

ある。先ずお婆さんの埃り道をひきずって歩く足音がする。彼女は今、夫を駅に迎えに行くところである。ニワトリにも烏にも出会う。道行く車ひきにも出会う。彼女は一つ一つアイサツをする。天気のことを口にする。もちろんアイサツである。駅につく。列車は予定の時刻はとっくに過ぎているのに到着しない。事故があった。人身事故というのであろう。それから二人は足をひきずりながら帰ってくる。

（「すべて倒れんとする者」、『ラヴ・レター』所収）

「すべて倒れんとする者」は、一九五七年発表。ラジオで放送された、音声のみのドラマである。小島信夫は、こう続ける。「老いたる小説家は、くりかえしつづく足音以外のことは忘れているけれども、足音のように近づいてくる死のことや、それと見合うようなさまざまなことが、ベケットと同じように聖書のことなど、言語の二重のイミなど理解できるだけの心得のある人には、私らの分からぬ分だけ分ることができるのであろう」。先の「カフカ・ベケット・ポストモダン」と、ほとんど同じことが書かれていることがわかるだろう。そしてこのくだりは、こう結ばれる。「私どものような普通の心得のない日本人には、地面を引きずる足音や烏、ニワトリ、山羊、犬、車輪のひびきなどが楽しませる。老いた足どりが、私たちを楽しませる。それで十分である」。

つまり、これが、うるわしき日々ということの、しあわせな日々ということの意味である。これはだから、単純な意味での反語でもなければ、逆説でもなければ、アイロニーでもない。それは、そのままの意味なのだ。（小島信夫の）「すべて倒れんとする者」では、症状が更に進んで、少女のようになってしまった妻との「今や日課となった午後の散歩」が描かれる。「こよなく愛した」で、一九九六年に脳梗塞で倒れて以来、左半身不随となり、車椅子生活を余儀なくされた大庭みな子と或るパーティーで再会した「私」は、「この二、三年、何かというと嗚咽しそうになるので、用心していた」のにもかかわらず、彼女から「今までいつもそうだったのですけど、こんど書いているものも、あなたから借りています」と言われて、「ただ顔を歪め、涙を出し、ますます、あたりも彼女の顔も見えなく」なってしまう。そして『うるわしき日々』の内容は、すでに述べた通りである。しかしそれでも、それはやはり、うるわしき、しあわせな、と形容されるのだ。なぜなら、たとえば「老いた足どりが、私たちを楽しませる。それで十分である」のだから。

ここにあるのは、いわば悲痛さの極限としての（極限に現れる、ではない）肯定性である。この酷薄で非情な世界を甘受すること、一切の諦念とは無関係に、ただひたすらに受け入れてみせること。明らかに取るに足らないささやかなよろこびとたのしみをそここに見出し、穏やかに淡々と、だが或る透明な決意のようなものを込めて「それで十分」だと思うこと。これこそが、小島信夫がサミュエル・ベケットから読み取ったもの、小島がベケットに共振した最大の理由であったのだと、私には思える。

ベケットに「想像力は死んだ想像せよ（Imagination Dead Imagine）」という作品がある（邦訳題名は「死せる想像力よ想像せよ」）。ベケット文学が語られる際にしばしば持ち出される金言めいた言葉だが、これを「想像力は死んだ（しかし）想像せよ」と捉えるか「想像力は死んだ（だから）想像せよ」と捉えるかで、多少とも意味合いは変わってくる。だが、そのどちらでもあり、またどちらでもないような「想像力は死んだ想像せよ」もあり得るのではないだろうか。小島信夫が「カフカ・ベケット・ポストモダン」で語っていた「小説というジャンルは、もうどのテーマも書き尽くされてしまっている感がある」という、それ自体としてはごくありふれた発言とともに、まさに「ポストモダン」と評されもするだろう「想像力は死んだ想像せよ」を、「想像力は死んだ」と「想像せよ」という対立矛盾する言表が、どういうわけか、ごく普通に併存しているさまとして考えてみること。二つの言表のあいだに、論理的な関係性を見て取るのを辞めること。そこにあるのがパラドックスだとは断じて思わないこと。「想像力は死んだ」は事実の認識であり、「想像せよ」は意志の発動である。二つは別の階梯に属している。だから共に在ることが可能だ。だが順序は重要である。「想像せよ想像力は死んだ」では駄目なのだ。「想像力は死んだ想像せよ」でなくてはならない。そしてこのことは、あの"Happy day!"にも明らかに言えることだと思われる。

世界は悲惨であり、人生は不条理である。ベケットも小島信夫も、この事実の証明には事欠かない。彼らに見えていた世界と人生は、彼らを強度の悲観主義者、絶対的な虚無主義者にするのに、おそらく充分なものだった。だが彼らは絶望することはなかった。いや、より精確に言うなら、彼らにとっては、絶望にどこまで漸近したとしても、しかしけっしてそこには至らない、言い換えるなら、完全な絶望さえ禁じられているということ、それこそが希望なのである。これは、かろうじて、と呼べるようなことではまったくない。

小島信夫の更に別の小説には、まるで『しあわせな日々』のヒロインに捧げたような箇所がある。

「ハッピイ」ハッピイという言葉がどうして、こんなにハッピイふうに感じられるのだろう。彼はやるせなく何ものかを抱きしめたく思った。

『こよなく愛した』収録の短編「それはハッピーなことですわ」（一九九〇年）から引いた。じつはこれ自体が、より古い短編「ハッピネス」（一九七三年）からの引用になっている。事ほど左様に、小島信夫の小説は繋がっている。ともすればこの「ハッピイふう」は、一種のペーソスのように感じられるかもしれない。そしてそれは間違ってはいない。だがそれは、半泣き半笑いのペーソスとは違う。そうではなく、それは嗚咽しながら、慟哭しながら、同時に微笑んでいるような、誰かに微笑んで見せているのではなく、自分自身本気で、心の底からしあわせを感じているからこその晴れやかな微笑みを浮かべているような、そんな決然としたペーソスなのだ。

この「ハッピイ」には、間違いなく『しあわせな日々』のウィニーの"Happy day!"が反響している。世界は悲惨で、うるわしい。人生はむなしく、しあわせである。これらがいささかもパラドックスを形成しないという、ささやかな、だが驚くべき奇跡。しかし結局のところ、世界とは、人生とは、誰にとっても、そのようなものではないだろうか。いずれにせよ、生きてある、生きてゆく、ということは、そういうことではないのだろうか。

不条理でもなければ悲劇でもない、だが、それをそのまま裏返しただけの不条理の否定や悲劇の克服でもない、単純な意味での価値転倒とはまったく異なった新たなベケットの読み方を、小島信夫は教えてくれる。その長い長い晩年の作品で繰り返し繰り返し描かれる「老作家」とその妻の「今や日課となった午後の散歩」が、たとえばそのヒントになる。

「お母さん、速くこっちへ、もう行きますよ」

彼女は急にこちらを向いた。カケアシをするつもりで近づいてくる。手だけ振っているが、足の方は置いて行かれて前かがみになる。
「お母さん、倒れるから走るの、止めて、いまそっちへ行くから」
二人は空地の栗林をフェンスからのぞいて見る。それから手をつなぎ足をひきずりながら歩いて行く。
「お父ちゃまと、こうしていると、シアワセ」

（「すべて倒れんとする者」）

このあと数行で、この小説は終わる。シアワセ、しあわせ、うるわしき日々。『しあわせな日々』の最後のト書きを引用しよう。

間。ウィニー、しあわせな表情、消える。目を閉じる。ベルが激しく鳴る。目をあける。前を見つめて、微笑する。微笑しながら、ウィリーの方に目を向ける。ウィリーはまだ四つん這いで見上げている。微笑、消える。二人は見つめ合う。長い間。

（『しあわせな日々』）

ここで幕が閉じる。だが、誰の目にもわかるように、この芝居は循環を成している。第二幕が第一幕の反復であるように、第一幕もまた、ほんとうは第一ではなく、すでに何度目かの繰り返しなのであって、だとするなら当然、第二幕が終わりということでもなく、ベルは何度も鳴り響き、そのたびウィニーは目をあけて、しあわせな表情を浮かべ、微笑して、目を閉じて、ウィリーは何度も彼女に近づこうと試みて、何度も円丘からずり落ちて、そして何度も二人は見つめ合うのだ。このような反復、こんな循環も、かつては不条理と呼ばれていた。だが、今や私たちは、小島信夫に倣って、これこそをしあわせと呼ぼうというのである。反復は、何と言うこともない日々の繰り返しは、地獄ではなくて、恩寵なのだ。そうではないだろうか。断わっておくが、これは平凡な日常の賛美などではない。もっとずっと力強い、ほとんど闘っているとさえ言っていいほどのことだ。闘わなければ得られないほどのことなのだ。

ウラジーミルとエストラゴンは、今日も一本の木のある田舎道に居る。「じゃあ行くか」「ああ、行こう」。二人は動かない。いつまで経ってもゴドーは来ない。だが、たとえゴドーが永遠にやってこないとわかったとしても、二人はおそらく毎日そこに来るだろう。何故ならば彼らは、もはやゴドーを待っているだけではないからである。

反実仮想のかなしみとよろこび
小島信夫の／とベケット　2

これからお話しするのは、二〇一四年六月七日に早稲田大学表象・メディア論学会の研究発表会で行なった講演というかお話、題して「小島信夫の／とベケット、その2」の、記憶にもとづく再演です。記憶であって記録でないのは、うっかりして録音していなかったからで、このたびH・M先生に原稿にすることを依頼されてしまってどうしようかと思いましたが、ともかくも思い出し思い出しながらやってみることにします。ただし実際の講演は私の前に発表した二人の院生へのレスポンスめいた話から始めて、その流れでふと思い出した「首くくり栲象」のパフォーマンスの紹介などもした筈ですが、どういう繋がりだったのかよく覚えていないので、残念ながら割愛します。

「その2」というからには「1」に当たるものがあったわけで、私は「小島信夫の／とベケット」で、小島信夫がベケットから受け取った何かしらについてあれこれ考えてみて、それをふたたびベケットの自分の読み方に折り返すようなことを書いてみました。そこではベケットの戯曲『しあわせな日々（Happy Days）』（一九六一年）と、小島がそれから題名を採った長編『うるわしき日々』（一九九七年）、それからベケットが一九五七年に発表したラジオ劇『すべて倒れんとする者（All That Fall）』と、題名も同じ小島の短編「すべて倒れんとする者」（二〇〇二年）が主に取り上げられています。

小島信夫は右に挙げた作品以外にも、幾つもの小説や評論で（カフカやチェーホフほどではありませんが）ベケットにたびたび言及しています。この二人の関係（？）が、私は昔から気になっていました。それには或るきっかけがあったのですが、そのことについては後で話します。繰り返し言及しているとはいうものの、小島信夫はまとまったベケット論のようなものは書きませんでした。これは「小島信夫の／とベケット」でも引用したのですが、二〇〇五年の五月末、亡くなる一年程前に行なわれた講演「カフカ・ベケット・ポストモダン」は、題名にベケットの名前が掲げられた珍しいケースです。

こう言ってはなんだけれど、ぼくの『別れる理由』は、ベケットの作品によく似ているんです。ベケットの方法とぼくの方法とは、もちろん違う。けれども、作品の狙いは同じなのです。ぼくの場合、本当はベケットに近いものを書きたいという思いがあったけれど、力量がないから絶対に

書けない。ベケットは『マローンは死ぬ』なんかも書いているのですが、ぼくには神の問題がないので、それも書けない。カフカのような作品は、なお難しい。そういう点では、作品の特徴はまったく違うんです。それなのに、ベケットやカフカのように、抽象的でありながら具体的なものでもあるというような、両方は一体となっているものに、神聖な感じをうけるんです。

（「カフカ・ベケット・ポストモダン」、『小説の楽しみ』所収）

『別れる理由』とは、文芸誌「群像」に一九六八年から一九八一年まで長期連載された、分厚い三巻本から成る大長編です。ここで小島信夫はベケットやカフカの作品を「抽象的でありながら具体的なものでもある」としていて、それが彼にも共通する「作品の狙い」ということなのだと思います。自分には「神の問題がない」のでベケットのようなわけにはいかない、というところには、小島信夫と宗教、信仰の問題を考える上で重要な示唆が隠されていると思えます。

しかし、ここでの話はそちらではなくて、小島信夫には「神の問題がない」のに「抽象的でありながら具体的なものでもある」ことが「神聖」だとしているところについてです。この講演では、ベケットの『勝負の終わり』が話題にされているのですが、小島信夫は「白水社版の訳書に掲載されている高橋康也さんの解説」に触れて、こう言っています。

高橋康也さんの解説では、1＋1＝2という具体性の問題として小説について語っています。幾何学的には混沌としていても、結局のところ、二つのものが相対してることになるわけです。それはベケットがずっとやっていることですけど、それが彼の言いたいことなのかどうか、ぼくには理解できていない。だけど、抽象と具体とが一体になるということには、とても魅力を感じますね。小説というジャンルは、もうどのテーマも書き尽くされてしまっている感がある。ところが、抽象と具象とが一体になるというテーマは、それが難しい主題だけに書き尽くされてはおらず、しかも世界的な普遍性を持っているのではないかと思っています。それは、信仰の、神の問題と結びつくわけです。神の問題が、抽象と具象の問題に結びついているわけです。

結局、小島信夫はベケットやカフカのようにはならないで、いろいろなテーマの作品を書いてきたけれど、ずっと彼らと同じことを書こう、書きたいと思ってきた。今は必ずしもそうではないですけれど、ベケットやカフカとぼくの差は、かなり大きいですよね。しかし、これからも同じように考える作家は出てくるのだと思います。

（同）

ここで言われていることは、これは小島信夫という小説家の終世のテーマ、少なくともそのひとつだったと言えると思いますが、要するに「神」抜きに「抽象と具象とが一体になる」ということを考えるにはどうしたらいいのか、ということなのだと思います。「神」抜きの「神聖」さ。「神」抜きに、というのは、無神論ではないわけです。無神論も一種の神学です。そうではなくて、これは現実や世界と呼ばれているものに、小説や虚構と呼ばれているものが、どう対峙し得るか、という問題なのだと思います。

そこで、少し遠回りになりますが、小説ではなくて演劇というものについて考えてみます。ベケットは小説家であり劇作家でもあった。では小島信夫はというと、『うるわしき日々』には、次のような箇所があります。

安部公房という作家が、

「あなたは、その家のことを芝居にかいたら面白いと思う」

と、いわれたそうですね。

「しかしぼくは、とうとう芝居をかくことはできなかった。それは思うに、才能がないとか、というようなことではないにちがいない」

と、あなたは考えられ、

「もし安部公房が書いたとしても、ぼくは満足しなかったと思う」

ともいっています。

「地震が起きると、二階の窓から外を見て、自分の家の方が先に倒れるか、あるいはほかの家が先か、じっと眺めている。何故そうするようになったのか。しかとは分からない」

と書いておられたものも読みました。


（『うるわしき日々』）

ややこしいのですが、『うるわしき日々』は『抱擁家族』（一九六五年）の続編とされていて、小島作品ではお馴染みの「家」の話がえんえんと語られるのですが、右の引用部分は、家の工事を担当した「H設計士」から届いた（という）長い長い手紙の一部です。言うまでもありませんが、安部公房もまた小説と演劇の両方で活躍した作家でした。ところで、安部公房の言うように「家のこと」を芝居に書くことは出来なかったけれど、小島信夫は二編の戯曲を発表しています。『どちらでも』（一九七〇年）と『一寸さきは闇』（一九七三年）です。後者では初演の演出も手掛けています（ちなみにその上演がされた渋谷ジャンジャンが地下にあった渋谷の山手マンションに私の事務所はあります。どうでもいい話ですが）。小島信夫の初の劇作だった『どちらでも』の戯曲には「小説風に書かれた戯曲」というキャプションが付いています。その単行本の「あとがき」で小島信夫はこんなことを述べています。

正宗白鳥が戯曲を書いたあと意味ぶかいことをいっている。戯曲でこけおどしみたいなことをしてみようと思ったわけではないといい、それから戯曲は小説では書けないことを書いていることはたしかだ、ともいっている。更に、小山内薫は観客のことを考えて書かれるべきだといっているが、自分は観客は自分一人というふうにしか思えない、というのである。
観客は自分一人だ、というと手前勝手な言分と見えるが、おおよそ小説家の場合の戯曲はその趣があるようで、私もまったくそんな気がしている。つまりぜんたいが作者のモノローグなのである。
といって舞台という空間のことを忘れていたり生かすことを無視していたというわけではない。観客は自分一人だということは、作者の中の世界を（遥かに小説より抽象的な世界を）役者という具体的な像と舞台空間をかりて自由に生かしてみたいという意味もあるのである。

（『どちらでも』あとがき）

実は『一寸さきは闇』の単行本に附された「あの戯曲といたあいだ」という文章でも、小島信夫は冒頭から正宗白鳥のことを書いています。「正宗白鳥という人が、ある時から芝居を書きはじめ、その作品数は四十篇ばかりに上る。もっとも短いものも多かったようだ。いずれにしても最初は上演を目的にしてというより戯曲そのものを書くつもりだったらしい。自分のいいたいことが戯曲の場合の方がうまくいえると思ったといっている」。二つの戯曲はどちらも極めて小島信夫らしい作品なのですが、ここではその内容には触れません。重要なことは、さっきの「抽象と具象とが一体になる」ということと、ここで戯曲について言われている「観客は自分一人」すなわち「作者のモノローグ」ということ、そして「作者の中の世界を（遥かに小説より抽象的な世界を）役者という具体的な像と舞台空間をかりて自由に生かしてみた

い」という述懐の関連です。

どちらの戯曲のあとがきでも小島は、自ら望んで劇作をしたわけではなく、あくまでも依頼に応じただけだということ、また小説と戯曲は役割がかなり異なるものであるということを強調していますが、それでも見逃せないのは、具体的な上演を前提とした戯曲であるにもかかわらず、小島信夫にとって、それらを書く際には、生身の役者たちによって常に現在形において演じられるという舞台／芝居の条件が、リアルであることよりも「遥かに小説より抽象的な世界」を志向するために必要とされていた、という点だと思います。つまり、上演予定にもとづく依頼がなければ書いていなかったのだからこの仮定はおかしいのですが、小島信夫にとって劇を書くということは、必ずしも上演が必須というわけではなかった。それは書かれた言葉＝戯曲の段階ですでに或る完結をしていた。上演されることになっており実際に上演もされたのだけれど、たとえ上演されなかったとしても本質的には変わりはなかった。執筆するときに「役者という具体的な像と舞台空間」が想定されていさえすれば、それでよかったのです。それは彼が正宗白鳥と同じく「上演を目的にしてというより戯曲そのものを書くつもり」であり、なぜなら「自分のいいたいことが戯曲の場合の方がうまくいえる」からだった。そして、たとえばこれが「抽象と具象とが一体になる」ということであったわけです。

『どちらでも』に附されていた「小説風に書かれた戯曲」というキャプションをひっくり返すと、小島信夫の小説は、いずれも「戯曲風に書かれた小説」なのだと言うことが可能かもしれません。もちろん形式としてそうであるわけではありませんが、広い意味での「演技」と広い意味での「作話」が、彼の小説世界の基本要素であることは疑いを入れません。小島が正宗白鳥の劇作にこだわったのも、この点にかかわっていると思えます。『一寸さきは闇』付録の「あの戯曲といたあいだ」には、谷崎潤一郎から「白鳥のように酔うことの嫌いな小説家の書く芝居が面白いはずがない」と言われたのに応えて、白鳥が「酔うからいいというものではない、真実味がなければ駄目だ」と言ったという話が紹介されています。また、「事情はそっくり同じというわけではないかもしれないが、私がこのところ考えてきたことを、自然主義の作家と目されていた白鳥が、四、五十年も前に考えたり実行に移していたりしていたわけである」とも書かれています。何より「真実味」を重んじる「自然主義」の作家であった筈の正宗白鳥は、しかし小説よりもリアルであり得るという理由で劇作に手を染めたわけではなかった。なぜなら、舞台が虚構の空間であることは、誰にとっても自明であるからです。演劇とはリアリズムと根底的に対立する芸術の形式です。そこでは或る実在の役者が或る非在の登場人物を演じており、それらが織りなされて或る現実のものではない物語が語られてゆく。舞台上の物語がフィクションであることは、あまりにも歴然とした事実です。目の前のハムレットがハムレットでないということは、誰だってわかっている。しかしそれでも観客である私たちは、そこで演じられ物語られる劇に感動する。だから問題はむしろ、それでも「真実味」が生じるのだとしたら、それはどうしてか、ということになる。そして、このことこそ、もう一度

「小説」に引き戻して考えてみるに足る問題なのだと思うのです。

ここで、もうひとつ導線を引いておきます。ベケットと小島信夫を繋ぐ固有名詞として、筆頭に挙げられるべきは保坂和志です。彼は小島信夫の追悼文のひとつである「忘れがたい言葉」の中で、長年親交のあった老小説家の訃報を知ったときのことを回想しています。

その日は夜の七時から世田谷パブリックシアターの中のシアタートラムで「ベケットを読む」というイベントがあって、そこで三十分のレクチャーをすることになっていた。はじめて人前でベケットについて話すことになっていた日に小島さんの訃報に接したことに大げさだが運命みたいなものを感じた。

（「忘れがたい言葉」）

保坂和志が小島信夫と最初に会ったのは一九八九年の十二月、彼はまだ作家デビューしておらず、西武百貨店のカルチャーセンターの企画担当者として小島と打ち合わせをしたのでした。それから一週間か十日の後、ベケットが亡くなった（知らせてくれたのは吉増剛造だったそうです)。保坂さんはそれにひどくショックを受けてしまったのですが、翌日に「群像」から電話があり、彼のデビュー作『プレーンソング』を掲載したいと言われた。そして小島信夫が亡くなったことを知った日、保坂さんはベケットについて話すことになっていた。大げさではなく運命のようなものを感じてしまいます。

その「ベケットを読む」で、保坂和志は『モロイ』の話をしたそうです。

それこそ何も事件らしい事件が起こらない話で、あれだけ(だいたい文庫にしたら三百ページ)の長さを書くためには、ベケットは自伝的なことも書いたし、男Aと男Bが出てきて『ゴドーを待ちながら』を思わせるような光景も書いた。反復強迫のようなことも書いた。読者はそういういろいろなことを読みながら、「ここだ」と言って、線を引いたり、ページの端を折ったりして、そういうところを元にして『モロイ』について語ろうとする。しかし大事なことはいろんなことが何もかも全部詰め込まれていることで、ベケットはそういう空間を作り上げた。簡単に線を引いたりできるようなところには、その小説の本当のところはない。

(同)

ここで最も重要なのは、もちろん「いろんなことが何もかも全部詰め込まれている」ということです。保坂和志は別のところでも、小島信夫の小説について「全部」とか「全体」という言葉を使っています。ごく常識的に考えて、小説という、たかだか有限の数の言葉で書かれた代物に「いろんなことが何もかも全部詰め込まれている」などということは不可能であると思えますが、ここではそういう主張がされている。しかしかといって、それは「全部」を書き尽くすとか、あるいは「全体小説」などと言われるような意味とは全然違う。全部詰め込まれている、ということと、全部が書かれている、ということは、違います。書かれていることは、常に限りあることでしかない。芸術の目的とは、少なくともそのひとつは、有限のものどもを使って、如何にして無限へと足を掛けるか、です。ここにおそらく、演劇の問題がかかわってきます。舞台上で起こっているのは、要するに「本当はそうではないのに、そういうことにする」という事態です。戯曲を書いた者も、演出家も、実際にそれを演じる役者たちも、そしてそれを見届ける観客たちも、皆してその「そういうことにする」に参加しています。この参加があって初めて、フィクションは「真実味」を帯びることが可能となる。絶対にそうではない筈であり、それを全員がよくよく知っている筈なのに、時として、そうである以上の真実味が生じてくる。

では、これを小説に置き換えるとすると、どんなことが可能なのでしょうか？

サミュエル・ベケットは一九四八年に長編小説『モロイ』を執筆したとされています。出版されたのは一九五一年。ベケットは一九〇六年生まれ。まだ四十代でした。『モロイ』に続けて、三部作を構成する『マロウンは死ぬ』『名づけえぬもの』や、戯曲『ゴドーを待ちながら』が、同時期に書かれています。この小説は、保坂和志の言うように、とても複雑な内容を持っています。枝葉の多さという意味では、よりストイックな佇まいの続く二作よりも、はるかに豊かであり、それゆえに雑然として見えるところもあります(むろんそこが魅力なのです。私は三部作の中で『モロイ』がいちばん好きです。ベケットの全小説中でも『ワット』と同じくらい好きです)。保坂さんは「忘れがたい言葉」で、別の箇所を引用していますが(しかもそれは「ベケットを読む」では「面倒くさくなって朗読しなかった」のだそうですが)、この小説を最初に読んだ何十年か昔に、私がもっとも強く印象づけられたのは、最後の部分でした。

しかし、とうとう、その言語を理解するようになった。私はそれを理解した、理解している、まちがってかもしれないが。しかし、問題はそこにはない。報告をしろと言ったのはその声だ。それは私が今ではより自由だということだろうか。わからない。いろいろと習うことだろう。そこで私は家へはいって、書いた。真夜中だ。雨が窓ガラスを打っている。真夜中ではなかった。雨は降っていなかった。

（『モロイ』安藤信也訳）

『モロイ』は、ベケットの多くのテクストと同様に、書くこと、語ること、言葉を使うことをめぐる小説です。この小説は二部構成で、書き手／語り手である「私」は、いずれも「報告」としてこれを書いているとされています。しかし第一部の「私」は「モロイ」という名で、第二部の「私」は「モラン」と名乗ります。右の引用の「真夜中だ。雨が窓ガラスを打っている」は、第二部の冒頭と同じです。したがって読者は、この小説を読み進めていって結末にたどり着いたとき、第二部のはじまりに戻ってきたことにすぐ気づきます。しかしそのあとに、今しがた二度目に書きつけられたばかりの二つの文が、いずれも否定されるのです。そして、この小説は終わります。

もちろん、この終わり方によって、第二部の、あるいはこの小説全体の「報告」が、事実であるかどうかについて甚だあてにならないものであるということが、端的に示されるわけです。いわゆる「信頼できない語り手」というやつですね。しかし真に重要なのは、そういうことではありません。「真夜中だ。雨が窓ガラスを打っている」と「真夜中ではなかった。雨は降っていなかった」が連続していることで、真夜中ではなく雨も降っていないという記述の方も、真実であるかどうかわからない、ということも確かですが、それもやはり重要なことではないように私には思えます。というか、それらもむろん重要なのですが、われわれがいま、この『モロイ』という小説から受け取るべき大切なことがあるとしたら、それはつまり、小説とはこういうことをするものだ、虚構とはこういうものなのだ、こんなことが出来る、出来てしまうものなのだ、という単純な事実、ただそれだけなのではないかと思うのです。そして、このことが「いろんなことが何もかも全部詰め込まれている」や「抽象と具象とが一体になる」や「真実味」にかかわっているのだと、私には思えます。

小島信夫は、雑誌「新潮」の二〇〇六年二月号に、長編小説『残光』を発表しました。二〇〇六年五月に単行本として刊行され、現在は文庫版でも読むことが出来ます。小島信夫が亡くなったのは同年の十月二十六日。これは遺作です。享年九十一。

その長い長い晩年において、小島信夫は繰り返し、二人目の妻とのことを書いてきました。『うるわしき日々』で、三十年以上前に書かれた『抱擁家族』と同じ名前の「三輪俊介」は、すでに八十歳を超えていました。そこに書かれていたのは「三輪俊介」の五十代の息子が重度のアルコール依存症になり、妻子に見放されて実家に戻され、高齢の両親の世話にならざるを得なくなるという話です。前妻の息子とは血が繋がっていない妻は、看病と心労の果てに、自らも健忘症を発症してしまいます。

『残光』は「ぼく」という一人称で書かれており、もはや「三輪俊介」ではなく「小島信夫」

という名前です。妻は施設に入っており、車椅子でないと移動も出来ず、病状が進行して「ぼく」が誰なのかもわからないときがあります。「ぼく」は身辺雑記と見紛うばかりの記述をとりとめもなく書き留めてゆきつつ、過去の自分の大小さまざまな小説たちのことを次々と思い出し、長い引用を重ねます。小島信夫の全ての小説は「小島信夫—三輪俊介」の人生とおそらくややこしく織り重ねられていて、解きほぐすことは不可能ですし、そんな作業には、おそらく意味はありません。そうして『残光』は、やがてついに結末にたどり着きます。老作家は、妻の居る施設に赴きます。


十月に訪ねたときは、横臥していた。眠っていて、目をさまさなかった。くりかえし、「ノブオさんだよ、ノブオさんが、やってきたんだよ。アナタはアイコさんだね。アイコさん、ノブオさんが来たんだよ。コジマ・ノブさんですよ」

と何度も話しかけていると、眼を開いて、穏かに微笑を浮べて、

「お久しぶり」

といった。眼はあけていなかった。


（『残光』）

『残光』は、これで終わります。ここを読んだとき、私は『モロイ』の最後を思い出さずにはいられませんでした。ここで起こっていることは、あの「真夜中だ。雨が窓ガラスを打っている。真夜中ではなかった。雨は降っていなかった」とまったく同じです。このとき「アイコさん」の眼は、開いていたのでしょうか、そうではなかったのでしょうか。それは、こういう言い方が正しいのかどうかわかりませんが、つまるところ、どうでもいいことなのです。ここに書いてあるのは、そういうことです。

「眼を開いて、穏かに微笑を浮べて」と「眼はあけていなかった」が、すなわち片方を現実／事実だとすれば、もう片方は必然的に反実仮想になってしまうような二つの文章が、ただ並べられていること。そういうことが書けるのだということ、そういうことだって書けてしまうのだということ、それさえも可能なのだということ、それだけが、ほんとうに重要なことなのだと思います。私は、小島信夫が、おそらくは自分の最後の長編小説になるだろう『残光』の最後を書きながら、ベケットのことを、『モロイ』のあの終わりのことを思い出していたと信じています。私は、このことに気づいたときから、以前とは違ったかたちで、サミュエル・ベケットと小島信夫のことを考えるようになったのです。

ひとまず、私の話はこれで終わりです。ご清聴ありがとうございました。

「自然成長性」にかんするメモ

小島信夫『別れる理由』

その昔、絓秀実、渡部直己、故・江中直紀を編集同人とする「杼」という批評誌が存在した。一九八三年刊行の第二号の特集は「柄谷行人」であり、三名による柄谷へのロング・インタビューが掲載されている。第一号では「蓮實重彥」が、第三号では「中上健次」がインタビューされており、のちに同人たちによる書き下ろしの各インタビューイにかんする論考と併せて『〈批評〉のトリアーデ』として単行本化された（一九八五年）。

その柄谷行人インタビューの中に、『別れる理由』に触れたくだりがある。

絓（前略）たとえば小島信夫の『別れる理由』。あれに対する柄谷さんの評価はちょっと困る。あんな駄作は形式化以前でしょ。

柄谷　あれは「解説」だから。

絓　そうだろうけど……逃げないで下さい（笑）。小島信夫も自己言及のパラドックスを認識いたしましたと、柄谷さんはその点で評価なさったらしいけど……。

柄谷　本当は小島信夫がそういうことを考えているかどうか知らない。そういう書き方をしただけだよ。

絓　ホントですか。でもあんなもの、コンピューターにかけるまでもない代物じゃありませんか。あるいは簡単に入っちゃうというか。（中略）自己言及のパラドックスがあるってことは小島信夫も書いているし、柄谷さんもそこを指摘なさるけれど、べつに自己言及性そのものが上演されているわけではない。

確認しておくと、文芸誌「群像」において、一九六八年十月号から一九八一年三月号まで、じつに十二年半、全百五十回にわたって延々と連載された『別れる理由』は、一九八二年の夏から秋にかけて、全三巻の分厚い単行本として刊行され、その前代未聞の長尺さにもかかわらず、短期間で版を重ねるなど、現在では想像もつかないほどの売れ行きを示していた。つまりインタビュー当時、この大作はかなりヴィヴィッドな話題を呼んでいたのである。

ここで柄谷が「解説」と言っているのは、ちょうどこのインタビューに先立って刊行されたとおぼしき『隠喩としての建築』（一九八三年）に収録されている「小島信夫論」のことである。この文章はもともと『新潮現代文学37』（一九八一年）の小島信夫の巻に寄せた解説文だった。その中で、柄谷はたとえばこう書いている。

一般的な通念からいえば、たとえば『島』は抽象的で、『抱擁家族』は具象的である。しかし、そういう区別とはべつな意味で、小島信夫は根本的に〝抽象的な〟作家である。この〝抽象性〟は、彼が人間であれ事物であれ、それらを実体としてでなく関係項としてみるという認識にある。「私がねらっているのは、どうもオカシさというようなものであるらしい」（「『墓碑銘』について」）と、小島信夫は書いているが、彼の抽象性はこのオカシサとつねに結びついており、逆にいえば、このオカシさは抽象性からしか出てこない類のものである。

（「小島信夫論」）

「小島信夫論」が執筆された時、「別れる理由」は連載が終わったばかりでまだ本にはなっておらず、あとで触れる傍証もあって、おそらく柄谷はこの時点では通読していなかったと思われる。ゆえに直接的な言及は少ないのだが、インタビューで俎上に載せられているのは、論の最後の方に出てくる、小島信夫の小説を「ゲーデル的世界」と呼んだくだりである。柄谷は、それを「上と下、内と外、地と図が「決定不可能な」世界」だと述べている。この文章を含む『隠喩としての建築』という書物自体、ほぼ丸ごと、いわゆる「ゲーデル的問題」および「脱構築《デコンストラクション》」にかかわるものだった。

いちおう付言しておくと、これはある程度は時代の産物というべきである。『隠喩としての建築』が刊行され、「杼」が創刊された一九八三年は、ニューアカデミズム前夜である（浅田彰『構造と力』刊行は八三年九月）。七〇年代後半から、記号論、言語論、ロシア・フォルマリズム、精神分析、構造主義、ポスト構造主義などといった西欧の知的トレンドの数々が盛んに日本に紹介されるようになっていた。「ニューアカ」のブームは実質的にそれらの「輸入業者」たちによって担われたと言ってよい。柄谷もまた、イェール大学の客員教授在籍時（一九七五〜七七年）に知り合ったアメリカ脱構築派の中心人物ポール・ド・マンからの影響もあり、『マルクスその可能性の中心』（一九七八年）、『日本近代文学の起源』（一九八〇年）と、初期の狭義の文芸批評家としてのスタンスから大きく逸脱しつつあった。『隠喩としての建築』の表題論文および「形式化の諸問題」は、その後『内省と遡行』（一九八五年）、『探究Ⅰ／Ⅱ』（一九八六年／八九年）と書き継がれてゆくことになる、柄谷行人がもっとも狭義の「哲学」に接近した一時期の嚆矢となったテクストである。そこで繰り返し持ち出されたのが、クルト・ゲーデルの「不完全性定理」から引き出された「決定不能性」だった。柄谷のゲーデル理解とその応用は、当時出たばかりで話題となっていたダグラス・ホフスタッター『ゲーデル・エッシャー・バッハ』（原著出版一九七九年）に多くを負っている。インタビューの別の箇所で、柄谷自身「とにかくあの解説を書いたころはなんでもゲーデルでやってたからね（笑）。ふと見渡したら小島信夫がいたというわけです」と嘯いている。いささか釈明めいているようなのは、インタビュアー、とりわけ絓秀実の剣幕に押されてのことだろう。

もう少し、柄谷のインタビューを引用する。

柄谷　このあいだ三浦雅士がいっていたが、あの小説になぜぼくが登場するかというと、登場人物たるぼくが「自然成長性」云々としゃべるわけね。三浦君によると、その「自然成長性」なるものが、あの小説の原理をときあかすキーワードだからじゃないかと。後半はとくにそうだよね。メチャクチャに自然成長してゆく。小説をつくろうとする建築の意志があるとして、ある段階から、偶然の誤植でもなんでも受けいれてしまおうというなんらかの転換がやはりあったのではないか。

絓　しかしたんにそれだけのことで、認識上の問題にすぎないし、認識上のそんな転換があったとしても、おかげでなにか途方もなく奇妙なことが起こっているわけではない。あれは一応三部構成になっていますが、それは要するにフロイト的、超自我・自我・エスの三層構造に還元できて、あらかじめその構造をつくってしまっているから、いくらでもダラダラと続けられるわけね。ダラダラ生きていることとおなじですよ。単純な形式が小説としては不必要な持続を支えているだけじゃないかしら。

そして絓は『別れる理由』についてはだからはっきりくだらないといってしまうべきなんだ」とまで言ってのけ、遂には「あんな小説はせいぜい江藤淳か吉本隆明にまかせておけばいいんで、なにも柄谷さんが問題にすることはないと思うんですよ」と宣うのだが、批判を越えてもはや悪罵と呼んでもいいその舌鋒には、じつは前段階がある。「杼」の前号＝創刊号の蓮實重彥インタビューでも『別れる理由』が話題になっていたのだ。『別れる理由』というのはよいのですか」という蓮實からの逆質問に始まるやりとりで、絓が「良くない小説だと思う。なんの不思議もないのね」と答え、渡部が「たかだか「制度」が許している逸脱にすぎない」

と続けると、蓮實はこう語る。

蓮實　ああいうものには徹底して反対だな。べつだん「小説とは何か」と深く反省する必要はないけれども、書いているとき、あるいは読んでいるときに、いまいちど問題をずらさなければダメだと思う瞬間があるはずですよね。その瞬間があそこにはいっさいない。長さと時間が方法化されておらず自堕落だし、まあ「甘え」の小説だと思うな。本気に問題を考える編集者がいたら、やはりボツですよ。あれは、新人賞だって一次予選で落ちるでしょ。

いやはや何とも痛烈だが、更に「杼」の第三号の中上健次インタビューでも、三たび『別れる理由』は槍玉に上げられているのである。もうさすがに引用しないが、結果として三号で終刊となった「杼」の全てのインタビューで、小島信夫は手厳しく批判、いや否定されているのだ。そして、ここで繰り広げられたネガティヴ・キャンペーンは、筆者の実感も込みで言うと、その後の長きにわたって、小島信夫という小説家にかんする一部の、だがけっして無視することの出来ない、紛れもない否定的音調として鳴り響き続けたように思う。私見では、その感じは、保坂和志が繰り返し小島信夫への傾倒を公言するようになり、遺作となった『残光』を経て、小島が亡くなった二〇〇六年以降まで、暗然と存在していたように思われる（というか、その残滓は今もどこかにあるに違いない）。

何十年も昔の話を蒸し返しても仕方ないが、ここでの一種異様なまでに執拗な小島信夫批判は、おそらく江藤淳批判の一環もしくは代理戦であったのだと考えられる。周知のように江藤は文芸評論家としての代表作『成熟と喪失』（一九六七年）で小島の『抱擁家族』（一九六五年）を中心的に論じたが、その続編的色彩の強い『自由と禁忌』（一九八四年）でも『別れる理由』を——前著と異なり今度は批判的に——取り上げていた。同書のもとになった雑誌連載（「文藝」）は一九八二年末から八四年まで行われている（絓が言っているのは、そのことである）。ニューアカと連動して八〇年代初頭に台頭しつつあった一群の新しい（文芸）批評家たちにとって、江藤淳は上の世代の代表、すなわち仮想敵である甚だウザい存在だった（ちなみに小林秀雄が亡くなったのは一九八三年三月のことである）。いわば小島信夫は、江藤淳ごときに論じられているような作家として、繰り返し攻撃の的にされていたのだと言ってよいだろう。

まあ、それはそれで当時の文壇状況などを鑑みれば致し方ない面もあるのかもしれないが、気になるのは柄谷行人の小島信夫評価である。「甘え」の一言であっさり切り捨て、その後も一貫して小島信夫を無視し続けた（今も無視し続けている）蓮實重彦に対して、インタビューでの柄谷の態度は、いつもは鮮やかな「断言の人」である彼らしからぬ曖昧模糊さを纏っているように思える。そもそも「小島信夫論」だって書いてしまっているのだし（そのせいで結らに詰められたわけだが）、彼はやはり小島信夫が、『別れる理由』が、ここで表明されているよりもはるかにずっと気になっていたのではないか。そう思えるのには、もうひとつ証拠がある。

柄谷行人は一九七七年から七八年にかけて、彼にとって現在に至るまで唯一となっている新聞での文芸時評を行った。それは『反文学論』（一九七九年）として一冊に纏められているが、その中でも柄谷は『別れる理由』に言及している。第十九回にあたる「自己について」と題された文章である。三木卓の作品が「主観と客観としてあるような世界、あるいは私は在るという「意識」」をくつがえそうとしているという指摘に続いて、同様の問いのある試みとして、柄谷は『別れる理由』を挙げる。「これは十年以上連載されている作品であって、終了したわけではないし、私自身通読したこともないが、最近数ヶ月の〝脱線〟ぶりに驚いたのである」（これが先に触れた「傍証」である）。『別れる理由』は第三巻に入ってから（精確にいうと一一六章の途中から）、とつぜんメタフィクション的な様相を強く打ち出し、『別れる理由』の「作者」たる「私」が顔を出して「読者よ、編集氏よ」などと語りかけてくるのみならず、登場人物にして主人公である「前田永造」が「作者である私」に度々電話してくる（一一八章から）という破天荒な展開となる。柄谷が〝脱線〟と呼ぶのは、第一にはそのことである。

十年も書きつづけていれば、作中人物が独立した実在として動きはじめても不思議ではないだろうが、むろん重要なのはそのことではない。一つのテクストは、〝作者〟がそう考えているよりははるかに複雑である。ヴァレリーがいったように、むしろ作品が〝作者〟をつくりだす。〝作者〟は、テクストの言葉たちを「完全な強権をもって制圧して」（三木卓）いると信じているが、けっしてそうではない。

（「自己について」）

柄谷はこれに続けて、「また、「別れる理由」の前月号には、「読者はどこにいるのか」という問いがある。〝作者〟が疑わしいなら、〝読者〟が疑わしいのは当然である。読者は読者自身が気がつかないところにいる」と述べている。この時評が発表されたのは一九七八年九月である。柄谷のいう「読者はどこにいるのか」という問いは、一二〇章で発される。そして極めて興味深いことは、インタビューで本人が語っているように、その先を読み進めてゆくと、他ならぬ「柄谷行人」が、小説の中に登場人物として招き入れられる、ということである。最初は

名付けられず「若い男」とだけ書かれる（一二九章）が、すぐに一三〇章で「柄谷行人」という名前が記され、それればかりか「あそこに見える柄谷行人は最近「反文学論」という本を出した」と紹介されるのである。そしてこの「柄谷行人」は、「前田永造」も「作者である私」も居合わせている文壇パーティの会場で、やはりそこに来ていた「藤枝静男」に乗せられるまま持論を喋りまくる、という場面となるのだ。

つまり柄谷行人は、これはかけらも疑いないことだと思うが、文芸時評で『別れる理由』に触れたがゆえに、いわば自分でも気がつかないままそこにいた「読者」、それも評論家という特権的な「読者」として、現在進行中の『別れる理由』に、本人の意志とは無関係に、強引に組み込まれることになったのである（柄谷が『新潮現代文学37』の「解説」として「小島信夫論」を書いた（＝依頼された）ことも文芸時評での言及と関係があるのだろうが——何故ならそれ以前に柄谷は小島信夫について書いたことがない——それは確かめようのないことである）。小説に書かれた出来事、そのもとになったような事実が、ほんとうにあったのかどうかは、ここでは最早まったくどうでもいいことである。しかし、更に興味深いのは、先の「杼」のインタビューで絓秀実らに真意を追求されているのが、生身の柄谷行人であるのみならず、ある程度は『別れる理由』の登場人物である「柄谷行人」でもあるかのように思えてくることなのだ。

『別れる理由』の「柄谷行人」が「自然成長性」という言葉を持ち出すのは、次の発言からである。「ぼくの基本的な考えは、どんなこともあり得るし、そのあり得るの中にはある種の一貫性があるということなのでね。ぼくのいわんとするところはいつだって《自然成長性》についてのことなのでね。ぼくがこういうと、あいつ何をいっているのか、というかもしれないが、それがどっちかというとお年よりの方よりも若い連中の方がそういうのでね。だからぼくなんかあてにしているのはあなたがたみたいな方々ばかりでね」（一三一章）。ここで「あなたがた」と呼ばれているのは、「藤枝静男」と「前田永造」と「作者」である。


「ぼくのいうのは、根本的に差異化をはらんでいるところの自然成長性のことをいうので」

「マルクスのことを大いにいったらいいよ」と藤枝氏はいった。「気がねすることはない。今あんたがいるのに気がねはいらんよ。だってそういう人物はこの世にいたのだから。その名をあげるときに恥しがることなんかないよ」

続けたまえ、続けたまえ、といっているように見える。若い男はじっと藤枝氏を見、それからついでに永造を見た。

「目的意識性に対立するものとして、自然成長性のことをいうけれども、このように分けているところにもう既に、自然成長性の中にもふくまれている差異性のことを、ぼくはいいたいのでね」

もうすこし、もうすこし、という声がどこからともなく起っているように見えた。

「物質と精神、身体と精神、自然と文化、自然性と意識性といった対立の発生こそが、その根源にある自然成長的な差異化を隠蔽するのだからな。自然成長性のシステムには、これを超越するいわゆる主体というものはありえないのであってだな、これはマルクスのいう諸関係の総体としてある。つまり、これは重複し、交錯し、多元的に織りあわされた諸関係の編目であって、そこには中心はない。たんにそれをシステムたらしめる有機的な統合作用があるにすぎないのだからね。（後略）」

この後も「柄谷行人」はひたすら喋り倒し、数章にわたって大活躍する。

さて、こうしてマルクス出自の「自然成長性」なるタームは、いささか唐突に『別れる理由』の内部で持ち出され、たまたま現実にも同名のペンネームを持つ人物がいる「柄谷行人」によって何度も口にされる。三浦雅士をして、この作品の「原理をときあかすキーワード」とされるゆえんだが、じつを言うと筆者は、いつのまにか記憶の中で虚実が入れ子になり、現実の柄谷行人が「自然成長性」という言葉を使って『別れる理由』を評価してみせたのだと勘違いしてしまっていた。だが、本人も述懐しているように、実際には、それは「登場人物たるぼく」こと「柄谷行人」の仕業であり、生身の柄谷は一度も『別れる理由』を「自然成長性」などと呼んではいなかったのである。では現実の柄谷行人が「自然成長性」なるものをどこで語っていたかといえば、それはもちろん『マルクスその可能性の中心』においてであり、ただし同書には「自然成長性」という言葉自体は出てこない。ちなみに同書の単行本の刊行は一九七八年七月のこと。偶然にも、この月に『別れる理由』では「前田永造」から「作者である私」にはじめて電話がかかってくる（一一八章）。

柄谷行人の「自然成長性」は、マルクス論に続いて書かれた『隠喩としての建築』の、とりわけその第一章「建築への意志」にも受け継がれている。たとえば柄谷はこう書いている。

> マルクスはヘーゲルにおける「構造」（建築）が、そのつど多様な過剰な偶然的な何かに先行されていることを指摘している。われわれはそれを「自然史」（「資本論」序文）とよんでもいいが、いうまでもなくここでいう自然史は、人間史に対比されるものではないし、またもう一つの「説

明」ではない。

この文章の初出は一九八〇年末なので、すでに『別れる理由』に「柄谷行人」が登場してから一年以上が過ぎており、長期に及んだ連載も間もなく終わらんとする頃である。整理すると、『別れる理由』があからさまなメタフィクション的な展開になって程なく柄谷行人は文芸時評でこの作品に触れ、それからほぼ一年後に作中人物として召喚され、それからまた約一年後に右の文章は書かれている。「杼」のインタビューの日時は不明だが、『別れる理由』第三巻の刊行が一九八二年九月なので、あれほど批判するからにはインタビュアーたちもインタビューイも一度は全巻に目を通した筈だと考えるなら、それ以降ということになるだろう。

　とすれば、次のような推論を立てることも可能なのではないか。小島信夫は、文芸時評ないし『反文学論』で柄谷行人が『別れる理由』について述べたことに興味を引かれた。そこで小島は、ある程度準備をしてから、おもむろに「柄谷行人」を作中に登場させて「自然成長性」云々と語らせた。すると柄谷は、それ以前からの自身の問題意識の現実的具体的なサンプルとして、自ら（の分身）が登場している『別れる理由』を否応無しに気に懸けるようになり、むしろ『別れる理由』という小説の進みゆきやありよう自体が、たとえ必ずしも意識的ではなかったのだとしても、彼の理論の暗黙のリソースであると同時に証明でもあるようなことになっていったのではあるまいか。なぜなら、柄谷的な「自然（成長性）」のひとつの定義であるところの「そのつど多様な過剰な偶然的な何かに先行されている」というのは、明らかに『別れる理由』にもっともぴったりと当て嵌まるのだから。何よりも柄谷行人／「柄谷行人」自身が、その「偶然的な何か」そのものであったのだし。

右の引用の少し後で、柄谷行人はこうも述べている。「ここでいう「自然」は、対象物のことではなく、人間による制作（建築）の可能性の限界にあらわれる何かだからである」。「自然成長性」と呼ばれているのは、ただ単に勝手に育つということではない、そうではなくて、それはあくまでも「人間による制作」の結果なのであり、しかし「可能性の限界」として出現した何か、である。あくまでも当時の時点で、ということではあるが、小島信夫を、『別れる理由』を、ゲーデル問題＝自己言及性のパラドックスであるとか、フロイトの三層構造であるとか、あるいは構造とか形式とか方法とか、そのような様々なる意匠でもって批判し得たと思った者たちは、彼ら自身がそのような知の陥穽にすっかり捕らわれていたのに過ぎない。いわば彼らは、閉じた箱の内部に外部が貫入し得ることは知っていても、ただ単に箱の外があること、そこには時間と空間が、つまり「世界」があることがわかっていなかったのだ。

彼らは、「読者はどこにいるのか」という問いのほんとうの意味を、理解していなかった。だが柄谷行人だけは、おそらくわかっていた。先のインタビューの中で、彼がいまひとつ歯切れが悪いのは、そのせいである。彼は、自分が「読者」であるということを、まさに身をもって知っていたのだ。

『別れる理由』は、さしあたり「小説」と呼ばれている営み／試みの、ある「可能性の限界にあらわれる何か」である。小島信夫は甘えてなどいない。いや、たとえ「甘え」だとしても、それは別の「甘え」を、長い長い時間をかけて打ち負かしていくような「甘え」なのである。

この意味で、この驚異的な大作は、今なお、いや今こそ読まれる価値がある。

不可逆性と運命

水声社版『小島信夫短篇集成』月報に寄せて

一

小島信夫の小説は、どうして感動的なのか？

はじめて読んだ小島信夫の小説は、いきなり『抱擁家族』だった。高校二年か三年だった。八〇年代初頭のことである。実家の書棚に文庫本が差してあり、本を読む習慣がつくよりも前から背表紙の題名を見るともなしに見ていた。きっかけは忘れたが、ある時ふと手に取って頁を繰り出したのだと思う。その頃、やはり実家にもともとあったせいで読み始めていた大江健三郎や安部公房などに較べると、書かれている内容はともかくとして文章は非常に読みやすく、にもかかわらず妙にわかりにくいところがあるとも感じられて、そのわからなさ自体が、ティーンエイジャーの私には、ひどく魅惑的に感じられた。わからなさは何重かのものだった。十七、八の少年には、そこに描かれている夫婦や姦通や家族の姿は、まったくと言っていいほどピンと来なかったし、そもそも『抱擁家族』は私が生まれた翌年に出版された作品である。それからコジマノブオという作家がどういう人なのかも全然知らなかったので（私はまだ「私小説」という言葉があることだって知らなかったかもしれない）、その一見してのわかりやすさの向こう側で作者がほんとうは何を言わんとしているのか、大江の曲がりくねった文体や公房の露骨な突飛さとはまるで違った、この異様なまでの平明さはいったい何なのか、そこにはどんな狙いが潜んでいるのか、まるではかりかねていた。従って、私は初読の時点では、ほとんど何もわかっていなかった。それから幾度か読み返して、多少はわかるようになったのかどうかも怪しいが。

しかしそれでも最初から、たとえば次の箇所で、私はどうしてか涙を抑えることが出来なかった。

「私の妻は病気です。とても危いのです。その夫が私です」
前にはおなじことを、俊介は外へ出ると口に出して叫びたく思ったことがあった。今では、助けを求め、「私どもは仲間です。不安定な苦しみの多い人間です。私は買物をしている男ですが、どうか、ただの買物をしている男と思わないで下さい。私は人間としておつきあいしたいし、今こうして声をかけているのです。私どもは見ず知らずの間柄です。しかしそうでないと駄目なんです。だからこそ友達なのです」
俊介は表立っては何もいわず、買物をしているときに、心の底でそう叫んでいるのは、どうしてだろうか。なぜ買物をしている相手に対して、とくにそうなるのだろうか。

（『抱擁家族』）

少年だった私は「その夫が私です」まで読んだところで既に泣き出していたと思う。何故なのか。その時はうまく言葉にならなかったが（私はただわけもわからず動揺しただけだった）、あとあと思い返してみて、この三つの文が、いうなれば一種の似非三段論法のようなものになっていて、そしてそれは現実（だが小説内における「現実」とは何か？）には発話されることさえなかったという二つのことに関係しているらしいと気づいた。私の妻は病んでおり、その病いは癌という深刻なものであり、その女の夫である者が私である。明らかなことだが、三つ目は言うまでもない蛇足であり（だって「私の妻」と最初に言ってるのだから）、そのせいでこの三つの言表は無意味に循環してしまっている。だが、にもかかわらず、どうみても一番たいせつなのは「その夫が私です」なのだ。このことを彼は誰かに述べ立てたくてたまらない。その、夫、が、私、なのです。だが彼はそれを実際に口に出すことはない。そのかわりに、続いて書かれている、もっと長い、だが同じく意味のよくわからない台詞も、やはり口にされることはない。彼はただ黙って叫んでいるのみである。

これに限らず、小島信夫の小説には、奇妙に律儀な論理性、だがあからさまにナンセンスだったりパラドキシカルだったりする擬似的な論理性みたいなものと、けれどもそうしたことを「表立っては何もいわず」に「心の底でそう叫んでいる」ことが、よくある。だが、これでは何故、私が泣かされたのかの説明には、まだ全然なっていないだろう。どうして、このような小島信夫の叙述のありように、そこに描かれていることを、まだほぼ何ひとつわかっていなかった私は、不意打ちのような衝撃をくらって涙してしまったのか。それはおそらく、かなしみという感情にかかわっている。

『抱擁家族』の「三輪俊介」と名付けられている「私」が、ひどくかなしいということは、状況からして明白である。そしてそのかなしみは、絶対に起こって欲しくはないのに、それでも遠からず起こるだろう、必ず起こってしまうだろうということが、自分にも、また他の誰にも、もはやどうにもならない、ということによるものである。せいぜいが出来るのは、かくも望まざる運命のもとにあるのが自分なのだ、どうしてそうなのかはわからないが、とにかくそうであるしかないのだと、ひたすらに言い募ることくらいだ。むろん、そんなことに意味はない。そんなことを言っても、何をしようと、運命は変えられない。それでも、それしか為す術がないのだとしたら？　そうすることくらいしか許されていないのだとしたら？

「私」は「私」の運命を誰か（その誰かは「誰か」としか言えないが、かといって誰でもよいというわけでもない）に向けて、どうにかして語りたい、語らずにはいられない。しかし、その語りは予め失効している。言っても無意味なことを、それでも「私」は誰かに言わずにいられないのだが、言っても無意味であるがゆえに、それはけっして言われない。「私」が語りたい、語らずにいられない事どもは、こうして誰にも伝えられない／伝わらないまま、いつしか（はじめから？）論理的矛盾をきたしていることにも気づかず、えんえんと「私」の内部で循環する。

けっして言われなかったことは、だからこそ書かれるのだ。心の中で叫んでいるということだけでなく、語られなかったことが書かれてあるということ自体が叫びなのである。私はどうしようもなくかなしい。こんなにかなしいのにどうにもならない。そう泣き叫ぶかわりに「私」は壊れた論理を紡ぎ、無意味な言葉を書き連ねる。「私の妻は病気です。とても危いのです。その夫が私です」。今から三十数歳も若かった私は、このような運命への抵抗の身ぶりと、その歴然とした無力さに、そしてそれでもなおそれが書かれてあるということに、思わず知らず感涙したのではなかったか？

起こったことと起こらなかったこと

サミュエル・ベケットは一九四八年に長編小説『モロイ』を執筆した（出版は五一年）。一九〇六年生まれのベケットは、まだ四十代だった。『モロイ』に続けて、三部作を構成する『マロウンは死ぬ』『名づけえぬもの』や、出世作と言ってよい戯曲『ゴドーを待ちながら』も同時期に書かれている。

私が『モロイ』をはじめて読んだのは、高校三年くらいだったと思う。八〇年代初頭で、ベケットが同作を書き上げてから三十年以上が過ぎていたことになる。小島信夫の『抱擁家族』と、どちらが先だったのかは覚えていない。兎に角、十七、八歳くらいで、書物に限らず、いろいろなものと出逢っていたのだ。出くわしていた、と言ってもいい。ベケットは『モロイ』より前に『ゴドー』などの戯曲を読んでいた筈だ。小説は文庫が出ていた『マーフィー』が先だったかもしれない。だが、それらよりも『モロイ』に私は衝撃を受けた。

特に震撼させられたのは結末のくだりだ。

> しかし最後にはその言語がわかるようになった。わたしはそれを理解した。いまも理解している、たぶん間違って。そんなことは問題でない。そ

の声がわたしに報告書をつくるように命じたのだ。いまやわたしはもっと自由になったといえるだろうか？　わからない。いまにわかるだろう。それから家へもどって、こう書いた――いま夜中の十二時である。雨が窓ガラスをたたいている。夜中の十二時ではなかった。雨は降っていなかった。

（『モロイ』／三輪秀彦訳）

『モロイ』は、ベケットの多くのテクストと同じく、話すこと、語ること、書くこと、言語を使用することをめぐる小説である。二部構成で、書き手／語り手である「私」は、いずれも或る「報告」として、それを書いていることになっている。しかし、第一部の「私」は「モロイ」という名で、第二部の「私」は「モラン」と名乗る。右の引用の「いま夜中の十二時である。雨が窓ガラスをたたいている」は、第二部の冒頭と同じで、したがって読者は、この小説を読み進んで結末に行き着いたとき、第二部の始めに戻ってきたことがすぐにわかる。しかしその直後、今しがた二度目に書きつけられたばかりの二つの文章はいきなり否定される。そして、この小説は終わる。

このかなり虚を突かれる終わり方によって、第二部の、あるいはこの小説全体の「報告」

が、どこまでほんとうに起きたことであるのか、どこまで信頼に値するのか、あからさまに宙吊りにされてしまう。しかし真に重要なのは、おそらくそういうことではない。「いま夜中の十二時である。雨が窓ガラスをたたいている」と「夜中の十二時ではなかった。雨は降っていなかった」が連続していることで、夜中の十二時ではなく雨が降っていないという記述の方だって、真実であるのかどうかわからなくなってしまう、ということも確かだが、それもやはりさほど重要なことではないように思う。では、何が重要なのか……こういう考えの筋道を、ティーンエイジャーの私が辿ったわけではなかった。たぶん私は吃驚して、それからわけもわからず面白がっただけだった。ここに書かれてあることの意味を、私がふたたびちゃんと考えるようになったのは、もっとずっと最近になってからのことである。

小島信夫は「新潮」の二〇〇六年二月号に長編小説『残光』を発表した。二〇〇六年の五月に単行本として刊行され、現在は文庫版でも読める。小島が亡くなったのは同年の十月二十六日。周知のように『残光』は遺作である。

その長い長い晩年、小島は繰り返し繰り返し、(『抱擁家族』とは別の、二番目の)妻とのことを書いてきた。もちろんそれ以前から始まっていたのだが、ひとつの起点は、一九九七年の長編『うるわしき日々』で、このとき小島はすでに八十歳を超えていた。そこに描かれていたのは、三十年以上前に書かれた『抱擁家族』と同じ名前の「三輪俊介」の五十代の息子が、重度のアルコール依存症になり、妻子にも見放されて実家に戻ってきて、高齢の両親の世話にならざるを得なくなるという顛末である。前妻の息子とは血が繋がっていない妻は、看病と心労の果てに、自らも健忘症を発症してしまう。妻よりもずっと歳上である作家は、それからの人生の日々を、刻々と病いを悪化させてゆく妻と過ごしつつ、その生活を只管に小説にしたためてゆくことになるだろう。

『残光』は「ぼく」という一人称で書かれており、もはや「三輪俊介」ではなく「小島信夫」という名前だ。妻は施設に入っており、車椅子でないと移動も出来ず、病状が進行して「ぼく」が誰なのかもわからないことがある。「ぼく」は身辺雑記をとりとめもなく書き留めてゆきつつ、過去の自分の大小さまざまな小説たちのことを次々と思い出し、長い長い引用を重ねる。小島信夫の小説は「小島信夫／三輪俊介」の人生とややこしく織り重ねられていて、解きほぐすことは不可能だし、そんな作業におそらく意味はない。

そして『残光』は、やがてついに結末に辿り着く。老作家は、妻の居る施設に赴く。

十月に訪ねたときは、横臥していた。眠っていて、目をさまさなかった。くりかえし、「ノブオさんだよ、ノブオさんが、やってきたんだよ。アナタはアイコさんだね。アイコさん、ノブオさんが来たんだよ。コジマ・ノブさんですよ」

と何度も話しかけていると、眼を開いて、穏かに微笑を浮べて、
「お久しぶり」
といった。眼はあけていなかった。

（『残光』）

『残光』は、これで終わる。私はすぐに『モロイ』を思い出した。ここで起こっていることは、あの小説の結末と同じではないか。そう気づいて動揺した。そしてこう考えた。ベケットが書いていたのと同じく、このとき「アイコさん」の眼が、開いていたのか、閉じられていたのか、それは、もうどうでもいいことなのだ。ここに書いてあるのは、そういうことなのだ、と私は思った。「眼を開いて、穏かに微笑を浮べて」と「眼はあけていなかった」が、つまり片方が起こったことだとすれば、もう片方は起こらなかったことになってしまうだろう二つの文が、ただ並べられてあること。こういうことが書けるのだということ、こういうことだって書けてしまうのだということ、こんなことさえも小説には可能なのだということ、それだけが、ほんとうに重要なことなのだ。私は、小島信夫が、おそらくは自分の最後の長編小説になるであろう『残光』の最後を書きながら、ベケットのことを、『モロイ』のあの終わりのことを思い出していたと確信している。たとえそうではなかったのだとしても、そう思っている。

「さっき既にふれたかもしれないが、」

小島信夫は、九十年以上も生きたこともあるとはいえ、純文学作家としてはかなり多作であり、こうして何巻もの集成が編まれるほど短編小説を沢山書いたし、長編も、長い長編も、長い長い長編小説も幾つも書いた。彼が或る時期から、いわゆる著者校正、赤入れ的な作業をほとんど、というかどうやら全然しなかったらしいということは、本人の証言その他によって、よく知られている。このことは絶筆と言ってよい「新潮」二〇〇六年七月号掲載のエッセイでも触れられている。

ぼくは『別れる理由』にかぎらず長篇も短篇も、原稿を編集者に手渡したあとほとんど読み返したことがない。その理由は自分でもよく分からないが、作品がよきにつけ悪しきにつけ、読み返して、あれこれ考えているより、次のことを考える方がよいと思っているところがあるからかもしれない。うまくいっているところがあるとして、それを面白がるのは好きでないし、もしうまくいっていないところがあるとしても、自分ではそれを苦にしていないというか、だいたいのところ、「うまくいっていなかった」と思うところはない、と思いこんでいるからである。うまくいっていないとしても、それを手直ししようがない。それが出来るなら、そのときに既に直しているはずで、おそらく直すことはできないと考えているに違いない、というより、そんなこと考えたこともない。

（「「私」とは何か――『残光』をめぐって」）

副題が示すように、引用元の文章は小島の最後の小説『残光』にかんするものであり、右のくだりに続いて「ぼくは小説のことをいっているので、エッセイの場合は全くちがう」とある。「「私」とは何か」は、最近出た『風の吹き抜ける部屋』（幻戯書房）の末尾に置かれていて、同書は単行本／批評集成等に未収録の評論と随筆を拾遺した本なので、おそらくはエッセイと呼んで差し支えないだろう。だが、そうすると、小説は読み返さないし手直しもしないが、エッセイはそうではない、ということでの言い分は、どうにも怪しくなってくる。というのは、引用した部分に続き、ジェイムズ・ジョイスの『ユリシーズ』にかかわる話が暫しされたあとで、こんな文章が書きつけられているからだ。「さっき既にふれたかもしれないが、三月二十五日に世田谷文学館で、二回めの「トーク」を保坂さんにいわれてやった」。「二回め」というからには一回めがあったわけだが、それは二〇〇五年の七月十二日のことであり、その話は『残光』に出てくる。

問題は、むろん「さっき既にふれたかもしれないが、」である。読めばすぐにわかるが、全然ふれてない。それどころか「保坂さん」とこの文章で書かれるのはここが初めてなのだ。引用したのは「「私」とは何か」が始まってまもなくのところである。つまり小島は、さっき既にふれたかもしれないと思いつつ、それを確かめるために一寸前の方を読み返すことさえしていない。だが「さっき既にふれたかもしれないが、」とは書いてしまうのだ。『残光』の読者は、これと似たような事態が、あの小説で何度か起こっていたことを思い出すだろう。するとつまり、先の「エッセイの場合は全くちがう」というのは、全くあてにならない。あるいは「「私」とは何か」はエッセイでなく小説なのだということだろうか。そんなことはどちらでもよい。重要なことは、いつ頃からかはともかく、小島信夫が、いったん書き終えた小説を読み返したり手直ししたりしなかったのみならず、今まさに書きながらとりあえず書いた部分を読むこともしていなかったということ、そしてそれから、にもかかわらず、明らかに小島は、自分が過去に書いた小説を読むことを、小説を書くことの内に盛んに取り入れていったということである。

引き続き、「「私」とは何か」には、「(『残光』には) 昨年 (二〇〇五年) の正月から七月十二日までの期間に作者のぼくが、何を考え、どういうことをしゃべり、どういう行動をしたかが書かれている」という説明があり、そのあと、次のように書かれている。

『残光』は、この期間においての現在から過去にもどっても、けっきょく、それは現在が要求するからで、いつも時間はぼくの現在である。

（同／傍点は原文）

ここでいわれる「ぼくの現在」とは、作者である小島信夫自身にとって、最終的には右の文章を書きつつある「現在」ということなのだと思われる。この「ぼくの現在」は、いわば絶対的な時制として、小島の小説世界を統べている。今この文章が書かれている現在。だがこの「今この文章が書かれている現在」は、当然ながらすぐさま「さっきこの文章が書かれていた過去」になってしまう。そして小島信夫においては、ひとたび書かれてしまったら、その途端に、それは完全に固定された、書き換え不可能な文章、小説と呼ばれるものの一部を占める確定記述になってしまうのだ。それらを改訂／修正しようとするのはナンセンスでしかない。小島信夫は上書きを放棄する。つまり彼にとって「書くこと」は常に現在形、いや現在進行形なのだ。小説家には、自らの過去の作品を何度となく改稿し続ける者もいるが、小島はそれとはまるで正反対である。彼はけっして書き直さない。だがしかし、思い出しはするのだ。それどころか、その長い長い晩年、小島は幾度となく、かつて自分が書いた幾つもの小説を、その一部を持ち出しては、あちこちを（しばしば同じ箇所を）引き写し、えんえんと述懐する。ほとんどそれだけで出来上がっている作品もあることは周知の通りである。いや、こう言ってもよいかもしれない。小島信夫は、ある時期以後、書き直すことが許されていないもの、より精確には、書き直すことを自らに許していないものを、繰り返し読み直すこと、それでも書き直すことだけはかなわないのだということを自分自身に対して認めさせるためにこそ、幾度となく読み直すこと、ほとんどただそのことについてだけ書いていたのだと。

　つまり、何ごとかを思い出すのだって、それは常に「ぼくの現在」においてなのであり、それ以外ではない、そうであるしかない、ということである。だから、あの「さっき既にふれたかもしれないが、」を、単なる手抜きや、あるいは惚けだなどと断じて安心していてはならない。これは、まったくもって驚くべきことなのだ。小島信夫は、現在進行形を自らに強く課した。なぜならおそらく彼は、書くことの、いや、生きることの不可逆性を、よくよく知っていたからだ。言うまでもないことだが、この不可逆性は、運命と呼ばれることがある。

おわらないおわりのはじまり

小島信夫『公園／卒業式』

『公園／卒業式　小島信夫初期作品集』講談社文芸文庫版に寄せて

本書の原本に当たる単行本の奥付には「昭和四十九年一月二十日初版第一刷発行」とある。西暦に直せば一九七四年。中扉と帯文には「初期作品集」と書かれてある。編者でもある故・平光善久氏が原本の解説（本書に併録）で「初期の代表作」と述べている「裸木」が一九三七年、「アメリカン・スクール」が芥川賞を授賞したのが一九五五年、小島信夫の文名を決定的なものにした長編『抱擁家族』の発表が一九六五年のことだから、この時点で「初期作品」を拾遺することには、既にしてじゅうぶんな意味があったのだと思われるが、しかし現時点から振り返ってみれば、小島信夫はこのあと、二〇〇六年十月二六日に亡くなるまで、三十数年にわたって、数的にも量的にも膨大と言ってよい文章をひたぶるに書き続けたのだから、この「初期作品集」が編まれた一九七四年は、いわばまだまだ「初期」だったと言えるかもしれない。

ちなみに、この『公園／卒業式』の前後には、本書と同じ版元の冬樹社より「短編小説集」として『靴の話／眼』が、「戦争小説集」として『城壁／星』が刊行されており、題名と副題の付け方からして、一種のシリーズとして考えられていたものと推測される。また本書とほぼ同時に、一九六八年一月から「群像」で短編連作として始まった『町』の第十回「別れる理由」が何故か終わらなくなり、そのまま延々と連載が続いていたせいで宙に浮いてしまった最初の九編に、その後に書かれた幾つかの短編を加えた作品集『ハッピネス』も出ている（周知のように『別れる理由』はその後、一九八一年三月まで連載が続いて漸く完結、分厚い三巻本として刊行されることになる）。つまりは、作家として脂の乗り切りかかった繁忙期に、相次ぐ新作新刊に混じって世に出された「最初期作品集」が本書ということになる。

では、この「最初期作品集」の内容は如何なるものか。全十三編中、講談社刊『小島信夫全集』の第四巻「短編小説I」（昭和四十六年五月初版発行）とは「裸木」「凧」「鉄道事務所」「死ぬということは偉大なことなので」「往還」の五編が重なっている。収録作は発表年代順に並べられており、いちばん最後の「ふぐりと原子ピストル」が昭和二十七年＝一九五二年である。同じ年に初めて芥川賞候補となった「小銃」が、翌五三年に「吃音学院」が、一九五四年には「星」「殉教」「微笑」「馬」「アメリカン・スクール」が立て続けに発表されている。これら綺羅星のごとき初期傑作群の直前に位置する、小島信夫の小説世界の一種のミッシング・リンクを探ることが出来るのが本書の読みどころであるわけだが、その「最初期」は更に三つの時期に分割される。すなわち、県立岐阜中学校の校友会誌「華陽」に書かれた最初期中の最初期作「春の日曜の一日」と「彼の思い出を盗んで」の二編、「裸木」から「公園」（昭和十五年＝一九四〇年）に至る一高〜東京帝大時代の六編、そして「よみがえる」（昭和二十二年＝一九四七年）から「ふぐりと原子ピストル」までの終戦〜復員直後の五編である。以下、この三つのブロックを敢て逆さまに辿りつつ、いささかの私見を述べてゆきたいと思う。

平光氏が「コント」と呼んでいる「よみがえる」を、私は本書ではじめて読んだ。おそらく多くの読者もそうだろうと思う。一種の幽霊譚である。掌編だが、小説としての完成度はすこぶる高い。このあと述べる諸短編にも顕著だが、この時期において既に破調と破綻を得意技にしつつあった小島信夫としては珍しい端正さと言ってもいいかもしれない。あるいはこのようなものならば容易く書けたということなのかもしれない。平光解説によれば新聞社の賞金付き公募小説だったとのことだが、小島信夫がこの頃、復員して岐阜県に戻り、妻と幼い息子を抱えて貧窮に喘いでいたことを思うと、感慨深いものがある。「汽車の中」「佐野先生感傷日記」「卒業式」は、上京し、千葉県立佐原女学校、次いで都立小石川高校の教師をしていた時期に発表されたものだが、特に前二作は主人公の名前が同じ「佐野」であり、姉妹編と言ってもいいだろう。題名通り全編がすし詰めの汽車中で展開する「汽車の中」の「佐野」は「田舎の某大学に関係のある学校の教授」であり、妻子を伴って「日本文化の将来性について」なる講演旅行をしてきた帰りであるらしい。「佐野先生感傷日記」の「佐野」は、わけあって新聞社を辞め「生まれ故郷のこの町に、いまこそ女学校の教師として帰ってきた」ところである。「卒業式」では「田舎都市G市のはずれのG師範学校」の卒業式の顛末が、校長の杉野と県知事の佐藤、教官の大沢、学生の吉岡などを中心に描かれる。三編とも、人物造形は多分に戯画化されており、スラップスティックの様相が濃厚だが、底辺にあるのは紛れもなく不安と焦燥である。超満員の汽車の様子を過剰に滑稽に物語ってきた「汽車の中」の結末で、主人公は遂に手荷物を盗まれ、妻から「よくも自分のからだは盗られないわね」となじられる。「佐野は、実は自分のからだも序でに盗られてしまえばよかったと思った。かれは、又もや生きていることが、いかにも無駄なこととかんじられてくる」と続く最終段落から急激に流れ出る「無」の感覚は、そこまで嗤いながら読んできた者を戦慄させるにちがいない。「佐野先生感傷日記」の「佐野」は、とにかく生活に汲々とし、教育よりも食物を拵える畑に執心するような人物だが、かと思えば女学生たちを前にとつぜん「天皇退位説」をぶったりする。彼は校長等と酒を酌み交わして「世界が救われる方則《ママ》を今芸術化しているところなのです」などと宣い、どういうわけかその為の「劇」を提案するのだが、同僚教師と喧嘩になって打ち倒され、最終的には妻に三行半を突きつけられてしまう。「卒業式」の式は、当然のように混乱と紛糾に陥る。破壊的とさえ言ってよい、その光景は、前作「感傷日記」と同様、あきらかに政治的な色彩を帯びている。言うまでもないが、これらの小説の発表時、日本はまだアメリカの統治下にあった。第二次世界大戦後、数年が経って、東西諸国の対立が急速に深まり、いわゆる冷戦が始まった時期でもある。「感傷日記」の「佐野先生」や「卒業式」の人物は、のちの小島信夫の小説ではあまり読まれることのない、かなり直截で生々しいことを口走る。しかしそれらは同時に、いまひとつ方向が定まらず、どこかふらふらとしていて、或る程度はっきりとした政治的主張を抽出出来るようなものとはやはり言えない。そして、それは故意に、というか、必然的に、そうなっている、そのように書かれているのだとも思える。つまり、ここではいわゆる風刺は必ずしも意図されていない。いや、多少とも意図する部分があったのだとしても、結果としてそれはほとんど実現されていない。むしろ表現されているのは、「汽車の中」の「佐野」を襲ったものと同じ、生それ自体に予め備わったあからさまなナンセンスと、そのようなナンセンスを世界から強いられ、抵抗虚しく否応無しに受け入れざるを得ない人間たちの悲劇的な喜劇性である。

三つ目のブロックの最後、すなわち本書の末尾に置かれた「ふぐりと原子ピストル」は、「卒業式」の二年余り後の一九五二年二月に発表された（ちなみにこの直後には小島信夫の「戦争小説」の第一作というべき「燕京大学部隊」が発表されている）。とにかく題名が強烈だが、風刺の不成立とナンセンスの到来という、この時期の特徴が際立って独特な形で表れた、一種の「問題作」である。「僕」が入社したばかりの新興出版社「男女生活社」の社長、乾権五郎は、いつも巨大なふぐり＝陰嚢を大っぴらにぶら下げている。導入からして無茶だが、ここから物語は破天荒にエスカレートしていく。雑誌『男女生活』が「公称百万、実は百五十万を突破」し、お抱え作家の巽泰三の「肉体くすぐり小説」も人気爆発で鼻息の荒い乾は、巽の記念パーティを機に代議士に進出せんとする勢いだが、勢い余って官憲に目をつけられる。題名のもう片方の「原子ピストル」とは、携行可能な「小型原子爆弾」のことである。秘密警察か何かであるらしい男はこう言う。「われわれだけにはこういうものがわたっている世の中だ。これはめったの時には使わぬが、わいせつなやつは一ころだ。一名わいせつ撲滅器と云うんだ」。前年の一九五一年にアメリカが世界初の原子力発電を成功させているが、そのことがこの小説の執筆動機になったものかはわからない。小説はラストに向かうにつれて無茶苦茶を極めるが、終わり間際にゴーゴリの「鼻」が、いささか唐突に言及される。ゴーゴリからの影響は「佐野先生感傷日記」や「卒業式」にも伺えるが、ここではゴーゴリ的な手法による同時代の寓話が企図されながらも、叙述の細部があちこちで暴走して風刺を覆い隠し、きわめてアクチュアルと言ってよい題名／題材であるにもかかわらず、そういう作品としては、敢て言うならば失敗している。だが、この「失敗」の有様こそが小島信夫的なのである。「ふぐりと原子ピストル」は、エキセントリックではあるが決して成功作とは呼べない。先行する三編も含めて、試行錯誤の産物と言ってもいいだろう。だが、主題と書法と文体上のさまざまな実験、「よみがえる」の完成度に安住しない果敢で闇雲（で無謀？）な挑戦を経た上で、既に述べたように、このあとの充実した傑作群が書かれることになるのである。

さて、時間を遡り、二つ目のブロックの六編は、戦争に行く前に発表された作品である。平光解説にあるように、何人もの作家たちから高い評価を得た「裸木」と、「爪」「鉄道事務所」が昭和十二年＝一九三七年の作、「死ぬということは偉大なことなので」「往還」「公園」が昭和十四年から十五年すなわち一九三九年から四〇年に発表。この間の一九三八年に小島信夫は最初の結婚をしている。最後の「公園」だけやや趣きが異なるが、他はいずれも「家族の死」が扱われている。小島信夫は昭和九年＝一九三四年に父親を、昭和十一年＝一九三六年に兄を喪っている。順番に読み進むと、父と兄の死の前後を繰り返し描きながら、僅か数年のあいだに、小島信夫が自分の書くべき「小説」のすがたを刻々と掴み出してゆくさまが見て取れるようで、感嘆を禁じ得ない。詩的なスケッチともいうべき「裸木」と「爪」は、肉親の「死」の気配の溶け込んだ情景描写が暗い叙情を湛えており、文章は研ぎ澄まされて非常に濃密だが、続く「鉄道事務所」になると、文彩は一転してシンプルに抑えられ、淡々と作家自身とその周囲の出来事を記述する態度、いわば私小説的な転回が見られる。まだこの段階では、やや習作感が漂っているが、このアプローチは一年を置いた「死ぬということは偉大なことなので」に引き継がれる。「死ぬということは偉大なことなので、死ぬ間際になって、余り軽々しいことを、たとえ死んで行く本人が言っても、いや、本人だからこそ、何か場にそぐわぬような、押し止めたい気を起させるものだ。明らかにそれは、笑ってはいけないと思っているのに笑わせて了うからだ」という、題名そのままから始まる印象深い書き出しは、既にして私たちの知る小島信夫の文章である。

「小説」に対する態度は、そのまま「死」に対する態度でもあるものとして、作風を更新／拡張させてゆく。先の四編とは違って三人称で書かれた「往還」には、家族の物語を、時間的にも空間的にもよりマクロな視点から語り直しているような趣きがある。そしてこの距離感は、かたちを変えて、同じく三人称で「男」「女」とのみ記される「公園」にもうかがえる。描かれるのは訳ありであるらしき男女の、裏に多くの事情と思惑を含んだ或る日の散歩だが、本書収録作の中では「よみがえる」と並ぶ、綺麗に整った佇まいの小説となっている。この「公園」と「卒業式」が書名に選ばれた理由について、平光氏は解説で特に何も述べておられないが、ほぼ対照的な二作と言ってよく、小島信夫の「最初期」の振れ幅を示していると考えられるかもしれない。

最後に、最初に据えられた二編は、小島信夫が十六〜十七歳の中学校時代に書かれた、正真正銘の最初期作品である。どちらもごく短いもので、作文と呼んでもいいような長さだが、しかし読まれる通り、これらは「小説」以外の何でもない。「春の日曜の一日」の「僕」は「林君」と絵を画きに出掛ける。その描写の只中に、前年に二十歳で亡くなった姉の「面影」が不意に浮かび上がる。最後の一文は「ああ楽しくもあり悲しくもあった春の一日」である。その翌年の「彼の思い出を盗んで」では「彼」の幼少時の思い出が語られる。「大正四年」に生まれて「三つ上の兄」が居るというのだから、この「彼」は限りなく「春の日曜の一日」の

「僕」すなわち小島信夫自身だと言っていい。だがしかし、この作品は「以上が自分が小学校時代の彼の思い出を盗んだ一部分である」と結ばれるのである。ここには既に、自分自身を対象化しようとする視線、「私」を客観視しようとする態度が、端的に、ほとんど強引な鮮やかさで現れている。いや、むしろこういうことなのではないか。「僕」のことを「彼」と書いた途端に「僕」から「彼」が分離する。あっさりと自己は二重化する。そして、そうなったからには、その後は「僕」と書いたとしても、もはやそれは単なる「僕」ではあり得ない。この甘美だが残酷な真理に、たぶん小島信夫は最初から気付いていた。

先に述べた「汽車の中」の最終段落は、こう続けられる。「さて死ぬのなら、どんな死に方をしてやろうか。死ぬということは未知のことだが、未知のことは世の中にはいくらもあるものだ。そうか、それならおさらばしようか。死んでそれっきりになってしまうことは、何か、なるほど淋しいみたいだが、どうせ一秒生きながらえたところで、その一秒が、どうせ大した碌なことはあるまい」。あと数行で、この小説は終わる。死ぬということは未知のことだが、未知のことは世の中にはいくらもある……こう書いてから五十八年後に、小説家は死んだ。死ぬということは偉大なことなので……こう書きつけてから六十七年の歳月を、小島信夫は生きた。いま私たちは、私は、この「最初期作品集」の頁を開いて、静かに慄然とさせられる。

彼が小説を書き始めた時、彼の近くにはすでに幾つもの「死」があった。彼が自分の「小説」を発見していく間も、その数は増えていった。このことは、やはりあまりにも重く、重要な事実である。彼が何を思って右のような言葉を書き記したのか、その意味を私は、彼の小説を読むこと、読み返すこと、新たに読もうとすることでしか知ることが出来ない。それはつまり、知ることなど出来はしないということでもある。だから結局、私は、私たちは、小島信夫という小説家が「僕」や「私」や「彼」などといった言葉を使って書いた膨大な文章を、ただひたすら読むことしか出来ない。だが、そのこと自体が、「小説」とは何なのか、それは何をするものなのか、という問い、そしてそれから、ひとが生きて死ぬとは、要するにどういうことなのか、というもうひとつの問いに、硬く結びつけられた作業になってゆくのだ。

本書は、その終わりなき作業のために捧げられる。

慟哭と吃驚

小島信夫と小沼丹

「三田文學」二〇一四・夏「特集・第三の新人」に寄せて

「第三の新人」と呼ばれた作家たちの中で、小島信夫と小沼丹は、理由は異なるが、どこか収まりの悪い存在に思える。

小島信夫については言うまでもなく、彼が一九一五年生まれと「第三の新人」では最年長であり、それどころか「第二次戦後派」とされる三島由紀夫（一九二五年生まれ）や安部公房（一九二四年生まれ）、井上光晴（一九二六年生まれ）や堀田善衛（一九一八年生まれ）よりも年上、「第一次戦後派」の野間宏や梅崎春生とおない年であるという事実に依っている。これは一九一七年生まれの島尾敏雄が「第三の新人」と「戦後派」のどちらにも入れられていることがあるのに似ているが、小島にかんしては「戦後派」とされているのは読んだことがない。

「第三の新人」という呼称は、山本健吉が「文學界」の一九五三年一月号に発表した同名の論文が初出とされるが、そこで山本が取り上げている作家は「第三の新人」とはあまり重なっておらず、実際にはその後、山本を含む文芸評論家やマスコミが、この時期に文壇に登場もしくは頭角を現してきた一群の小説家たちを、この便利なフレーズの下にカテゴライズしていったということだったのだと思われる。小島は五二年に「燕京大学部隊」と「小銃」（初の芥川賞候補）を、五三年に「吃音学院」を、五四年に「星」「殉教」「微笑」「馬」「アメリカン・スクール」といった力作を矢継ぎ早に発表し、五五年に「アメリカン・スクール」で芥川賞を受賞する。この経歴からすれば、彼は如何にも「第三の新人」と呼ばれるに相応しい存在だった。

しかし最初期の作品集『公園／卒業式』（冬樹社／講談社文芸文庫）を繙いてみればわかるように、小島は戦前から小説を書いていたし、その中には「死ぬということは偉大なことなので」（一九三九年）のような重要な作品もある。でもまあ「小島信夫＝第三の新人」という等号は、文学史的にはごく常識に属すると言っていいだろう。単に他の面子よりも年を取っていたというだけである。

これに対して小沼丹の場合は、もう少し微妙な浮き方をしている。彼も一九一八年生まれと「第三の新人」では年長組だが、そういうことよりもむしろ、存在感というかアティチュードというか、その小説家としての佇まいが、他の「第三の新人」たちとは、かなり異なった風情を持っていると思えるのである。小沼は井伏鱒二の弟子だったわけだが、彼が井伏から受け取った或る種の態度と、それは関係があるのかもしれない。比較的横の繋がりの強い印象がある「第三の新人」の中にあって、小沼は他の作家たちと親しく交流することもあまりなかった（庄野潤三とは付き合いがあったが）。年譜を見ても井伏鱒二と旅ばかりしている。しばしば言われることだが、小沼にとっては、あくまでも早稲田大学の英文学の教授が本職であって、作家活動は趣味というか余技というべきものだった、というのも、あながち間違った見方ではないだろう。もっともそれを言うなら小島信夫も明治大学の英文学教授だったのだが。

小島と同様に「第三の新人」ムーヴメントの頃の小沼の筆歴を記せば、一九五四年上半期に「村のエトランジェ」、下半期に「白孔雀のゐるホテル」、五五年上半期に「黄ばんだ風景」「ねんぶつ異聞」で、計三度、芥川賞候補に挙げられたが、受賞はしていない。ちなみにそれぞれの回の受賞者は順番に、吉行淳之介、小島信夫／庄野潤三（二名受賞）、遠藤周作と、見事に「第三の新人」で占められている。これ以後、小沼が芥川賞候補になることはなかった。ちなみに五五年下半期には石原慎太郎が「太陽の季節」で受賞し、もはや「第三の新人」が新しかった時代は過ぎ去ってしまう。とはいえ翌五六年には「第三」の近藤啓太郎が「海人舟」で受賞するのだが。

小沼の第一作品集『村のエトランジェ』（みすず書房／講談社文芸文庫）は五四年刊だが、そこに収められている小説には、四〇年代後半には原型が書かれていたものもある。同時期に彼はスティーヴンスンの翻訳や『ガリヴァー旅行記』『ロビンソン・クルーソー』の子ども向け翻案などを手掛けており、大昔の異国を舞台とする「バルセロナの書盗」（四九年）や「ニコデモ」や「登仙譚」（ともに五二年）には、そういった仕事からの影響を窺うことが出来る。

先にも述べたように、小沼丹が「白孔雀のゐるホテル」で候補になり落選した一九五四年下半期の芥川賞は、小島信夫の「アメリカン・スクール」（と庄野潤三「プールサイド小景」）だった。両作の冒頭を引用してみよう。


大学生になったばかりの頃、僕はひと夏、宿屋の管理人を勤めたことがある。宿屋の経営者のコンさんは、その宿屋で一儲けして、何れは湖畔に真白なホテルを経営する心算でいた。何故そんな心算になったのか、僕にはよく判らない。

……湖畔に緑を背負って立つ白いホテルは清潔で閑雅で、人はひととき現実を忘れることが出来る筈であった。そこでは時計は用いられず、オルゴオルの奏でる十二の曲を聴いて時を知るようになっている。そしてホテルのロビイで休息する客は、気が向けばロビイから直ぐ白いヨットとかボオトに乗込める。夜、湖に出てホテルを振返ると、さながらお伽噺の城を見るような錯覚に陥るかもしれなかった。

コンさんは、ホテルに就いて断片的な構想を僕に話して呉れてから云った。

——どうです、いいでしょう？　ひとつ、一緒に考えて下さい。

（「白孔雀のゐるホテル」）

集合時間の八時半がすぎたのに、係りの役人は出てこなかった。アメリカン・スクール見学団の一行はもう二、三十分も前からほぼ集合を完了していた。三十人ばかりの者が、通勤者にまじってこの県庁にたどりつき、いつのまにか彼らだけここに取り残されたように、バラバラになって石の階段の上だとか、砂利の上だとかに、腰をおろしていた。その中には女教員の姿も一つまじって見えた。盛装のつもりで、ハイ・ヒールをはき仕立てたばかりの格子縞のスーツを着こみ帽子をつけているのが、かえって卑しいあわれなかんじをあたえた。

三十人ばかりの教員たちは、一度は皆、三階にある学務部までのぼり、この広場に追いもどされた。広場に集まれとの指示は、一週間前に行われた打ち合わせ会の時にはなかったのだ。その打ち合わせ会では、アメリカン・スクール見学の引率者である指導課の役人が、出席をとったあと注意を何ヵ条か述べた。そのうちの第一ヵ条が、集合時間の厳守であった。第二ヵ条が服装の清潔であった。がこの達しが終った瞬間に、ざわめきが起った。第三ヵ条が静粛を守ることだという達しが聞えるとようやくそのざわめきはとまった。第四ヵ条が弁当持参、往復十二粁の徒歩行軍に堪えられるように十分の腹拵えをしておくようにというのだった。終戦後三年、教員の腹は、日本人の誰にもおとらずへっていた。

（「アメリカン・スクール」）

小島信夫は五四年だけで実に十編もの短編小説を発表しているのだが、個人的には「アメリカン・スクール」よりも「星」や「殉教」、そして「馬」の方がすぐれていると思う。単行本『アメリカン・スクール』の「あとがき」で、小島は実際に自分がアメリカン・スクールに見学に行った経験が出発点になってはいるものの、それはごく最近の出来事（「先年」とある）であり、しかも「事件らしい事件は、その時には一つも起らなかった」と述べてから、こう書いている。「僕はこの見学を終戦後二年間ぐらいの所に置いてみて、貧しさ、惨めさをえがきたいと思った。そのために象徴的に、六粁の舗装道路を田舎の県庁とアメリカン・スクールの間に設定してみた。それから今までなら「僕」として扱う男を、群像の中の一人物としておし

こめてみた」。

その結果としての、主題的な、話法的な、一種の紛れもないわかりやすさが、芥川賞の勝因だったと言ったら怒られるかもしれないが、「終戦後二年間ぐらいの所」というのだから、一九四七年頃の物語を一九五四年に（五三年の体験をもとに）執筆したこと、それから「六杆」すなわち「往復十二杆」という「行軍」の設定、そして「僕」から「群像の中の一人物」への変換（右引用の少し先で、この小説の主人公というか狂言回し的な人物は「伊佐」という男だとわかる）という三種類の「距離」の導入が、その「わかりやすさ」に寄与していることは間違いない。もちろん小説とはこういうことをするものであるわけだが、「現実」を巧妙にずらすことによって却って「現実味」を増すという操作が、ここでは見事に上手くいっている。と言いつつ、であるがゆえに、わたし的には今ひとつ物足りない気もするのだが。兎角上手くいき過ぎているものはどうもつまらない。だがそれはとりあえず置く。

これに対して小沼丹の「白孔雀のゐるホテル」の場合は、ここで夢見られているホテルの「お伽噺」めいたイメージとは裏腹に、現実の宿屋は二軒長屋を若干改造しただけの古臭くて襤褸《ぼろ》い代物で不便この上なく、何故だか自信満々の「コンさん」に驚き呆れた「僕」は、ひと夏の間に六人以上の泊まり客が来るかどうかの賭けをすることになるのだが、その賭けの顛末が綴られてゆく物語は、この時期の小沼小説の一大テーマというべき男女の色恋がメインに据えられてはいるものの、どこか牧歌的であり、こう言ってよければ妙に非現実的な「お伽噺」

ぽさの内に全編が展開されるのである。つまりこの小説には「アメリカン・スクール」にあったようなリアリティへの配慮と戦略が著しく欠けている、というかそれはほとんど顧みられていないようにさえ見える。小沼丹がやろうとしているのは、もっとあからさまに「物語」らしい小説であり、その意味では「文学」らしからぬ小説なのである。そのせいで芥川賞を得られなかったのかどうかはよくわからないが、この作風は「第三の新人」においてはやはり異色である。

それは「村のエトランジェ」や、二編と同年発表の「紅い花」など、この頃に書かれた多くの作品にも言える。「エトランジェ」は衝撃的な殺人の目撃シーンから始まるが、現在の感覚からするとまだほとんど子供と言っていい「中学一年坊主」の「僕」の視点から、戦時中に田舎に疎開してきた美人姉妹と若い詩人とのロマンス、そのドラマチック過ぎる結末が、しかしやはりどこか牧歌的な雰囲気の中で物語られる。「紅い花」の舞台は「戦争の始る三年ほど前」だが、「大学予科生」の「僕」によって、郊外の山小屋を借りて独り暮らしを始めた「オスカア・ワイルドのように真紅のダリアを一輪飾った女」の波乱に富んだ恋愛模様が、おそるべきショッキングなラストに向かって物語られてゆく。いずれも極めて人工的なお話になっており、特に「紅い花」には一種の心理サスペンス風ミステリの趣がある。そして実際、この数年後の五七年から五八年にかけて、小沼丹は雑誌「新婦人」に「ニシ・アズマ女史」を探偵役とするユーモラスな短編を連作し、その後も何作かミステリ小説を発表している（「ニシ・アズマもの」は『黒いハンカチ』として一冊に纏められている。ミステリ作家としての小沼の側面にかんしては同書創元推理文庫版の新保博久氏の解説に詳しい)。ミステリに留まらず、五〇年代末から六〇年代頭の小沼はいわゆるジャンル小説にかなり接近しており、当時隆盛を迎えていた「宝石」「オール読物」「小説中央公論」などの中間小説誌にも作品を書いている他、六一〜六二年には新聞小説としてユーモア長編『風光る丘』を連載している。ジャンル的な方向性や出来映えの違いはあるが、デビュー以来、この頃までの小沼の小説は、おしなべて物語的、お話的なものであり、言い替えればそれは、どこか浮き世離れした雰囲気を持っていた。ところが、よく知られているように、この作風は、その後、大きく変化を見せることになる。

一九六三年の四月に小沼丹の妻・和子が急逝する。彼は娘二人と現世に残された。翌六四年には母親も亡くしている。そして同年五月に、のちに「大寺さんもの」と総称されることになる連作の第一作「黒と白の猫」が発表される。

この小説は、次のように始まる。

妙な猫がいて、無断で大寺さんの家に上がりこむようになった。ある日、座敷の真中に見知らぬ猫が澄して坐っているのを見て、大寺さんは吃驚した。それから、意外な気がした。それ迄も、不届な無断侵入を試みた猫は何匹かいたが、その猫共は大寺さんの姿を見ると素早く逃亡した。それが当然のことである、と大寺さんは思っていた。ところが、その猫は逃出さなかった。涼しい顔をして化粧なんかしているから、大寺さんは面白くない。

——こら。

と怒鳴って猫を追っ払うことにした。

大寺さんは再び吃驚した。と云うより些か面喰った。猫は退散する替りに、大寺さんの顔を見て甘ったれた声で、ミヤウ、と鳴いたのである。猫としては挨拶の心算だったのかもしれぬが、大寺さんは心外であった。

（「黒と白の猫」）

以前から身辺雑記的なエッセイは発表していたが、この作品によって小沼丹はいわば「私小説的転回」を果したとされることが多い。淡々とした、飄々とした筆致から「大寺さん」の、とりたてて劇的な所のない平凡な日常が浮かび上がり、いつの間にか自宅に上がり込むようになった猫の話が綴られてゆくのだが、小説の後半で「大寺さん」は妻を突然に亡くす。しかしそのことを伝える筆致もまた、どこか淡々と、飄々としている。事情を知る読者は、おそ

らく作家自身に現実に起こったのも、こんな感じであったのかもしれないと思う。そしてこの作品以後、かつてのような人工性の高い「お話」は、ほとんど書かれなくなってゆく。これが多分に意識的な「転回」であったのだということは、次の文章でもわかる。

小説は昔から書いているが、昔は面白い話を作ることに興味があった。それがどう云うものか話を作ることに興味を失って、変な云い方だが、作らないことに興味を持つようになった。自分を取巻く身近な何でもない生活に、眼を向けるようになった。この辺の所は自分でもよく判らないが、この短編集に収録してある「黒と白の猫」という作品辺りから変わったのではないかと思う。

（「『懐中時計』のこと」）

作品集『懐中時計』は一九六九年刊。右は九一年に講談社文芸文庫に収められた際に附された「著者から読者へ」より抜いた。この先で「黒と白の猫」についてあらためて触れられているのだが、それは（明記されていないが）一九七五年発表の「十年前」というエッセイの使い回しとなっている。なので以下は同エッセイ（『小さな手袋』所収）から引用する。「十年前」とは勿論「黒と白の猫」が書かれた時のことである。

日記には「黒と白の猫」を書き終わって、一向に感心せず、と書いているが、これはそのときの正直な気持ちだろう。尤も書き終って、良く出来たと思ったことは一度も無いが、この作品の場合は自分でもよく判らなかったような気がする。よく判らなかったのは、主人公に初めて「大寺さん」を用いたからである。

突然女房に死なれて、気持の整理を附けるためにそのことを小説に書こうと思って、いろいろ考えてみるがどうもぴったり来ない。順序としては一人称で書いたらいいと思うが、それがしっくりしない。「彼」でも不可ない。しっくりしないと云うよりは、鳥黐のようにあちこちべたべたくっつく所があって気に入らなかった。此方の気持の上では、いろんな感情が底に沈殿した上澄みのような所が書きたい。或は、肉の失せた白骨の上を乾いた風が吹過ぎるようなものを書きたい。そう思っているが、乾いた冷い風の替りに湿った生温い風が吹いて来る。こんな筈ではないと思って、一向に書けなかった。
それが書けたのは、大寺さん、を見附けたからである。一体どこで大寺さんを見附けたのか、どこから大寺さんが出て来たのか、いまではさっぱり判らない。

（「十年前」）

「兎も角「僕」の荷物を「大寺さん」に肩代りさせたら、大寺さんはのこのこ歩き出したから吻とした。しかし、出来上がってみると、最初念頭にあった、上澄みとか、白骨の上を吹く乾いた風の感じが出たとは思われない。それで一向に感心せずとなったのだろう」と小沼は続けている。ここでわたしたちは、小島信夫が「アメリカン・スクール」について「今までなら「僕」として扱う男を、群像の中の一人物としておしこめてみた」と語っていたことを思い出す。つまり小島も小沼も、一人称を架空の固有名詞に変換することによって、或る転回を成し得ている。興味深いことに、「私」で／と書くのを止めることが、むしろ「私／小説」を誕生、もしくは完成させているのである。
「アメリカン・スクール」前後の小島信夫の小説で、一人称の「僕」もしくは「私」で書かれていないのは、他には「声」（一九五五年）など数える程しかない。一九五五年には初の長編小説『島』の連載が「群像」で開始されるが、これも人称は「私」である。そして長編小説にかんしてみると、続く『裁判』（一九五六年）、『夜と昼の鎖』（一九五九年）、『墓碑銘』（一九六〇年）、『女流』（一九六一年）は全て一人称で書かれている。そして小島が初めて三人称で書いた長編小説が、他でもない『抱擁家族』（一九六五年）なのである。その書き出しは、次のようなものである。

三輪俊介はいつものように思った。家政婦のみちよが来るようになってからこの家は汚れはじめた、と。そして最近とくに汚れている、と。
家の中をほったらかしにして、台所へこもり、朝から茶をのみながら、話したり笑ったりばかりしている。応接間だって昨夜のままだ。清潔好きの妻の時子が、みちよを取締るのを、今日も忘れている。
自分の家がこんなふうであってはならない。……

（『抱擁家族』）

この「三輪俊介」は『抱擁家族』から三十二年後の一九九七年に刊行された長編『うるわし

き日々』に（それだけの年を取って）再登場する。当然のことながら、一人称で書かれているからといって作者本人とイコールでないのと同じく、三人称で書かれているからといって作者とまったく無関係とは限らない。小島の他の長編小説、たとえば大作『別れる理由』（一九六八〜八一年まで連載）の「前田永造」であるとか『美濃』（一九八一年）の「古田信次」であるとかも、基本的には「小島信夫」の別名であると言ってしまって構わない。日本文学、少なくとも或る時期以降の「日本」の「文学」は、煎じ詰めればその大半が広義の「私小説」である。それは人称の別にかかわらず、そうなのだ。その中にあって小島信夫は、かなり特異な存在だと言える。何故ならば小島は、自身の人生に材を取って膨大と言っていい小説を書いたのみならず、それらの小説群によって自らの人生自体をも刻々と小説化＝虚構化していったからである。だが本稿ではこの点にはこれ以上は踏み込まず、小沼丹との比較対照に戻ることにする。

それというのも、言うまでもなく『抱擁家族』でも「三輪俊介」の妻が亡くなるからである。『抱擁家族』は、前半では「三輪俊介」の妻である「時子」と、三輪家に出入りしていたアメリカ兵ジョージとの姦通（次いで三輪家の二番目の家政婦である「正子」と息子の「良一」も関係を持つ）によって生じた「家／族」の危機が、後半では「時子」が癌に罹り月日を経て死に至るまでと、それ以後が描かれる。現実の小島信夫の最初の妻・キヨは、一九六三年十一月に数年の闘病生活の末に亡くなっている。これは小沼丹の妻の死の半年後のことである。小島信夫の代表作、おそらく最も有名な作品であろう『抱擁家族』は発表以来、さまざまに読まれてきた。言わずもがなではあるが、よく知られた論としては、実質的に「第三の新人」論と呼んでいい江藤淳『成熟と喪失』(一九六七年)が挙げられるだろうが、今から見れば些か過剰に社会反映論的とも思えるそこでの江藤の立論は、たとえ当たっていたとしてもわたしにはあまり面白くはない。今のわたしに面白いのは、たとえば小島の最初の評論集である『小島信夫文学論集』(一九六六年)収録の「『抱擁家族』ノート」における、次のような記述である。

時子の死ぬところがうまく行かない。つまらない。自然の要素が強すぎる。

しかし、ここをとるわけには行かない。一応こういう自然の時間を追うスタイルの小説だからである。

小説の推移、一つ一つの会話がそのまま混沌としていて、しかも人生そのものというようにすべきである。そのくらい複雑でなければ、こういう問題を書く意味がない。

(「『抱擁家族』ノート」)

二つの断片を引いた。この「ノート」は、小島が実際に『抱擁家族』執筆に当たって作成した創作メモがもとになっているそうだが、最後の一文に「俊介は狂っている」とあり、思わず戦慄させられる。周知のように、小島信夫は小説と同じくらい、ことによるとそれ以上の労力を傾注して多数の小説論を書いた作家だが、自作にかかわる論においては常に、右の引用に示された紛れも無いパラドックスをめぐる葛藤が旋回している。すなわち「小説」と「自然の時間＝人生そのもの」との、ややこしくもあり単純でもある関係性が孕むパラドックスである。それは小沼丹が「突然女房に死なれて、気持の整理を附けるためにそのことを小説に書こうと思って、いろいろ考えてみるがどうもぴったり来ない。順序としては一人称で書いたらいいと思うが、それがしっくりしない」と悩んだあげくに、ふと「大寺さん」を発見したのと同じことである。

それならつまり、小島信夫も小沼丹も、自らの実人生に起きた、たとえば「妻の死」という決定的な出来事、悲劇と呼んで何ら差し支えあるまい出来事を、如何にして「小説」という虚構に落とし込むかという試行に呻吟した結果、それぞれにとっての小説家としてのブレイクスルーを成す『抱擁家族』と「黒と白の猫」という「三人称の私小説（的なるもの）」が産み落とされたのだ、と考えればいいのだろうか。それはまあそうなのだが、しかし両者の対処の仕方は、一見すると対照的である。『抱擁家族』では、夫である「三輪俊介」が、妻である「時子」の死に対して激しく動揺し、狼狽し、慟哭するさまが執拗に描かれている。その様子は勿論シリアスなものではあるが、しかし同時に奇妙な諧謔味を湛えてもおり、そしてその諧謔がぐるりと廻って哀しみを倍加する、というようなものになっている。それは名高い「私の妻は病気です。とても危いのです。その夫が私です」という台詞に象徴されているが、そこに作家自身の生の感情が吐露されていると考えてはならない。「アメリカン・スクール」で施されていたのと同様の戦略と計算が、ここにはより大胆かつ精妙に働いている。

たとえば次の場面には、小島の独特さが現れている。

病院での通夜までの間に一時間あった。その間、彼は病院の玄関に立っていた。涙がこみあげてきて、泣いているとうしろで廊下をするような足音がした。ふりかえるとカトリックの尼が、トイレから出てきたところで、トイレのドアがまだ動いているところであった。

二人の尼は俊介のところへおびえるようにして近よってきた。

「お亡くなりになったそうで」

眼から涙がこぼれおちてくる、と俊介は思った。

「先日はどうも」

と彼は口の中でいった。

「祈ってあげて下さい」

と若い女の方がいった。

「それは僕も祈りつづけてきたのですが、祈る相手がないのですよ。だからただ祈り、堪え、これからのことを考えるだけです」

「あなたは、今、神に近いところにおいでになりますよ」

「なぜですか」

俊介は尼について歩きはじめた。

「家内に死なれたからですか。これは一つの事業ですよ。その事業をぶざまになしとげただけのことですよ」

俊介の涙はとまった。

「ただ僕は子供がふびんで……これからどうして暮して行ったらいいのだろう。ずっと前から予想していたが、やっぱり思いがけないことが起きたのです」


（『抱擁家族』）

『抱擁家族』ノート」には、こうある。「カトリックの尼を出す。時子は求めているらしいのに、追払う。こういう錯覚、洞察力のなさが俊介にはある。神の問題は、この程度にしかあらわれない。そういうこと、そのことを書く」。これはつまり、敢て、故意にそうしている、ということである。小島は、あくまでも意識的なのである。小島は「演劇」にも関心の深かった作家だが、ある意味で「三輪俊介」は、演劇的に慟哭してみせているのだ。

小島信夫は徹底して方法的な作家であり、彼の方法意識は『抱擁家族』でひとつの極点に達し、それから数十年をかけて、ゆっくりと小島信夫という人間そのものと渾然一体化してゆくことになるだろう。従って、それはやがて「方法」とは呼べなくなる。だが、ともかくも言えることは、『抱擁家族』という小説が、たとえ表面的/最終的にはそう見えなかったとしても、実際には精巧に造り込まれた作品なのだということである。以前の作品と較べて、明らかにスカスカを装った文体や、一読するだけではどうしてそこに置かれているのかよくわからない挿話、あまり意味のなさそうな主人公の述懐さえ、周到な準備と度重なる改稿によって編み出されたものなのである。

小沼丹の「大寺さんもの」は、「黒と白の猫」に始まり、計十二編が書かれた。最後の「ゴムの木」の発表は一九八一年なので、実に十七年にわたって書き継がれたことになる。いずれも、ほぼ作家と等身大とおぼしき「大寺さん」の日々が綴られている。そこでは確かに、お話を「作らないこと」が慎ましくも決然と実践されているようであり、また「自分を取巻く身近な何でもない生活に、眼を向け」られていると読める。この意味で、小沼の姿勢は小島信夫とは些か異なっているかに思える。

だが、ほんとうにそうなのだろうか。「黒と白の猫」の、今度は末尾近くを読んでみよう。

大寺さんは吃驚した。

例の猫が飼主の家の戸口に、澄して坐っているのを発見したからである。大寺さんは二人の娘に注意した。娘達も驚いたらしい。

——あら、厭だ。あの猫生きてたのね。

——ほんと、図々しいわね。

この際、図々しい、は穏当を欠くと大寺さんは思った。しかし、多少それに似た感想を覚えないでもなかった。大寺さんもその猫は死んだとばかり思っていたから、そいつが昔通り澄しているのを見ては呆れぬ訳には行かなかった。

（「黒と白の猫」）

この短編を、そして続く「大寺さんもの」を読んでゆく誰もが気付くこと、それは「大寺さん」が、やたらと「吃驚」ばかりしていることである。もちろん小沼丹の小説には、その最初期から「吃驚」の一語が幾度となく書き付けられてはいた。たとえば「村のエトランジェ」の冒頭も「河の土堤に上って、僕等は吃驚した」である。『黒いハンカチ』の「ニシ・アズマ」も、一編に一回は「吃驚」している。だが、それでも「大寺さんもの」における「吃驚」の頻出ぶりは、殆ど異様にさえ映る。なにしろ「大寺さん」は、悉く大したことには思えない、さして驚くには当たらない小さな出来事にばかり「吃驚」しているのだ。そして／しかし、にもかかわらず「大寺さん」は、真に不意打ちの、俄には信じ難い、受け入れ難い出来事に対しては、むしろ淡々としている。その最たるものが、身近な者たちの「死」に向き合う態度である。「黒と白の猫」には「細君が死んだと判ったとき、大寺さんは茫然とした。何故そんなことになったのか、さっぱり判らなかった」とある。彼は「茫然」としはするが、そのあとはせいぜい「しんみり」するくらいで、取り乱すことも、泣くこともない。「茫然」は、あっさりと恬然に、超然に席を譲るかにさえ思える。演劇的なまでにエモーショナルな『抱擁家族』の「三和俊介」とは、まったくもって対照的なのである。つまり「大寺さん」の「吃驚」は、実際の出来事の強度とは殆ど反比例しているのだ。

「大寺さんもの」第三作の「タロオ」（一九六六年）は、タロオという飼犬のエピソードで、最後にタロオは知人のAの所に貰われてゆく。

大寺さんがタロオを見たのは、それが最后である。タロオはその后十年以上生きていて死んだ。死ぬ前の頃は、歯も悉皆抜けて、耳も遠くなって、大分耄碌していたらしい。老衰で死んだのである。

その話を大寺さんはAから聞いた。

——タロオが死んだとき、とAは云った。お知らせしようかなんて、うちで話していたんです。そしたら、奥さんがお亡くなりになったと云うんで、吃驚しちゃいまして……

——うん。

大寺さんの細君はその二ヶ月ばかり前に突然死んだのである。

（「タロオ」）

ここには「吃驚」の一語があるが、それは「大寺さん」のものではない。この短編で妻の死が持ち出されるのはこのときが最初で、そしてこれだけである。あと数行で、この小説は終わる。「……タロオをルック・サックに入れて持って来て呉れたTも、五、六年前に死んだっけ、と思った。そして、みんなみんないなくなった、と云う昔読んだ詩の一行を想い出したりした」。この幕切れは寂寞としてはいるが、哀しみと言うにはやはり妙に飄然としている。

「大寺さんもの」を通して、小沼丹は繰り返し繰り返し、幾つもの「死」を話題にする。それは疑いもなく作家自身が「身近な何でもない生活」の中で現実に出逢った「死」がもとになっている。要するに「大寺さんもの」とは、死をめぐる連作なのだと言ってもいいくらいに、そこでは死者たちの思い出が語られている。しかし、にもかかわらず、小沼の筆致はその点にかんしては、いや、とりわけそれに限って、只管に抑えられており、そしてその代わりに、彼の言う「何でもない生活」の周囲に、夥しい数の「吃驚」が配されているかのようなのだ。

だとしたら、これは、これもまた、一種の「お話」と言ってしまっていいのではあるまいか。小沼丹は「黒と白の猫」で変わったわけではなかった。彼の創意と技術は、むしろ以前よりも研ぎ澄まされていったのだ。小島信夫とは別の「方法」によって、だが底の底では極めてよく似た動機に突き動かされて、小沼は「大寺さん」というキャラクターを造り上げていったのではなかったか。その「動機」とは、受け入れ難いのに受け入れなくてはならない出来事を受け入れざるを得なかった、この自分を虚構化＝小説化する、ということだった。

「大寺さんもの」の最終編「ゴムの木」の終わりを引用して、本稿を閉じることにしたい。「黒と白の猫」が「黒と白の猫」のお話だったように、「タロオ」が「タロオ」のお話だったように、これは「ゴムの木」のお話である。

いつだったか、大寺さんの娘の秋子が、ちっぽけな男の子を連れて大寺さんの家に遊びに来たとき、何かの弾みで想い出したのだろう、

——ウエンズさんに頂いたゴムの木、どうしたかしら？　まだ、あります？

と訊いた。

——あれだ。

と大寺さんが教えてやると、

——まあ、驚いた。あんなに大きくなったの……。

と眼を丸くした。大寺さんも何となくゴムの木を見ていたら、青い葉の傍に恨めしそうな眼があったから吃驚した。


（「ゴムの木」）

最後の「吃驚」に、わたしは思わず吃驚した。この「眼」はいったい何なのか、まったく説明はない。まるで「村のエトランジェ」の頃に戻ったかのようではないか。しかしこれ以降、

小沼丹の小説は、ますますエッセイと見分けがつかなくなってゆく。彼は一九九六年、七十八歳で没した。「ゴムの木」が書かれたのと同じ一九八一年、小島信夫は大作『別れる理由』の連載を終え、『女流』の続編である『菅野満子の手紙』の連載を始め、『美濃』を刊行した。小島は二〇〇六年、最後の長編『残光』を発表し、それから間もなく亡くなった。九十一歳だった。

想い出すことなど

小沼丹『藁屋根』

――『藁屋根』講談社文芸文庫版に寄せて――

短編集『藁屋根』は昭和五〇年（一九七五年）十一月に河出書房新社より刊行された。この年、小沼丹は五十七歳、それから二十一年後の平成八年（一九九六年）に小沼は亡くなる。享年七十八。まだまだ先のことである。本作品中の白眉というべき「竹の会」のファーストシーンでもある、当時早稲田大学の学生だった小沼が書いた短編が谷崎精二教授の推薦によって「早稲田文学」に掲載されたのが昭和十六年のことだから、この時点で作家デビューしてから三十余年が過ぎていた。

刊行時から遡って数年以内に書かれた八編が収録されているが、内容は大きく前半と後半に分かれている。まず「藁屋根」「眼鏡」「沈丁花」の〝大寺さんもの〟三編のあいだに谷崎精二との想い出を綴った「竹の会」を挟んだ四編が続き、あとの四編「キュウタイイ」「ザンクト・

アントン」「湖畔の町」「ラグビイの先生」は、前年刊行された『椋鳥日記』で描かれた一九七二年のロンドン滞在のスピンアウト的な短編である。「私小説作家」などと呼ばれもする他の作家たちと同様、いや、小沼丹という作家の場合は特に、その作品がいつ書かれたのか、ということは極めて重要な意味を持つ。しかしそれは、小沼の小説においては、作家自身のその時々の実体験がほぼそのまま書かれているから、ではない。この否定はやや強く感じられるかもしれないが、私はいま、こう断言してしまっても構わないような気がしている。

虚実という言葉がある。「私小説」は「実」すなわち「事実」に基づくものとされているが、その事実性が何によって担保され保証されているのかは必ずしも明確ではない。ある意味では、むしろ「私小説」を名乗る小説ほど巧みに嘘をつくことが出来るとさえ言える。それに当然ながら「私小説」の記述には常に記憶違いや勘違いといった変数が関与している可能性があり、その可能性を完全には排除出来ない、という点を無視して「私小説」を読むことは素朴という評言を免れない。

このことは「実」の反対項とされる「虚」のことを考えてみればより明白になる。虚のあり方はひとつではない。虚偽＝嘘と虚構＝作り事は違うものだし、意図せざる虚も、意図というものが存在しない虚もある。そもそも「虚」と「実」の判定や線引き自体がすこぶる困難だったり、そういうことに意味がないことだってある。虚実綯《な》い交《ま》ぜという言い方があるが、並のフィクションよりも「私小説」の方がよほどぐずぐずに綯い交ぜになっていると考えることも出来る。

こと小沼丹の場合、思い出すということ、回想という形式が、この問題をより前面化、複雑化させている。実際、小沼の小説の多くは、起こったことを書いたものというより、起こったことを想い出している小説である。もちろんあらゆる「私小説作家」は基本的に過去の何事かを想い出しながら書いているわけだが、小沼はむしろ「想い出すこと」そのものを書いている、書こうとしている、書いてしまっている、そんな節がある。

巻頭に置かれた表題作「藁屋根」の冒頭を引いてみよう。

その頃、大寺さんは大きな藁屋根の家に住んでいた。正直に云うと、郊外にある大きな藁屋根の家の二階を借りて住んでいた。大寺さんは結婚したばかりで、その二階が新居と云う訳であった。その二階の広さがどのくらいあったか、はっきり想い出せない。

（「藁屋根」）

小説「藁屋根」の発表は一九七二年一月、「大寺さん」こと小沼丹が実際に藁屋根の家に仮寓していたのは一九四三年のことである。実に三十年近い時間の隔たりがここにはある。「その二階の広さがどのくらいあったか、はっきり想い出せない」のも当然のことだろう。しかしそれにしては、はっきり想い出せないこと以外の「大寺さん」の記憶はむやみと鮮明である。それは結局のところ、これは「小説」なのだから、過去の出来事そのままであるわけではなく（そのようなことが可能であるはずもなく）、記憶を想像や憶測で補ったり色づけしたりした部分があるに違いない、ということではあるのだが、そればかりではなく、遠い遠い昔の風景や、それきり会うことのなかった人たちの言動を想い出すという作業をしていくうちに、その時まさにこの小説を書き進めている作者が、もともと自分の分身であるところの「大寺さん」として、というよりも新たに徐々に「大寺さん」に変身（！）していくようにして、ふと気づくと「藁屋根の家」に暮らした日々の只中に居てしまっている、といった感じなのだ。

しかしそれはもちろん、小沼丹が戦時中の或る時期、実際に過ごした日々そのものではない。現に在った過去の時間を再生することは不可能である。だがむろん単なる虚構とも違う。それはとても曖昧で宙吊りの、魅惑的な「小説の時間」なのである。

「藁屋根」のラストシーンは、時々「大寺さんもの」に出てくるシュールな光景で思わず虚を突かれるが、たとえどれほど荒唐無稽に思えようと、ああいうことが許されてしまうような独特の雰囲気が、いつのまにか生じている。それが「小説の時間」ということであり、そしてそれは「想い出す」という小説家の営みと試みの中から俄に立ち上がってくるものなのだと思う。

「藁屋根」の約三年後に書かれた「沈丁花」は時間的にも前作の続きである。冒頭で「藁屋根の家」に住んでいた頃の挿話が語られたのち、戦後に疎開先から同地に戻ってきて、今度は勤め先の学校内に居を構えることになった時期のことが綴られる（昔は銀行だったという広大な「藁屋根の家」といい、使用されていない学校の校舎といい、たとえ事実とはいえ普通の住居とは大きく異なる住まいの描写は極めて興味深い）。米軍中尉の「ケネディ君」とたびたびテニスをしたという想い出が、この小説のメインストーリー（？）である。

大寺さんはケネディ君といつ迄テニスをやったか憶えていない。学校が始ると何となく忙しくなって、余りやらなくなったと思う。その裡にケネディ君も帰国したから、日米対抗試合も終になった。大分后になって、米国に同じ名前の大統領が出て来たとき、大寺さんは悉皆忘れていたケネディ君を想い出して懐しい気がしたのを憶えているが、或はケネディ君が訪ねて来た当時を想い出して、多少の感慨があったかもしれない。

（「沈丁花」）

憶えていること、と、憶えていないこと。想い出すこと、と、想い出さない／想い出せないこと。

「眼鏡」では、想い出されている「時間」の内側で語り手の位置は細かく行きつ戻りつする。物語られるのは、十年ぐらい前（というのはこの小説の執筆時から巻き戻して、ということだろう）に乱視の眼鏡を拵えに行った際、行きつけだった酒場の「マダム」と偶然に会って会話を交わしたが、それからひと月ほどして知人から彼女が自殺したことを知らされる。そこから「大寺さん」は「マダム」との交流を断片的に想い出していく。それらは当然、彼が彼女と結果として最後に会った時よりも以前のことである。「マダム」の身に起こったらしきことは「大寺さん」の見聞と認識からしか描かれないので仔細はよくわからないままだが、悲劇的と呼んで差し支えない類いのことである。

しかし小沼丹のことだから、それはけっしてドラマチックにはなり切らず、その微かな気配だけで小説は終わることになる。むしろそこで只管になされているのは、やはり「想い出す」ということ、それそのものだ。小説の最後に「ロング・ロング・アゴオ」という唄を「マダム」が歌う場面がある。それは「マダムが店を止める前の年の暮」のことである。

暗い店で小さな歌声を聴いていると、何だかいろいろ忘れていることがぐるぐると動き出すようであった。マダムは遠い所を見るような顔で歌っていたが、その唄と共にマダムに何が蘇ったのだろう？

（「眼鏡」）

想い出すことは、忘れていること、忘れてしまったことたちの在処《ありか》を炙り出す。「大寺さん」が想い出している幾重にも折り込まれた時間の中で「マダム」が何かを想い出している。だが、彼女が想い出しているのが何であるのかは誰にも知れることはない。すると「忘れていることがぐるぐると動き出す」。ここに浮かび上がる感覚は確かに一種の郷愁、ノスタルジーと言えるが、過去を懐かしむ、というときの回帰への欲望のようなものは微塵も感じられない。むしろそこでは、想い出しているのが常に「いま」であること、想い出せないでいるのがいつもその都度の「現在」であることが、まるでふと想い出されるかのようにして何度となく持ち出され、意識化される。それはあたかも、放っておくとその内部へと潜り込み、その中に囚われていってしまいかねない「小説の時間」に抗う支点としての「現在」、すなわちその小説が書かれつつある時間が、波の満ち引きのようにして、何度も何度も戻ってくるかのようなのだ。

「竹の会」は、小沼丹にとって井伏鱒二と並ぶ長年の恩師であった谷崎精二が亡くなった一九七一年の末からわずか半年後に発表されたメモワールである。この小説は「大寺さんもの」ではなく（小沼丹における「大寺さんもの」とそれ以外の小説、更に言えば「小説」と「エッセイ」の線引きが如何にしてなされているのかは精査すべき問題だが、ごく端的に言って固有名が重要な意味を持っている内容だと同シリーズにはならないことが多い）、この後の作品からは次第に姿を消すことになる「僕」という一人称で書かれている。三十年にわたる谷崎と、その周囲の文士たちのさまざまなエピソードが、ほぼ時間軸に沿って語られる。大学内ではあくまでも厳格で生真面目な教授であったが、酒席となると人間味のある姿も見せた「谷崎さん」との、出会いから死別までが丁寧に綴られているという点で、この作品はまさに「回想《メモワール》」と呼ばれるにふさわしい名編である。

しかし小沼丹らしいのは、「僕」が「谷崎さん」と最後に会ったときのことが語られたあと、小説の幕切れとして、恩師の死を知らされて谷崎宅へと向かう途中、駅の「プラットフォオム」の外れから見える細い路を行き過ぎる見知らぬ人々を、ぼんやりと、だが凝《じ》っと見ている描写が置かれていることだ。「短い路に姿を見せては直ぐに消えてしまう通行人が、此方のそのときの気分に似つかわしい感じがしたのはどう云う訳かと思う」。この奇妙な感慨は、小沼丹という作家にとって「想い出す」という行為／作業の持つ意味と、その本質をよく表していると思う。「姿を見せては直ぐに消えてしまう」さまを「谷崎さん」との三十年に比するのは一見不可解かもしれないが、このようないわば自在に（しかも勝手に？）伸縮する時間感覚が、小沼丹という小説家の特異性なのだ。

後半の四編は、いずれもロンドン滞在時の出来事を題材としている。「キュウタイ」は「友人の吉岡がロンドンに遊びに来たので、二人で飛行機に乗ってミュンヘンにいる友人の浩三を訪ねたら、いい所へ案内してやるというので附いていくことにした。行き先はチロルのキュウタイという所だそうである」と書き出しの二文であれよあれよという間に読者はオーストリアはチロルの田舎町に連れていかれる。八月末のことである。「ザンクト・アントン」はその続きで「浩三」と別れた二人は題名となった小村で安穏な休暇を過ごす。「チュウリヒ行の汽車」に乗っている場面で終わったと思ったら、次の「湖畔の町」の舞台は、案の定スイスのチューリッヒである。このように三編はひと続きの旅行の顛末を描いている。最後の「ラグビイの先生」はそれとはまた別の旅で、これは「三日ばかり車で湖水地方を廻って倫敦へと帰る途中、ラグビイという町に寄った」ときの話である。時間は前三編より巻き戻って五月中旬。一行は車の持ち主の「冬木君」と旅行の案内係である「秋山君」、語り手とその娘の四人で、彼らは物見遊山で立ち寄ったラグビイ校で偶然出会った、地理の教師をしている「ベイツさん」に校内を案内して貰う、日本への帰国後の「今年の正月」に「ベイツさん」から手紙が届いたことが記されて小説は終わる。

これらの小説のもとになった体験は、すでに触れたように一九七二年の出来事だと思われる。小沼丹が帰国したのは同年の十月である。そして翌一九七三年の一月に早くも「湖畔の町」が発表され、その後、数ヶ月のうちに「キュウタイ」「ザンクト・アントン」も書かれている。「ラグビイの先生」だけは一九七四年十月、ロンドン滞在記『椋鳥日記』の単行本刊行後の発表である。従って同作の最後に「ベイツさん」からの手紙が届く「今年の正月」は一九七四年一月のことだと考えられる。「ベイツさん」は手紙に「皆さんの訪問を愉しく想い出しますす」と綴っていたが、それは約一年半前ということになる。

一九七二年五月の「ベイツさん」との出会いから、それが小説として発表されるまでは単純計算で二年と数ヶ月、「湖畔の町」は四ヶ月足らず、他二編も実体験から一年未満のあいだに書かれている。つまりこれらは前半の作品群と較べると、ぐっと近い過去を扱っている。だが、小説家がその時のことを「いま」想い出しながら書いていることには変わりはない。繰り返すが、それはあらゆる「私小説」と同じ絶対的な条件であるにもかかわらず、しかし明らかに違う。

小沼丹にとっては、ある意味で「現在」以前はすべてが「過去」として等距離にあるかのようだ。もっと言えば時間的な距離というものがほとんど意味を成さないかのようだ。結局のところ想い出すことしか出来ないのだという諦めと歓びが、そこにはある。そのとき、想い出されている「小説の時間」は「現実の時間」に重なりつつ、だがもはや別個に存在しているのである。

「ラグビイの先生」の末尾近く、次のような一文がある。「尤も、それ（引用者註：ラグビイ校の学校や寮の記憶）は時間が経つにつれて次第に淡れて行くが、ベイツさんの記憶は一向に淡れない。逆に、はっきりして来るように思われる」。だがしかし、同作で読まれるラグビイ校訪問の模様は極めて明瞭なものである。けれども小説家はそれを書きながらすでに、やがて来る忘却と、その逆の、だがそれとは矛盾しない鮮明化を予感している。この作品が書かれるのが十年後、二十年後であることだってあり得た。それが私たちが現に読んだものと瓜二つであることも、まったく違うものになることもあり得た。

想い出す、とは要するにそういうことなのだと、小沼丹は言っているように思われる。

慕情と追憶

小沼丹『お下げ髪の詩人』

『お下げ髪の詩人　小沼丹未刊行少年少女小説集・青春篇』に寄せて
——

本書に収録されている小沼丹の単行本未収録の少年少女小説は、「犬と娘さん」だけが一九五三年の発表だが、それ以外の諸編は一九五六年〜六〇年にかけて書かれたものである。当時、小沼は三十代後半〜四十代に差し掛かる頃であり、一九五四年に最初の小説集『村のエトランジェ』を、一九五五年に第二小説集『白孔雀のいるホテル』を刊行、早稲田大学で英文学の教鞭を執りながら（一九五八年に教授に昇格）旺盛な執筆活動を続けていた。一九五四年上半期（第三十一回）から三期連続で芥川賞の候補に挙げられ、一九五六年下期（第三十六回）には直木賞候補にもなっている（いずれも受賞はならず）。この頃の小沼の活躍ぶりはいわゆる文学には留まらず、本書「青春篇」と同時に、やはり同じ時期に発表されたジュニア向けミステリを集めた「推理篇」も刊行されるが、ミステリファンの間でも人気の高い連作推理小説

『黒いハンカチ』も一九五八年に単行本が出ている。本書収録作ともトーンの近いユーモア長編『風光る丘』の新聞連載が開始されるのは一九六一年のことである。

ところが、よく知られていることだが、小沼は一九六三年にとつぜん妻を亡くす。翌年に母親とも死別し、そのすぐ後に、のちに「大寺さんもの」と呼ばれることになる連作の第一作「黒と白の猫」が発表される。「大寺さん」のモデルは明らかに作家自身であり、これを機に、初期の物語性の高い作風から、日常と生活を淡々と書き記す「私小説」へと大きく舵を切ったというのが、一般的な小沼丹理解だと言っていい。

だが、ほんとうにそうだろうか。いや、それは確かにそうなのかもしれないが、たとえ人生観、そして小説観を一変させるほどの酷薄な出来事に襲われたのだとしても、小沼丹の変貌前と変貌後には、やはり何かしらの一貫性が、姿形を変えつつも流れ続ける同じ何かがあったのではないか、いつからか私はそう考えるようになった。右に名前を挙げた初期の作品/集、そして本書に収められた作品群と、わずか数年後から始まった「大寺さんもの」や、その他の、小沼の晩年まで書かれることになる「私小説」との間を、斜線ではなく等号で繋いでみること。そうすることによって、小沼丹という小説家のトータルな意味での作家性を、多少とも掬い取ることが出来るのではないかと思うからである。

もちろん「村のエトランジェ」「紅い花」「バルセロナの書盗」「白孔雀のゐるホテル」等と、「黒と白の猫」を始めとする「大寺さんもの」は、一見する限り多くの点で雰囲気がかなり異なっている。前者の物語性の高さとは、言い換えれば人工的、作りもの的ということである。それはこの時期のミステリ小説への接近にも示されているだろう。これに対して、後者の作品群は、少なくとも表面上、拵えたお話という感じはほとんどなく、基本的に身辺雑記的であり、随筆的である。だからそこに「変貌」を見て取るのはまったく正しいのだが、むしろそれゆえにこそ、いわば小沼丹1と小沼丹2がいるということではなく、1と2を止揚するような「小沼丹」の肖像を描き出す必要があると思うのだ。

ここで本書の収録作について述べよう。大きく二つのパートに分かれており、「I」には全六話から成る「青の季節」が、「II」には別々に発表された七つのストーリーが収められている。学習雑誌「中学生活」に連載された「青の季節」の語り手の「僕」は東京から田舎に越してきた中学生で、彼より前にやはり東京から転校してきた同級生のヒッポことヨシダ・イチロオ、その姉の蚊トンボことヨシダ・タカコと仲良くなり、何かと行動をともにするようになる。アキヤマ・タケシというれっきとした名前のある「僕」にもサトイモという渾名が付けられる。物語られるエピソードはどれもごく他愛ないものではあるが、語り口には巧まざるユーモアが溢れており、ちょっとしたミステリ風味もあり、自転車登校の途中の躍動感に満ちた「僕」とヒッポの出会いから、思いがけない成り行きで三人がかつて住んでいた東京へと旅立つエンディングまで、ジュニア向けの青春小説として完成度の高い作品である。

後半の諸作は中学生が語り手だった「青の季節」とは違い主人公の年齢が大人に設定されて

いる。そして、発表媒体が「女学生の友」「それいゆ」といった少女雑誌だったせいか、いずれも男女の間に交わされる淡い想いを描いた作品となっている。「犬と娘さん」は雑誌社に勤務する「三太郎」が犬を介して病身の娘と知り合う話。「鸚鵡《おうむ》」は船員のマノが鸚鵡を介してタイピストの女性と出会う話。「白い少女」は「ぼく」の友人の画家ヤノ・タツオの回想の形で、ヤノが山中の湖畔で会った少女とのかかわりと悲劇的な結末を物語る。「秋のなかにいる娘」も舞台は湖畔の別荘地で、青年タキのハーフの少女インゲとの思い出が描かれる。「早春」の「私」は女性で、怪我をしていた雀がきっかけで偶然出会った「あなた」への切ない恋心が語られる。「お下げ髪の詩人」の舞台も湖畔の別荘で、詩人を目指す「私」は、やはり詩を書いていた十六歳のキャロリンと束の間の時を過ごす。「風の便り」の「私」は、林のなかで出会った病身の少女と飼犬のタロオを「郵便屋」にして文通を交わす。このように、すべてが出会いと別れの物語であり、印象的なハッピーエンド（?）を持つ「鸚鵡」を除くと、どの作品も読後感は甘く切ない。別荘地という舞台設定といい、病に冒された少女という人物造形といい、いかにも少女小説的ではあり、同工異曲感も拭えないが、それでも尚、これらの作品には得難い魅力がある。それはむしろ筋立てよりも、それぞれの小説における叙情的な風景描写や、年齢や境遇、或いは国籍さえ異なる男女の間で交わされる会話の瑞々しさなどに表れている。

さて、では「青の季節」も含め、これらの作品を――「変貌」前後を止揚した――「小沼丹」

に接続してみたい。ポイントは二つある。第一点は「慕情」にかかわる。「Ⅱ」の諸編は、どれも広義の「慕情」を描いているが、それを主人公は必ずしも明確に意識していない。むしろそれは長い時を経て顧みられることによってはじめてあれは慕情だったのだとわかるようなものであり、当のその時点では、もっと曖昧な、それゆえの穏やかさと柔らかさを纏っている。そしてこの感覚は「青の季節」の「僕」の蚊トンボへの気持ちにも当て嵌まる。最後まで彼は自分が彼女にいつのまにか抱いている感情が何なのか、わかろうとしない（言うまでもなく、それはわかることを無意識に避けているのだ）。表面上に描かれ／語られているのとは別の心理や感情（ここでは慕情）が実はそこにあるのだということを読者に示唆すること、このさりげなくも高度な技術（と呼んでいいのかもわからないが）は、間違いなく小沼丹という小説家の核心に宿るものだと私には思える。

一点目を踏まえて、二点目は「追憶」という行為にかかわっている。「お下げ髪の詩人」の冒頭に置かれた「イギリスのチャアルズ・ラム」の「なつかしい古い顔」は、小沼丹が後年の「私小説」でもたびたび引用する「みんなみんないなくなった」という印象深いフレーズを含む詩である。妻と母を失った「変貌」後も、小沼は何人もの友人知人に先立たれていく。そのことを彼は小説（私小説？）に書くだろう。それらはいずれも亡き者を思い出すこと、つまり「追憶」の小説である。より精確に言うなら、それらは「思い出す」という行為、それ自体を主題とする小説なのである。みんなみんないなくなった、残された私にはただ思い出すことしか出来ない。

だが裏返せば、思い出すこと、追憶だけが、今はもういない誰かの存在を、たとえ仮初めの束の間であれ、蘇らせるのだ。そしてこのことこそ、本書の「Ⅱ」に収められた少年少女向けの小説がしていることではないだろうか。あれから二度と会うことのなかった誰かと過ごした時間に舞い戻るのではなく、あくまでもその時々の現在から、たとえば「白い少女」のことを、或いは「秋のなかにいる娘」のことを、ただひたすらに思い出すこと。この切実な営みと試み、すなわち「追憶」への強い、だがさりげなくもある想いこそ、小沼丹が生涯手放さなかったものだった。

「花束」について

小沼丹の、いわゆる「大寺さんもの」の第一作とされる「黒と白の猫」が雑誌「世界」に発表されたのは、一九六四年五月のことである。よく知られているように、小沼は約一年前の一九六三年の四月末に妻・和子を喪っている。講談社文芸文庫の一連の小沼丹作品集に附された中村明の年譜には、こうある。

一九六四年（昭和三九年） 四六歳
一月、庄野潤三と熱海に玉井乾介を訪ねる。同月下旬、母涙死去。相次ぐ近親者の死に遭ってか、頭でつくりあげる小説に興味を失い、身辺に材をとった作品に気持ちが動くようになって、（以下略）

（小沼丹年譜／中村明編）

こうして初期にはかなり物語性の強い作品やミステリ仕立ての小説なども発表していた小沼丹は、その後長い時間を掛けて書き継がれていくことになる「大寺さんもの」を中心とする「私小説」へと急旋回した、というのが文学史上の通説である。だが、本書（『私は小説である』）の担当編集者・名嘉真春紀氏が、或る日の打ち合わせに驚くべき雑誌コピーを持参した。ここ数年、幻戯書房は小沼丹の未単行本化作品の書籍化を熱心に進めているが、その調査の過程で、華道のいけ花龍生派の定期刊行物である「いけ花龍生」の一九六三年の九月号から十二月号に四回にかけて小沼丹の「花束」という小説が連載されており、その内容が「大寺さん」という人物が妻を亡くしたところから始まっている、すなわちこれこそが真の「大寺さんもの」第一作なのではないかというのである。

早速、コピーを一読してみると、一行目から「大寺さんはこの春、奥さんを失くした」と始まっている。「花束」は四回連載とはいえ一回の分量はかなり短く、全部足しても短編の長さしかない。だが語られる内容は「黒と白の猫」とかなり重なっている。ふたりの娘の話も同じだし、やはり妻を亡くした大学の同僚の「米村さん」も登場する。しかし「花束」には肝心の猫が出て来ない。また、大寺さんの妻の死因も異なっている。「黒と白の猫」では「夜中に咳き込んで喀血して、その血が気管に詰って死んだのである」とあるが、「花束」では次のように書かれている。

大寺さんの奥さんは、突然、挨拶もしないであの世へ行ってしまった。町へ買い物に行って車にはねられて死んだ。

（「花束」）

急病死と事故死は、かなり違う。だがこのあと何度も繰り返される「挨拶もしないで」という印象的な言葉遣いは「黒と白の猫」にもある。「自分の細君が挨拶も無しに死ぬとは毛頭考えなかった」。事故よりは病死の方が最後の「挨拶」の出来る可能性は高いはずである。だが大寺さんの奥さんは挨拶は出来なかった。どちらの「大寺さん」の場合も。

「花束」は突然、妻を亡くして娘ふたりとの生活となった「大寺さん」の奮闘記の趣きが強い。長年、家の中のことは何もかも妻任せにしていた彼は否応無しに生活の変化を強いられる。娘たちも健気に頑張る。同じく細君を失った年上の同僚の米村さんとの交流も描かれる。

連載の最終回、大寺さんはふたりの娘ともども、友人の「山田君」の招きで信州追分に旅行に行く。まず中軽井沢まで出た大寺さんは、そこがかつては沓掛と呼ばれていたことを思い出し、ふと、遠い昔の記憶が蘇る。「昔、まだ中学生だったころ、大寺さんは何遍か軽井沢で夏を過した。知合いのアメリカ人がいて、その別荘に置いて貰ったのである。英語の勉強をするつもりであった。しかし、勉強はあまりせずに、知合いになった同年輩の少年や少女と自転車に乗って遊びまわった」。その少女のうちの一人が、沓掛という名前を教えてくれたのである。

その少女や他の少年たちと、一度、碓氷峠の頂上から自転車で降ろうとして、大寺さんはハンドルを誤って深くえぐれた轍の跡に車輪を入れて跳ね上げられ、落ちる拍子に自転車のどこかに右眼を打つけた。眼尻が切れ一時は失明するかもしれないと思われた。しかし奇蹟的に——とは医者の言葉だが——回復した。そのとき、少女が小さな花束をもって見舞いに来た。大寺さんの右の眼尻には、いまでも小さな傷跡がある。しかし、それはよほど気をつけて見ないと判らない。

（同）

「花束」に花束が出てくるのは、ここが最初である。そして二度目とともに、この小説は終わる。追分から戻ってから、大寺さんとふたりの娘は郊外の墓地に下見に行き、墓石も注文して帰ってくる。それから数日後の菊の節句＝九月九日は大寺さんの誕生日である（小沼丹の誕生日も同じ)。三人になった家族は、自宅でささやかな宴を開く。

食卓には冷えたビールがのせてあり、娘二人がつくった御馳走が並んでいた。大寺さんが座ると春子と秋子は顔を見合わせてニヤニヤして、それから同時に頭を下げて、

――おめでとうございます。

と云った。それから春子は食卓の下から手品みたいに花束を取出して、大寺さんに寄越した。黄や赤や白の菊が束ねてある。それはたいへん美しかった。大寺さんがちょっと菊の匂いを嗅いでいると春子が云った。

――こんどはもっと大きな花束が贈れるようにお小遣いを増やして下さいね。

(同)

小沼丹には「花束」という、内容は異なるが同じ題名の随筆(一九六四年十二月「潮」)と別の小説(一九七一年十月「群像」/『木菟燈籠』所収)がある。言うまでもなく随筆と小説の区別は小

沼丹にはほとんどない。便宜上、発表順に番号を振ると、ごく短い随筆「花束2」は新宿の酒場で何度か見かけた「Mさん」の想い出である。Mさんはいつもニコニコしている好人物であり、ときどき奥さんも同伴していた。雑誌に載った小説を褒められて「僕」は恐縮する。しばらく店で見ないと思ったら、次に現れたとき、Mさんは杖をついて跛をひいていて、奥さんが寄り添っていた。どうしたのかと訊ねると「車にぶつかったのだとかなんとか笑いながら説明」される。奥さんも笑っていたが、このとき彼女は花束を抱えていた。その後も「僕」は何度か同じ店で跛をひいたMさんを目撃した。だが、またしばらくその姿を見ないと思っていると、店の主人からMさんが自殺したことを知らされる。

小説「花束3」には、次のような一節がある。「新宿の或る店でよく見掛ける客に、毛さんと云う人がいた。その店によく足を運んでいた頃だから、十年ばかり前のことだと思う。毛さん、と云っても本当の名前は知らない、店の親爺が、モウさんと呼んでいたから、勝手に毛さんと書いて置く」。この「毛さん」は明らかに「花束2」の「Mさん」と同一人物である。いつもにこにこしている毛さんと「私」の交流は、随筆よりも詳しく書かれている。奥さんも出てくる。そして毛さんも「酔って車に打つかったとか、撥ねられたとか」で店に杖を持って現れるようになる。「一度、毛さんの奥さんが大きな菊の花束を抱えていたことがある。理由は知らないが、毛さんばかりか奥さんもにこにこしていたから、何かいいことでもあったのかもしれない」。帰りがけに、毛さんに「私」は握手を求められる。そしてしばらく時が経って、これも「花束2」に書かれていた通り、「私」は店の親爺から毛さんが自殺したことを知らされる。

親爺の寄越した酒を飲んでいる裡に、いつだったか毛さんの奥さんが大きな花束を抱えていたのを思い出した。あれは何の花束だったのだろう？毛さんも奥さんもにこにこしていて愉しそうだったから、そのときは何かいいことがあったのだろうと思ったが、或はそれは思違だったのかもしれない。

そう思ったら不意に空気が動かなくなって、辺りがしいんとしたような気がした。

（「花束」）

「花束2」と「花束3」の間は七年も開いている。「花束2」の一年前に書かれていた「花束1」の「小さな花束」が、「花束3」では「大きな花束」になっている。これらの花束は、すべて同じなのだと言ったら変に思われるだろうか。

小沼丹という小説家は、そういうことをする人だった。「花束1」の「発見」は文学史上の事件であるのかもしれない。それは私には判断出来ない。だが実を言えば「花束」は「黒と白の猫」にも出てくる。

「吉田さん」というやはり大学の同僚がロシア滞在から帰ってきて、大寺さんの家を訪ねてくる。吉田さんは大寺さんに土産の「琥珀のシガレット・ホオルダア」を渡したあと、ポケットから紙包を取り出す。

大寺さんは紙包を開いてみた。なかには、乾いた小さな花束が入っていた。

——何です、造花？

——いや、造花じゃない。ちゃんと匂がしますよ。

大寺さんは小さな花束を鼻に持って行った。何の香に似ているかよく判らないが、鼻の奥迄つんと沁み込むような香がした。（中略）

——何です、これ？

——ロシア語でベススメエルトニックって云うんだけれど、死なない花、不死草とでも云うのかしら……。

——死なない花？
——うん、つまり、永遠に枯れない花っていう心算らしいんだ。
（「黒と白の猫」）

小沼丹という小説家は、こういうことをする人だった。

「あなた」のための音楽

保坂和志『地鳴き、小鳥みたいな』

「三田文學」二〇一七・冬「特集・保坂和志」に寄せて

保坂和志の短編集『地鳴き、小鳥みたいな』の表題作の冒頭は長編『朝露通信』の冒頭と同じだ。「たびたびあなたに話してきたことだが僕は鎌倉が好きだ」。それは「地鳴き、小鳥みたいな」は『朝露通信』の冒頭の一文の引用で始まっているのだから当然だが、その「あなた」が『朝露通信』では最初に出てきたきりすぐに引っ込んでしまって、かと思えばまた不意に何度か出てきて戸惑わされるというかあからさまな邪推（?）を生んだのだが、「地鳴き、小鳥みたいな」ではその「あなた」の正体（?）が明かされるわけではないものの『朝露通信』よりは像をはっきりと結ぶ。あらためて冒頭部分を引用すると、たびたびあなたに話してきたことだが僕は鎌倉が好きだ、ということの読売新聞で連載した『朝露通信』の書き出しの呼びかけの「あなた」を多くの人は読者あるいはもっと抽象的な何者かへの呼びかけと解釈した、しかしこの「あなた」は特定の女性だった、一部の知り合いだけはそれをうすうす感じた、妻もそうとはそのときは思わなかった、

（「地鳴き、小鳥みたいな」）

私は「地鳴き、小鳥みたいな」を最初に雑誌で読んだとき、この「あなた」は特定の女性だとすぐに思った。それは私が「一部の知り合い」に属するということではなく、特に何の根拠もなくそうだと思った。というよりも「あなた」イコール「特定の女性」だと思わない読者がいるということさえ考えつかなかった。誰が読んでも『朝露通信』の冒頭から登場し、その後も唐突な出現と消失を繰り返す「あなた」とは顔も名前も持った具体的現実的なひとりの女性だと思うに決まっていると思っていた。もちろん保坂和志が「鎌倉が好きだ」ということを「たびたび話してきた」のも事実なので「あなた」を私を含む「読者」だと考えることも出来るが、そう思えるがゆえにこそそうではないと思ったのだ。つまり「あなた＝読者」は見え見えのブラフであり、そう見せかけておいて実は「あなた＝特定の女性」なのだった、という二

段構えの仕掛けがここではなされている、で、わかるひとにはそれはわかる、わかるというか知っているひとなら最初からわかっている、ということをよりにもよって新聞小説で、しかも一行目からやってのけたのが大胆不敵というか傍若無人というか、保坂和志の保坂和志らしさだと思ったのだった。だが、このことはそれほど単純な話ではない。ということをこれから書いてみる。

「地鳴き、小鳥みたいな」は始まってまもなく『朝露通信』の連載の半分以上が過ぎたとき「私はあなたであったその人の運転する車で山梨の、あるいは甲府盆地の中心よりだいぶ南にくだったところにある母の実家のある町に、子ども時代の記憶を確かめておこうとあなたの運転する車でそこに行った」とある。そのつづき、

> もちろん妻には読売の担当記者のMさんと山梨に行ってくると言った、妻はうすうすカンづいていたらしいがおくびにも出さなかった、関係というのはシッポをつかまえたからといってせんさくしない方がいいことぐらいは妻もわかっている、私にも見過ごせることとそうでない段階がある、私が見過ごせる範囲であなたは浮気をやめておくこと、私はあなたが思っているほど顔に出るタイプではないのよ、という妻の言葉は私にはまった

く聞こえていなかった。　　　　　　　　（同）

「関係というのは」から先の書き方は小島信夫的だ。ここにも単純ではないところがある。「まったく聞こえていなかった」というのだから妻の言葉は現実には発されなかったのか、というかそもそもそれは「私」の想像、それもいまこの文を書きながらの想像ということになるのだろうし、小説ぜんたいを読んでいないと浮気という単語が強く感じられるかもしれないが、そのあたりにこの小説の重点が置かれているわけではないしそんな筈もない。ともかく「私」と「あなた」は「あなた」の運転する車で甲府盆地の「私」の「母の実家のある町」に行ってきた。その道行きが語られていくが、それは「一月三十日か三十一日」のことで、その道すがら、土地や風景の描写に見蕩れていると、またもや単純ではない、というよりおかしな記述に出くわす。

「ほら、山が雪で白くなってる。」私は遠くを指した。
でもここは雪も積もってない。まさかこの一週間後には観測史上最高のドカ雪が降り積もってこの中央道も通行止めになった、いま見えているこの真っ平らな盆地一面が真っ白になるなんて二人は考えもしなかった、盆地一面ということはまわりを囲む山の連なりはそれ以上に雪で覆われた。

「どうせならそういうタイミングが良かったな。」

「中央道で立ち往生だよ。」

「いいじゃない、車の中で一晩いっしょなんて素敵じゃない。」

「二晩だったかもしれないぞ。」

「後ろに毛布があるから二人でくるまって暖め合いましょ。」


(同)

うっかりすると読み過ごしてしまうのかもしれないが、これはあからさまにおかしい。二人のこの会話はいつどこで交わされたのか。それは「一月三十日か三十一日」に違いない、では「そういうタイミング」とはいつのことなのか。それはその「一週間後」であることになる。「私」と「あなた」は未来を予知して喋っているとしか読めないが、先ほどと同じで、この文が書かれているいまからしたらどちらも過去のこと、もうとっくに起こった後なのでそうだったことを知っていることなので、これでいい、一週間ぐらいの前後関係はどうでもいい、まあ誤差の範囲内ということになるのだろう。こういうタイムパラドックスみたいな記述が「地鳴き、小鳥みたいな」には何度か出てくる。それはこれに先立つ『朝露通信』に先立つ『未明の闘争』でも全面的にやられていたことだった。それが書かれつつある現在と、線的ではなく層的というか塊的というか、海のような広がりと深まりを持った過去と呼ばれる時間の関係。過去の中にも現在と過去と未来がある。単純でないことの第一は、こういうような「時間」の話だ。

右の引用部分の、そのままつづき、

あなたは語尾を少し上げてことさら優しく言った、いつもガツガツするのは私なのにこういうときに誘惑するようにしゃべるのが女というものだ。

「だって加藤さんが『何々するのが女というものだ』なんて型通りの見方するからよ。」

「俺は加藤っていうのか。」

「だってそれ以外に何て呼べばいいのよ。」

それはそうだ、

（同）

初読のとき、ここで思わずハッとさせられ、次いでニヤリとしたのは私だけじゃないだろう。え？　保坂さんじゃないの笑？　加藤って誰だ？　でも「それはそうだ」。いや何が「それはそうだ」なのか。「それはそうだ」じゃないだろう。「あなた」が「加藤以外に何て呼べばいい」と言うのは「私」が「加藤」だからなのか、それとも別の意味か。これは「西村賢太」じゃなくて「北町貫多」であるのと同じなのか。同じじゃないとしたらそこにはどんな違いがあるのか。

『地鳴き、小鳥みたいな』には四編が収録されていて、発表順に並べられているが、最初に据えられた分量としては一番短い「夏、訃報、純愛」では語り手の「私」は「保坂」と呼ばれている。二つ目が「地鳴き、小鳥みたいな」、その次の「キース・リチャーズはすごい」はほとんどエッセイというか身辺雑記のような書き方がされているが「私」が名前を呼ばれたり名乗ったりする箇所は確か無い。そして最後の「彫られた文字」には次のようなくだりがある。

「（精神科医のSさんとの会話のつづき）保坂さんは小説家ですから文字

を使う仕事ですよね。でも保坂さんが最近書かれるのを読んでると、保坂さんはその権威であるはずの文字を使って権威を攪乱しようとしているように感じます。」

「へえ、それ、保坂に言っておきます。」

「お願いします。」

「その話は彼、喜ぶと思います。」


(「彫られた文字」)

それから、こういうくだりも、

私がそのラインである神崎格の班に移ってわりと間もない日、そこの一員である箕輪さんが、

「×××(箕輪さんは私を呼んだ)、時間ある? じゃあ、ちょっと、コーヒーでも飲もうよ。」

と声をかけた、箕輪さんは私をさんづけで呼ぶがあの頃は当然呼び捨て

だ、箕輪さんは今は私を連れて外に出て道を歩きながら、
「×××（箕輪さんは私を呼んだ）、空に向かってツバを吐くとねえ、
――」
と顔を上に向けて唇の先に右手を持っていった。
（同）

いちおう断わっておくが「彫られた文字」の「私」は「保坂和志」に酷似している、というか保坂和志である。『朝露通信』の「私」が名前を呼ばれたり名乗ったりする箇所はたぶん無かった。『未明の闘争』の「私」は「星川高志」だった。ところでこの「箕輪さん」を「私」は「彫られた文字」の途中から実名で書くことを「失礼」に感じて躊躇し始める。それは「箕輪さん」について「私は持ち上げては落とすような書き方をしている」が「理由はそこじゃない」。そして実際その後しばらくすると「箕輪さん」は「Mさん」になってしまう。そしてその代わりにというか、こう書かれる。「Mさんから私いや保坂に電話がかかってきた」。そしてそれに引き摺られるようにしばらく「保坂は」「彼は」といった三人称の書き方に変わるのだが、やがてまた「私」に戻ったりもし、しまいには「彼（私か？）」と書かれたりもするが、しかし「Mさん」は最後まで「Mさん」である。「箕輪さん」→「Mさん」の変更につい

て「私」は、

箕輪さんは秋の光や五月の空の明るさではない、人間だ、谷崎潤一郎は人間のことはもっと手放しに非人間的な域にまで賛美したかもしれない、このずくしがすでに非人間的なほどになまめかしく人間を見る目で見ているかもしれない、私は谷崎潤一郎ではないからそのようでなく周辺のことも書いていくと箕輪さんが箕輪さんとして生きた歳月を短い手間で私は掠め取るように感じた、書くほどに本人から離れるようにも感じた、私は途中からでも箕輪さんでなくMさんとした方がよかっただろうか、一回しか出てこない精神科医のSさんの方が本人そのままのように感じるのは思い過ごしか。

（同）

「精神科医のSさん」が新宮一成であることは「ラカンの翻訳書を送ってもらった」という記述からわかるのだが（『地鳴き、小鳥みたいな』と前後して刊行されたエッセイ集『試行錯誤

に漂う』には新宮訳のジャック・ラカン『精神分析における話と言語活動の機能と領野』にかんする長い言及がある)、ただ「Sさん」としか書かれないのに「私」は「本人そのままのように感じる」。ここで言われているのは、箕輪さんを「箕輪さん」として書けば書くほど箕輪さんから遠ざかっていってしまうということで、だから実名の「箕輪さん」でなく頭文字の「Mさん」とするべきだった(からこれからそうする)ということであり、しかしそう言いつつもそこまで書いたところでそれ以前までの「箕輪」を全部「M」に書き換えたりしないところも小島信夫譲りというべきだろうが、晩年とりわけ遺作となった『残光』に顕著な異様と言ってもいい一方通行感、小島はずっと前からそうだったというが自分が書いたもの書きつつあるものを基本読み返さないで書き続けるというやり方(それでいて小島は自作の「再読」を小説家としての主題にし続けたのだが)を、この「私」はというか保坂和志は敢えてやっているとも思える。というか小島信夫の後ではそれは「敢えて」に見えてしまう。そしてそのことに保坂和志は意識的だと思う。

「箕輪さん」→「Mさん」は「現実に存在した(する)誰かとのことを書く」ということにかかわっている。実名で書いているのに「箕輪さんが箕輪さんとして生きた歳月を短い手間で私は掠め取るように感じた」というのは要するに「箕輪さん」を丸ごと書けないということなのだ。「地鳴き、小鳥みたいな」の「私」は言う。「私は再現するというのは言葉で再現するのはまったく二の次だ、私は再現したいのはいつもそこそのものを再現したい」。これは場所のことを話してるので「そこそのもの」と言っているが「それそのもの」でも「そのひとそのもの」でもいい。再現したいのに想起しか出来ない。いま、ここに呼び出したいのに思い出すことしか出来ない。「いま、ここ」というのは常にこれが書かれつつあるその時その場でしかあり得ない。小説家はどれだけ技を駆使しても現在形から逃れられない。それでもなんとかして「あの時、あの場所」を再現したいし、あのときのあのひとを、あのひとそのものを再現したい。「地鳴き、小鳥みたいな」の「加藤」はこうも言う／書く。「過去の出来事は出来事である限り脳の中の物質の分泌も含めればすべて物質次元での出来事だと考えればそれは空間に拡散した。拡散したそれを拾い集めれば過去を再現できる」。SFか？　だが「そのもの」というとどうしても「全体」みたいなことを想定してしまうし、私も「丸ごと」と書いてしまっているが、この「そのもの」はいわゆる「全部」ということではない。

視界の隅っこにあるものをもし描こうとするとそれを見ようとするから視界の隅っこでなく視界の中央に来てしまう、するとそれは隅っこにあったときとは違うものになる、私はもし視界の隅っこにあるものがそれが隅っこにある状態で何かを感じたのだとしたら私はそれが視界の隅っこにある状態を維持しなければならない、そんなことが人に可能だろうか。

（同）

だからたとえば記憶の「隅っこ」にほんの微かにほの見えている影のようなものがあったとして、それは記憶の中で段々とそうなっていったというよりも最初からそうなのだとして、ならばその微かな存在をそれ「そのもの」として「再現」しなくてはならない。類推や想像で色付けしたり補強したりするくらいなら、たとえば手の指の長さしか覚えていない女性の全身写真を探して見るほうがましである、ということ。しかし「言葉で再現するのはまったく二の次だ」と言いつつ言葉でやるしかない。あるいは、言葉以外の方法で可能なことはそれはそれとしてすでに別にやっている。だからともかくも小説でここでいわれる「再現」ということをどうやってやるのか、如何にして「そのもの」に漸近するか、という試行錯誤に漂う。

ところでしかし、やはりこれはそれほど単純な話ではない。小島信夫も『抱擁家族』やその三十年を隔てた続編である『うるわしき日々』の主人公は「三輪俊介」だが、大作『別れる理由』は「前田永造」でしかも途中で「作者」という作中人物も登場する。短編では「小島信夫＝コジマノブオ」というのも多々ある。保坂同様、作者自身の人生や生活をリソースにした小島信夫の小説の厄介なところは、明らかに、そのせいでかえって事実と虚構の区別が付け難くなってしまうということである。これは端的に正しい見解だと思うのだが、一般にいわゆる「私小説」ほど嘘をつきやすい。ほんとうのことであるということがデフォルトであるがゆえに、ほんとうの中に嘘を混ぜてもどれがそうだか判然としない。小島信夫はある部分、疑いなくそれを利用していた。保坂和志もそうであるとすれば、最初に書いたことを引っくり返すようだが、そもそも「あなた」の実在だって疑わしい。なるほど確かに「たびたびあなたに話してきたことだが僕は鎌倉が好きだ」という一文だけで「あなた」は「実在の女性」だと私には思えたし、「地鳴き、小鳥みたいな」の「私」もそう書いているのだが、たびたび話してきたということだって疑えば疑えるし、鎌倉が好きなんだなということはその先を読んでいけばわかるが、たとえば「あなた」が「一部の知り合いだけはそれをうすうす感じた」というその「実在の女性」そのひとであるかどうかだってわからない。というよりそういうことのすべてがほんとうであるという保証はどこにもない。なぜならこれは小説なのだから。そして問題は明らかに、どこがどうほんとうでない嘘なのかということではなくて、嘘とほんとうの区別など絶対につけられようがない、何もかもがせいぜいがほんとうらしさのレベルに留まっているしかないのだし、そのように書いてある、ということなのだ。

「地鳴き、小鳥みたいな」を読み進めていって「加藤」が出たところで読者が一瞬止まるのは、繰り返しになるが「保坂」だとばかり思っていたからだし、その後の「俺は加藤っていうのか。」「だってそれ以外に何て呼べばいいのよ。」それはそうだ。というのはそういう読者の予断を弄っている。『未明の闘争』の「私」は早い時点で「星川高志」と名付けられるので却って逆に「これは保坂和志のことなんだな」と納得してしまえる。「彫られた文字」の「×××」と「保坂」「彼」「私」や「箕輪さん」「Mさん」「Sさん」も事実性の曖昧さというか流動性にかかわっている。いったい書かれてあることのどれがほんとうで、どれが作りごとの嘘なのか？

いや全部ほんとうだよ、と保坂さんは言うに違いない。そりゃあ絶対にマズいところは変えてるけどさー。むしろそこらの「私小説」なんかよりも、よほど俺の方が「私」を「小説」にしてるよ。しかし小説が常に必ず「書かれている現在」からの視線に基づくしかない以上、そこには意図せざる錯誤や無意識の虚偽が紛れ込む可能性があるし、意図したり意識してやったとしてもバレない場合が多いし、バレたからといってそれが何なのかということもあるし、だから結局は「そのもの」の忠実にして完璧なる再現ということは無理筋というか、むしろそれに近づくためにこそ何らかの嘘が要請されるということだってあるかもしれないのだ。

とりあえず話をわかりやすくするなら、つまり「あなた」はほんとうにいるのかいないのか、それは「実在の女性」なのかどうなのか、だったらそれは誰なのか、といったことは、実のところ、少なくとも私たちにとっては、どうでもいいことなのだ。それは現実に「あなた＝実在の女性」の見当が私についていたとしても、そうなのだ。小説というのはそういうものだ。現実や事実ではなく、フィクションの側に足場を置いている。そしてそのことを潔く敢然と認めた上で、なお「そのもの」を丸ごと掴まえようとするのである。だがこれは、何か出来事を思い出すこと、それについて書くことは、それ自体として、ある程度は嘘をつくことであるしかない、という意味ではない。そうではなく、繰り返すが、嘘なのかほんとうなのかがどうでもいい。どうでもいいということは、どっちでも構わないとかどっちでも同じだということではなく、わからないということだ、わからなくてもいい、というか、わかったということはないのだということだ。そういう前提、そういう認識で、私は保坂和志の小説を読む。逆説的かもしれないが、それはつまり、そこにはほんとうしか書かれていないということである。もしも「あなた」がいないのだとしても、それは嘘ではないということである。単純でないことの第二は、こんな「フィクション」の話だ。

「キース・リチャーズはすごい」は、すごい題名だが、読み始めると意外（？）にもちゃんとキースのことが語られているのだが、他にも何人もの音楽家のことが書かれている。ルー・リード、デレク・ベイリー、ポール・ラザフォード、サザン・オールスターズ、ミルフォード・グレイブス、ボブ・ディラン……音楽の話ということは時間の話ということだ。音楽は時間芸術であるとかなんとか言いたいわけではない。ミュージシャンの側からいえば、ひとつの楽曲はそれが誕生した、或いは出来上がっていった、或いは何度も何度も演奏され、それによって経年変化を遂げていった、幾つもの意味合いでの時間性を備えている。聴く側からすれば、それは当然、それを生演奏で／録音物で聴いたその時その時の記憶にかかわっている。楽曲が有する時間と、演奏者が内包する時間と、聴取者が過ぎ越してきた時間が、あるタイミングで同期する。そこに音楽の驚きと歓びが生じる。デレク・ベイリーはフリー・インプロヴィゼーション＝即興演奏という分野のパイオニアだ。彼は他の誰にも似ていないギターを弾き、同じフレーズは確率論的偶然を除けば二度と弾かない。つまりベイリーには「楽曲」という概念はない。ただその都度の「演奏」しかない。それはすごいことだが、しかしそれはローリング・ストーンズやボブ・ディランが同じレパートリーを何十年も演奏し続けているのと何が違うのか。全然違うと思うかもしれないが、そうだろうか。差異と反復は通底している。若かりし頃の甘やかな記憶と結びついたサザンの曲は聴けばいつでもその頃のことを思い出す。思い出すのは断片的というより「そのもの」として、ということだ。保坂さんはサザンの「一枚目と二枚目は買いはしたが聴くには私は大量のものが押し寄せすぎる、手元にあるだけでいい、このアルバムは私がまさにその時代、あるいは時間を生きていた証のようなものだ、こういう言い方は下手な歌詞のようだったりするがそうなのだ」と書く。「私はロックを聴くのでなくひたすら自分の記憶か自分の記憶かどうかもはっきりしない十代二十代の風景にどっぷり浸るそれはうっとうしいと私の本人か私を見る目があきれた声で言う」と書く。

私はデレク・ベイリーが一日中ギターを弾いていた、とにかくただ弾くことが大事なんだというそういう風に文章を毎日書きつづけられればいい、デレク・ベイリーは一日中ただギターを弾くというのはただ弾くことだ、いいとか悪いとかそこにはない、そんなことは当然としてデレク・ベイリーはただただ弾くそこに作品になるフレーム、枠がない、私はそういう風に書いていたかったができなかった。

（「キース・リチャーズはすごい」）

『地鳴き、小鳥みたいな』の四編は驚くべきことにそれぞれ小説としての感触が異なるのだが言わんとしていることはおそろしく一貫している。感触は異なるが保坂和志はどれもデレク・ベイリーがギターを弾いてるように書こうとしている。「とにかくただ弾く」とはいうものの、ベイリーが打ち立てた「即興演奏」の肝はノン・イディオマティック（非＝語彙的）ということであり、しかも自分が一度弾いた（弾いてしまった）フレーズは二度は弾かない（ようにする）という過酷な、というかそもそも不可能な禁則を自分に与えていた。それは一種の記憶喪失の行為である。弾いたそばからどんどん忘れてゆく前向性健忘型演奏。言うまでもなく小島信夫が思い出される。そして小島信夫の小説の書き方もおそらくある程度以上はそうだっただろうように、デレク・ベイリーのギター演奏も、実際に観るとなんとも事も無げな感じであり、そこには集中とか鍛錬とかいった重々しい雰囲気よりも、ある種の紛れも無いテキトーさ

のような軽やかさがある。
「キース・リチャーズはすごい」でも「彫られた文字」でも『試行錯誤に漂う』の中でも保坂和志は「とにかくただやる」ということを称揚し、自分が小説を書くのもそうありたいと繰り返しているが、それは求道者的なことではまったくない。「私はそういう風に書いていたかったができなかった」。すでにここまでの引用からもわかると思うが、『地鳴き、小鳥みたいな』では『未明の闘争』でずいぶんと話題になった文法間違い（「私は一週間前に死んだ篠島が歩いていた」）が更に過激に試みられている。「キース・リチャーズはすごい」の最後の一文は「私はキース・リチャーズがはじめてそれをやってみせた。」だ。それはデレク・ベイリーのノン・イディオマティック・インプロヴィゼーションのようなことだと思う。しかし音と言語はやっぱりかなり違うので、同じことを同じやり方で同じようには出来ない。同じことをやろうとするなら違うことをしなくてはならない場合もある。ともあれ、結局どちらも相手取っているのは「時間」と「記憶」だ。というかこの二つは同じものだ。

私は秋の終わりにキースのソロアルバムを聴き出して毎日聴くようになり今も飽きずに聴きつづけている。キースのソロアルバムはまったく昔の自分など思い起こさせない今のものだ、ボブ・ディランも毎回新しいアルバムを出すたびに今の音だがキースはディランと全然違うやり方で今の音を作った、今というのは二〇一五年であることとキースが七十歳を過ぎていることの両方だ、ついでに言えば自分を聴く人が五十過ぎということもアタマにあるかもしれない。

（同）

あらゆる演奏＝音にはタイムスタンプがある。あらゆる小説にも時の刻印は押されている。あの小説が書かれた、あの時、その小説を読んだ、あの時、そのことを思い出した、あの時、そのことを思い出した時のことを思い出した、あの時のことを、今、私が思い出している。

そしておそらく重要なのは、たとえばキース・リチャーズのソロアルバムを「聴き出して毎日聴くようになり今も飽きずに聴きつづけている」ということ、そしてそれが「まったく昔の自分など思い起こさせない今のものだ」ということは、音楽に拭い難く備わった、それが音楽の価値でもあるそのような時間性を解除するというか、そこから歩き去ろうとする、ということなのだ。時間があるということは、その存在を認めるということは、過去が過ぎ去った時間であり、そうであるがゆえに二度とそのものとして再現されることはない、という残酷な真実を認めることでもあるからだ。というか再現という言葉それ自体が、それがすでに存在していない、という事実の証左でもある。保坂和志は本当はそれを拒絶したい。だから刻々と毎秒一秒の速度でひたすら前に進んでいる現在時にあらゆる時間を押し込めようとする。そしてそれはどうしたって無理なので、しかし無理だからこそ何度でも新たに挑むことが出来る。

デレク・ベイリーが一日中ギターを弾いていたからといって、そして二度と同じフレーズを弾こうとしなかったからといって、ベイリーはそこで発された音や旋律や思考や感情をないがしろにしたのではなかった。ベイリーは一秒だって無意味だとは思わなかった。むしろどんなギタリストよりも、どんな音楽家よりもそれらを大切にしたがゆえに、彼は一日中ギターを弾いて、その人生を終えた。ベイリーはしまいには病気で指が動かなくなったが、それでもギターを弾けるようにゼロから奏法を編み出し訓練してまた一日中弾いた。そうして録音された『Carpal Tunnel』というアルバムから聴こえてくる音はそれ以前のデレク・ベイリーの音楽とほとんど変わらない。

ベイリーはギターを弾くたびに時間をリセットする。弾きながらも何度もリセットする。それはキース・リチャーズやボブ・ディランが同じ曲を何十年も演奏し続けているのと結局は同じことなのだ。彼らの新作が「まったく昔の自分など思い起こさせない今のものだ」ということも同じことなのだ。彼らはある意味で、記憶を最大の敵としている。それは記憶を抱きしめている、と言うのと同じことだ。

もうひとつ、演奏には嘘というものがない。音にはフィクションという概念が入り込む余地がない。演奏は一度一度、一秒一秒が嘘という位相を根本的に欠いた現在／現実であり、音は虚実という対立項とははなから無関係である。裏返して言えば、演奏にはどうしたって嘘がつけないし、音はフィクション足り得ない。保坂和志の小説はそうあろうとしつつ、そうはいかないということも重々わかっている。何人かの死が語られる「夏、訃報、純愛」で、唯我という死んだ友人が音楽を聴かないと思っていたら通夜でボブ・マーリィが流れていた。「私は唯我がボブ・マーリィがこんなに好きだったのを知っていたらもっといろいろ話ができた。あれ以来ボブ・マーリィを思い出すと唯我も一緒に思い出す。もう何年も自分ではボブ・マーリィをかけないから家でボブ・マーリィをかけて唯我のことを考えることはない」。つまり「私」はもうずっとボブ・マーリィは聴いていない。それでも何かの拍子にボブ・マーリィを思い出すことはあって、そうすると唯我のことも思い出す。

それでもどこかでボブ・マーリィが流れていれば唯我や唯我のようにボブ・マーリィを好きだったやつがそこでボブ・マーリィを聴く、音楽とはそういうものだ。こんなことは信じない人は全然信じない。言葉とか概念とかは繰り返し声に出して言われ、文字に書かれ、ということはそれを今度は目で読んで頭の中で無音の音となり、そういうことが繰り返されることによって真理値を獲得する。私には聞こえる聞こえないにかかわらない、世界のどこかでボブ・マーリィが流れていれば唯我や唯我のようにボブ・マーリィを好きだったやつがそこでボブ・マーリィを聴く。

（「夏、訃報、純愛」）

言葉は、概念は、小説は、無音の音になってようやく「真理値」を獲得する。無音でない音＝音楽にはそういう経路はない。だが「私には聞こえる聞こえないにかかわらない」。「真理値」とは「ほんとう」であるということだ。そこでは嘘という嘘が排除されているというより、嘘というものを丸ごと含み込んでいる。或いは嘘もほんとうの一部になって嘘ではなくなっている。

いつからそうだったのかはわからないが（最初からそうだったのかもしれないが）、保坂和志の小説は「音（楽）」を欲望している。それは「音楽的」とか言われるようなくだらない意味とは違う。一度きりの演奏のように小説を書く、過去を否定し去るために思い出す、ほんとうと嘘の峻別を越えたほんとうのために言葉を紡ぎ出す。言うまでもないが「あなた」だって言葉だ。

Ⅱ　虚構

大江健三郎VS村上春樹

一　デビュー戦、大江健三郎の場合

大江健三郎の場合、どの作品を「第一作」とするのかは意見の分かれるところである。多くの場合、一九五七年五月に「東京大学新聞」に掲載された「奇妙な仕事」が「デビュー作」とされているが、大江はそれ以前から大学関連の雑誌媒体に小説や戯曲を投稿しており（「奇妙な仕事」も前年の一九五六年に東大の創作戯曲コンクールに当選した戯曲「獣たちの声」を小説に書き直したものである）、活字で残っているものとしては、一九五五年九月発行の東大の学内雑誌「学園」に第一回銀杏並木賞第二席入選作として載った「火山」という短編がある。また、いわゆる文壇デビュー作となると、「奇妙な仕事」を平野謙が新聞の文芸時評で絶賛したことがきっかけで依頼のあった「文學界」一九五七年八月号掲載の「死者の奢り」ということになるだろう。

大江の作品歴を眺めてみると、すぐさまわかることは、その文壇登場直後からの異様な活躍ぶりである。デビュー年とその翌年の二年間に彼が発表した小説のリストを掲げてみる。

一九五七年
「奇妙な仕事」(「東京大学新聞」五月発行)
「死者の奢り」(「文學界」八月号)
「他人の足」(「新潮」八月号)
「石膏マスク」(「近代文学」九月号)
「偽証の時」(「文學界」十月号)
「動物倉庫」(「文學界」十二月号)

一九五八年
「飼育」(「文學界」一月号)
「運搬」(「別冊文藝春秋」二月号)
「人間の羊」(「新潮」二月号)
「鳩」(「文學界」三月号)
「見る前に跳べ」(「文學界」六月号)
「芽むしり仔撃ち」(「群像」六月号)
「暗い川　おもい櫂」(「新潮」七月号)

「鳥」(「別冊文藝春秋」八月号)
「不意の唖」(「新潮」九月号)
「戦いの今日」(「中央公論」九月号)
「喝采」(「文學界」九月号)

最初の年は六編、二年目はなんと十一編も発表している。しかも「芽むしり仔撃ち」は結構長い。当時は純文学の作家の絶対数が今よりはずっと少なかったという事実を考慮したとしても(実際、文芸誌に毎月、同じような顔ぶれの小説が載っていること自体はそれほど珍しくはなかった)、格別な注目ぶりというべきだろう。このとき大江はまだ現役東大生である。翌年、作家になって三年目の一九五九年、東大卒業の年になると、雑誌連載で『夜よゆるやかに歩め』『青年の汚名』、書き下ろしで『われらの時代』と長編の仕事が増えたせいでトータルの作品数は減少するが、それでも猛烈な生産量である。「飼育」の芥川賞受賞は一九五八年上半期なので七月のことであり、つまりそれ以前から彼はすでにスターだったのである。一九五八年の内に『死者の奢り』『芽むしり仔撃ち』『見るまえに跳べ』と三冊も単行本が出ている。

最初の二年に発表された十数編の小説を読んでいくと、すぐさま気づくことは、その異様なまでの同質性、一貫性である。もちろん筋立てやディテールはそれぞれ少しずつ違えているが、同様の設定や展開、人物関係が繰り返されており、ほとんど幾つかのモチーフのヴァリエーションのような印象を受ける。これは矢継ぎ早で数珠繋ぎの執筆を余儀なくされていたこと、また似たような話を多少の差異を孕みながら反復すること自体は「文学」ではさほど珍しくはないという事情を考慮したとしても、やはり特徴的と言っていい。一言でいえば、かなりオブセッシヴな感じがするのだ。では、この頃の大江青年が何に取り憑かれていたのかといえば、大まかに言うならば、政治であり、性事であり、生死であったということになるのだろう。政・性・生、そして死。だが、こんな言葉遊びをしてもむろん何も言ったことにはならない。より具体的に、かつ形式的に考えてみる必要がある。

ここでひとつ注意書きをしておかねばなるまい。ある時期以降の大江健三郎は、自作を発表までに何度も大がかりに推敲することで知られているが、その一種の完全主義は過去作品にも適用されており、彼は旧作にも機会あるごとに手を加えている。二〇一四年に岩波文庫から出た『大江健三郎自選短篇』は、オビに「全収録作品に加筆修訂がほどこされた大江短篇の最終形」とあり、表紙には「空の怪物アグイー」の大江による青字の入ったゲラがあしらわれている。同書には、当然ながらこれから取り上げる「奇妙な仕事」や「死者の奢り」「飼育」などが収録されており、それぞれオリジナルと比較すると異同が見受けられるのだが、本章では、基本的に最もよく読まれていると思われる版で読んでいくことにしたい。『自選短篇』以前にも、大江作品にはかなりのヴァリアントが存在していると思われるが、厳密さを否応無しに要請される文学研究ならばともかく、これは批評なので、広く読まれていると思われる新潮文庫版、および新潮社版『大江健三郎全作品』を使用することにする。

「奇妙な仕事」は、大学生の「僕」が「犬殺し」のアルバイトをする話である。書き出しはこうだ。

附属病院の前の広い鋪道を時計台へ向って歩いて行くと急に視界の展ける十字路で、若い街路樹のしなやかな梢の連りの向うに建築中の建物の鉄骨がぎしぎし空に突きたっているあたりから数知れない犬の吠え声が聞えて来た。風の向きが変るたびに犬の声はひどく激しく盛上がり、空へひしめきながらのぼって行くようだったり、遠くで執拗に反響しつづけているようだったりした。

（「奇妙な仕事」）

「僕」は大学の掲示板でバイト募集の広告を見てやってきたのだが、附属病院の受付では関係ないとあしらわれ、守衛に訊ねてようやく、病院の裏手で、自分と同じくバイトに志願してきた「女子学生」と「私大生」が「中年の、長靴をはいた顔色の悪い男」から説明を受けている

のを見つける。

さっき断わったばかりだが、ここで元版と「最終形」の違いについて一点だけ述べておく。オリジナルの「私大生」という呼称が、発表当時、いささか差別的だと一部で批判された（しかしそれを言うなら「女子学生」は差別的ではないのだろうか？）。おそらくそのせいで、大江はあるときからこれを「院生」に変えてしまい、『自選短篇』でもそうなっている。確かに現役東大生作家に「私大生」と書かれるとこの野郎とむかつくひとも居ただろうし、この「私大生」が物語内の役割として微温的な非難と嘲弄の対象にされていることも事実なのだが、ここでは「私大生」という呼び方によって逆接的に「僕」が国立大学生、おそらく東大生であることが示されるのであり（それ以外にはっきりとした叙述はない）、また、これは後の論旨とかかわるのだが、「私大生」を「私大生」と内心で呼ぶ「僕」の（無意識的ではあれ？）差別的な心根こそこの小説の核心なのだから、これは変えるべきではなかった。「院生」では意味がまったく変わってしまう。

「病院で実験用に飼っていた一五〇匹の犬を英国人の女が残酷だということで新聞に投書し、それらの犬を飼いつづける予算も病院にはないので一度に殺してしまうことになり、その男が犬の処分を引受けた」。酷い話である。だが「僕」「私大生」「女子学生」の三人は、このバイトをやることにする。仕事は翌朝から始まった。「犬殺しは三十歳くらいの背の低い、しかし逞しい筋肉の男」だ。

倉庫前に作られた囲いの中へ僕が犬を引いて行き、犬殺しが殺して皮を剥いだ死体を私大生が運び出して男に渡した。女子学生が皮の整理をした。仕事は捗って朝のうちに十五匹を処理した。僕はすぐ仕事に慣れた。

（同）

「僕」が犬置場にされた広場を囲う塀の中に入っていくと、犬たちが彼を見る。「一五〇匹の犬に一斉に見つめられるのは奇妙な感じだった。三百の脂色の曇りのある犬の眼に映っている三百の僕のイマージュ、と僕は考えた。それは小さい身震いを僕に感じさせた」。実に詩的な、才気走った文章である。そこには「ほとんどあらゆる種類の犬の雑種がいた」にもかかわらず、「僕」は犬たちが互いにひどく似通っていることに気づく。そこから次のような感慨が導き出される。

どこが似ているのだろうな、と僕は思った。全部、けちな雑種で痩せているというところか。杭につながれて敵意をすっかりなくしているというところか。きっとそうだろうな。僕らだってそういうことになるかもしれないぞ。すっかり敵意をなくして無気力につながれている、互いに似かよって、個性をなくした、あいまいな僕ら、僕ら日本の学生。しかし僕はあまり政治的な興味を持ってはいなかった。僕は政治をふくめてほとんどあらゆることに熱中するには若すぎるか年をとりすぎていた。僕は廿歳だった。僕は奇妙な年齢にいたし疲れすぎてもいた。僕は犬の群れにもすぐ興味をなくした。

（同）

五〇年代の終わりがけ、当時二十二歳の大学生だった大江青年の、これはかなり生の心情であったのかもしれない。廿歳＝二十歳を「奇妙な年齢」と「僕」は呼んでいるが、しかし大江はある意味で、その後もえんえんと「奇妙な年齢」のままで年を取っていくことになる。「僕」は犬殺しの、おそろしく卑劣であるがゆえにこそ高潔さを感じさせずにおかない仕事ぶりを見たあとで、犬の毛皮を水洗いしている「女子学生」と会話を交わす。彼女は「生活の中の文化意識」について持論を述べる。「犬殺しの文化、淫売の文化、会社重役の文化。汚らしくて、じめじめして根強くて、似たりよったりよ」。彼女はバイト代が出たら火山を見に行くつもりだと「僕」に言う。そのあとのやりとりは、本筋とはあまり関係ないが、とても印象的である。

火山はおかしいなあ、と女子学生はいい、静かな声で笑った。彼女は疲れきった眼をしていた。水に両掌をひたしたまま彼女は空を見あげていた。

君はあまり笑わないね、と僕はいった。

ええ、私のような性格だと笑うことはあまりないのよ。子供の時だって笑わなかったわ。それで、時々、笑いかたを忘れたような気がするとね、火山のことを考えて涙を流して笑ったわ。巨きい山のまん中に穴があいていてそこからむくむく煙が出ているなんて、おかしいなあ。女子学生は肩を波うたせて笑った。

（同）

なんだか村上春樹ぽくないだろうか？

その後、一日では処理が終わらないので、まだ生き残っている犬たちに餌を作りたいと犬殺しは病院の事務員に主張する。飢えさせておくなんて、そんな残酷なことは出来ないと。私大生が「残酷なだなんて」と驚くと、彼は「そうだ、残酷なことを俺はしたくないんだ。俺は犬を可愛がっている」と返す。犬殺しが居なくなったあと、「私大生」は彼を卑劣だと糾弾する。だが「僕」と「女子学生」はまともに取り合わない。そして、こういう会話がある。


犬の死体はどうしてるんです、と私大生が訪ねた。

あすこで、ほら、焼いているんだ、と男はいった。

僕らは死体焼却場の巨きい煙突を見上げた。そこから淡い桃色がかった柔らかな色の煙が空へ上っていた。

でも、あすこは人間の死体を焼くためでしょう？　と私大生がいった。

犬殺しが振りかえって鋭い眼で私大生を見つめた。

え？　犬の死体と人間の死体と、どうちがうんだ。


（同）

翌日も朝から仕事は続く。「私大生」は更に不機嫌になっている。彼は「爪の間に犬の血がこびりついてとれないんだ。それに石鹼でどんなにこすっても犬の臭いがとれない」と言う。「女子学生」に「あなたがこの仕事を引受けたのは失敗ね」と返されると、彼は「僕が引受けなかったとしても僕の代りにこの仕事をやる男の爪にはやはり犬の血がこびりついて離れないし、そいつの躰中は生なましく臭うんだ。僕はそれがやりきれないんだ」と応える。「あなたはヒューマニタリアンね」と「女子学生」は味気ない声で言う。

「犬殺し」と「私大生」の感情的な対立は次第に極まってくる。「僕は君のやり方を卑劣だといってるんだ。君のやり方は厭らしい。犬だってもっと上品なあつかわれ方をされて良いんだ」と「私大生」が憤ると、「犬殺し」は「お前さんはそんなことをいって仔犬一匹殺せないんだろう」と言い返す。憤激した「私大生」は棒を拾い杭に繫がれた犬を一撃するが、致命傷を与えられず、「犬殺し」に「おい、やっつけろ」「犬を苦しめるな」と言われるが、彼はそれ以上動くことが出来ない。そこで「僕」が「私大生」から棒を取り上げ、瀕死の犬にとどめを刺す。犬が死ぬと「私大生」は「僕」を非難する。「君はひどいことをする」「え?」「君は卑怯だ。あの犬は無抵抗で、弱りきっていた」。「僕」は怒りで喉をつまらせるが、何も答えない。「犬殺し」は「僕」を筋が良いと誉めるが、そのあと「僕」は「皮膚病に罹った中型の赤犬」に腿を嚙まれ、貧血で倒れてしまう。

気づくと「僕」は病院の長椅子に寝かされている。手当をしてくれた看護婦から恐水病の子防注射のことを聞かされて彼は落ち込む。倉庫の前に皆が集まっていて、警官が来ている。犬の処分を請け負った男は実は肉のブローカーであり、殺した犬の肉を偽って肉屋に売っていた。それが露見して男は姿を消した。こうして「僕」たちの奇妙な仕事は唐突に終わりを告げられる。「僕は傷が少しずつ執拗に痛みはじめるのを感じていた。それは静かにふくれあがった」。結局、犬は七十匹が殺され、八十匹が残された。犬殺しは去ってゆく。


僕らは犬を殺すつもりだったろ、とあいまいな声で僕はいった。ところが殺されるのは僕らの方だ。

女子学生が眉をしかめ、声だけ笑った。僕も疲れきって笑った。

犬は殺されてぶっ倒れ、皮を剥がれる。僕らは殺されても歩きまわる。

しかし、皮が剥がれているというわけね、と女子学生はいった。

（同）


このあと三つの文章で、この小説は終わる。デビュー作にはその作家のすべてがある、などという紋切型があるが、そこまでは言わないまでも、この「奇妙な仕事」には最初期の大江健三郎の作品群を貫く要素のほとんど全部が出揃っている。唐突だが、ここで私の考える初期大江の四つのキーワードを呈示しておこう。「動物」「臭い」「仕事」「恥辱」である。だが、ひとまずは四つの単語を放り出しておくだけにして、もう一編、文壇デビュー作の「死者の奢り」を見ておくことにしたい。頭のどこかに四つのキーワードを置きつつ、以下の記述は読んでいただきたい。

冒頭はこうである。

死者たちは、濃褐色の液に浸って、腕を絡みあい、頭を押しつけあって、ぎっしり浮かび、また半ば沈みかかっている。彼らは淡い褐色の柔軟な皮膚に包まれて、堅固な、馴じみにくい独立感を持ち、おのおの自分の内部に向って凝縮しながら、しかし執拗に躰をすりつけあっている。彼らの躰は殆ど認めることができないほどかすかに浮腫を持ち、それが彼らの瞼を硬く閉じた顔を豊かにしている。揮発性の臭気が激しく立ちのぼり、閉ざされた部屋の空気を濃密にする。あらゆる音の響きは、粘つく空気にまといつかれて、重おもしくなり、量感に満ちる。

（「死者の奢り」）

これはもうひとつの「奇妙な仕事」というべき作品である（もうひとつだけではないのだが）。「僕は昨日の午後、アルコール水槽に保存されている、解剖用死体を処理する仕事のアルバイターを募集している掲示を見るとすぐ、医学部の事務室へ出かけていった。僕は、自分が文学部の学生であることを不利な条件だと考えていたが、係の事務員は極めて急いでいて、僕の学生証をはっきりあらためる事もせず、すぐ僕を死体処理室の管理人に紹介し、仕事は一日で終える予定だといった」。こうして「僕」は同じくアルバイターの「女子学生」ともども、その日の朝から死者たちを凝視することになったわけである。

開かれたドアの向うから夜明けの薄明に似た光と、濃くアルコール質の臭いのする空気が、むっと流れ出てきた。その臭いの底に、もっと濃く厚ぼったい臭い、充満した重い臭いが横たわっていた。それは僕の鼻孔の粘膜に執拗にからみついた。その臭いが僕を始めて動揺させたが、僕は白っぽい光のみちた部屋の内部を見つめたまま、顔をそむけないでいた。

（同）

死体処理室は大学の医学部の地下にある。アルコール水槽には何十体もの死体が沈んでいるらしい。仕事というのは、死体たちを新しい水槽に移すことである。死体処理室の管理人が彼らを迎える。「広いマスクをつけ、ゴムびきの黒い作業衣を着込んだ管理人は小柄でずんぐりしてい、骨格が逞しかった」。彼は三十年もここで働いているのだという。彼は新しい死体ほど医学部の新入生が解剖の実習のためにすぐに持っていってしまうと嘆く。従って水槽の底は古い死体ばかりだ。「下に沈んでいるのなら、ひどく古いのがいくらでもあるよ。戦争の前からこの水槽は掃除しないでそのままなんだ」と管理人は説明する。そんなに古いのはどうせ使いものにならないので、解剖の教材になりそうな新しめの死体だけ移し替えればいい。「僕」はこの仕事に誇りを持っていそうな管理人に好感を抱く。案外と作業はてきぱきと進み出す。

水槽の死者たちに対峙して、「僕」は思索をめぐらせる。

> これらの死者たちは、死後ただちに火葬された死者とはちがっている、と僕は考えた。水槽に浮かんでいる死者たちは、完全な《物》の緊密さ、独立した感じを持っていた。死んですぐに火葬される死体は、これほど完

壁に《物》ではないだろう、と僕は思った。あれらは物と意識との曖昧な中間状態をゆっくり推移しているのだ。（中略）僕は水槽をうずめた、完全にその危険な推移を終えた《物》たちを見守った。それらは確かな感じ、固定した感じを持っていた。これらは、床や水槽や天窓のように硬くて安定した《物》だと僕は考え、小さい震えのような感動が躰を走るのを感じた。

（同）

「そうとも、俺たちは《物》だ。しかも、かなり精巧に出来た完全な《物》だ」と「僕」は考える。「死は《物》なのだ」と。さまざまな死体の描写が続く。仕事は思ったよりも手間がかかり、正午になったとき、まだ十人の死者を新しい水槽に移動させたのみである。管理人はふと、運搬車の上に乗せた死体のことを話す。「この男は兵隊だった」。戦争末期に脱走しようとして衛兵に撃たれ、解剖のために運び込まれたが、終戦で取りやめになり、そのままここに沈められていた。「僕」はこの兵隊の死体と脳内で対話する。

戦争について、どんなにはっきりした観念を持っているやつも、俺ほどの説得力は持っていない。俺は殺されたまま、じっとここに漬かっているのだからな。

僕は兵隊の脇腹に銃創があり、そこだけ萎んだ花弁のような形で、周りの皮膚より黒ずんで厚ぼったく変色しているのを見た。

君は戦争の頃、まだ子供だったろう？

成長し続けていたんだ。永い戦争の間、と僕は考えた。戦争の終ることが不幸な日常の唯一の希望であるような時期に成長してきた。そして、その希望の兆候の氾濫の中で窒息し、僕は死にそうだった。戦争が終り、その死体が大人の胃のような心の中で消化され、消化不能な固型物や粘液が排泄されたけれども、僕はその作業には参加しなかった。そして僕らには、とてもうやむやに希望が融けてしまったものだった。

（同）

兵隊は答える。「俺は全く、君たちの希望をしっかり躰中に背負っていたことになる。今度の戦争を独占するのは君たちだな」。これに続く二人の（実際には「僕」の脳内の）やりとり

は、「奇妙な仕事」の「僕」と「女子学生」の会話を思い出させる。「僕らとは関係なしに、又そいつが始まろうとしていて、僕らは今度こそ、希望の虚しい氾濫の中で溺死しそうです」「君たちは政治を嫌いなのかい？　俺たちは政治についてしか話さない」「政治？」「戦争を起すのは今度は君たちだ。俺たちは評価したり判断したりする資格を持っているんだ」「僕にも評価したり判断したりする資格がむりやり押しつけられそうですよ。ところが、そんな事をしている間に僕は殺される。それらの死者の中で、この水槽に沈めるのは、ごく選ばれた少数でしょう？」。

休憩時間に外に出ると、俄に「僕」は開放的な気分になる。「外光の中へ入っていくと、風景は新しい光に満ちてい、空気が爽やかだった。仕事をした後の快活な生命の感覚が僕の躰に充満した」。彼は自分が健康であることを強烈な快楽と多幸感の中で反芻し、「自分があれらの死者たちから、はるかに遠くにいる」と満足して思う。だが、看護婦が押す手押し車に乗った全身ギブスの人物を、まだ幼い少年だとばかり思って顔を覗き込んだら、それは少年ではなく中年男で、憎悪に満ちた眼で睨みつけられて「僕」の気持ちは急に失速する。「あれは生きている人間だ。そして生きている人間、意識をそなえている人間は躰の周りに厚い粘液質の膜を持ってい、僕を拒む」と彼は考える。

「僕」に「女子学生」は自分が妊娠していると話す。堕胎のための手術料を稼いでいるのだと。彼女は自らの体で起きていることに対する逡巡と憤懣を口にする。

僕は黙って、女子学生の苛立ちが手で掴める物のように僕に向って押しよせるのを受けとめていた。僕には理解できない部分が根深く、この女子学生の意識の中に居すわっているのだろう。そして、それは僕にはどんな関係も持たない。

「私はやりきれないどんづまりに落ちこんでしまったわ。自分が無傷でそこから這い出る方法はありはしないのよ。私はもう自分で気にいったやり方を選ぶ自由なんかない」

「大変だな」と僕は欠伸をかみころして、頭がむすがゆくなるのを感じながらいった。

「大変だわ」と急に白けた声で女子学生はいった。「疲れてしまうわよ」

(同)

昼食の後、死体処理室に戻った「僕」は、医学部の教授と二人の学生が十二歳ほどの少女の死体を解剖台に乗せて扱っているのに出くわし、彼女の「セクス」を目の当たりにして「激しく勃起」する。狼狽しつつ彼らの横を通り抜けようとして学生に軽くぶつかってしまい、咎められる。やがて教授が「君は、新しい傭員なのか?」と話し掛けてくる。死体移動のアル

バイトだと答えると、学部を訊かれ、文学部、フランス文学科、卒論はジャン・ラシーヌ、と「僕」は答える。「ラシーヌをやる学生が死体運びとはねえ」と教授は言う。


「こんな事、何のためにやっているんだ?」と教授は、強いて真面目な顔になろうとしながら、しかし笑いに息を弾ませていった。「こんな仕事」

「え?」と僕は驚いていった。

「死体について、学問的な興味でもあるのかね」

「お金をほしいと思って」と僕は、率直さをよそおっていった。

そして僕の予想した通りに、教授の内部で何かが爆発し、うまく行かなかった。教授は硬い表情になっていった。

「こんな仕事をやって、君は恥かしくないか? 君たちの世代には誇りの感情がないのか?」

生きている人間と話すのは、なぜこんなに困難で、思いがけない方向にしか発展しないで、しかも徒労な感じがつきまとうのだろう、と僕は考えた。


(同)

このあと、作業は黙々と続けられる。妊娠していることを告げた「女子学生」の態度は前とは変わっているし、それを知った「僕」の対応も前と同じではあり得ない。だが「僕」は彼女を持て余している。そして彼女は床に足を滑らせて転倒する。「起き上った時、女子学生は唇を噛みしめ、躰中をおびえが走りまわるような表情をして黙っていた。僕の喉までこみあげて来た笑いが急激に消えた」。

夕方五時に、とりあえず表面に浮かぶ死体全部の移動を終えて、三人は管理人室で休憩を取る。「女子学生」が話を振ると、管理人は自分の子供のことを語り出す。日々多くの死体を扱っている自分が、新しい人間を一人生むというのは不思議だし、むだなような気がすると彼は話す。こんな仕事をしていると子供の成長に熱中できないと管理人は言う。「長男が生れた年に俺が木札をつけた死体が今でもじっと沈んでいて、それほど変色していないからね。熱中できないな」。「どちらに？」と「僕」が訪ねると、彼は「どちらにも熱中できないよ」と答える。だが、ここから急に二人の会話は雲行きが怪しくなる。「希望を持っていても、それがぐらぐらしないか？　あれを見ると」と管理人に問われると、「僕」は「僕は希望を持っていない」と返す。管理人は希望がないのなら、どうしてこんな難しい大学に入って勉強しているのだと憤る。「僕」は説明しようとするが、その行為自体を虚しく感じてしまう。かろうじて「僕」は、自分は「希望を持つ必要がない」のだと話し出す。自分は毎日きちんとした生活をして、学校の勉強も熱心にやっている。「ところが、その生活には希望がいらない。僕は子供の時の他は希望を持って生きた事がないし、その必要もなかったんだ」。管理人は「僕」に「あんたには虚無的なところがある」と言う。

「女子学生」が体の不調を訴え、控室で医者に診てもらうことになる。彼女は堕胎は止めて、赤ちゃんを生むことにしようと思い始めていた、と言う。水槽の死体たちが彼女にそう思わせたのだ。「僕」は「全く、この女子学生は罠にひっかかってしまっている」と考える。管理人室では、思わぬ事態が起こっていた。今日一日行なってきた作業は事務室の手違いで、古い死体は全部、焼却場で火葬することになっているのだという。新しい水槽には新しい死体が沈められるのだ。三人の仕事は、まったく無駄だったことになる。しかも、役人の視察がある朝までに、古い死体の処理と、すでに黄色く変色してしまった新しい水槽をなんとかしなくてはならない。「僕」は「女子学生」に事情を伝えに行く。

女子学生は眉をひそめ、寒さにかじかんだような顔になり、そこには笑いはすっかり、影をひそめていた。

「あなたは、臭うわね」と女子学生が急にいい、顔をそむけた。「とても臭うわ」

僕は女子学生の頑なに天井を見上げたままの、逞しい首が少し垢じみているのを見おろし、君だって臭うよ、という言葉を噛みころした。女子学生は非常に老けた、疲れきった表情をしてい、それは病気の鳥のような感じだった。僕自身が、こういう表情になることは我慢できない。

「出て行ってよ、臭いが厭なのよ」と女子学生がいった。

(同)

このあと一頁ほどで、この小説は終わる。

では、ここまでやや詳しく内容を紹介した「奇妙な仕事」と「死者の奢り」の二編を足掛かりにしつつ、先に挙げた四つのキーワードに立ち戻ってみよう。大江健三郎の初期小説を構成する四つのキーワード、すなわち「動物」「臭い」「仕事」「恥辱」——これらは独立した概念というよりもテーマ系として互いに結びつきさまざまに反響し合っている——について述べてゆこう。

まず「動物」だが、これは「獣」と言ってもいい。「奇妙な仕事」は犬を殺す話だが、先に引いておいた書き出しからすでに犬＝獣どもが立ち騒いでいた(元になった戯曲の題名は「獣たちの声」である)。題名だけ取っても「動物倉庫」「人間の羊」「鳩」「鳥」など、初期大江作品にはすでに何種類もの獣がいる。「運搬」は、屠殺されたばかりの仔牛の肉を、極寒の悪天候の中、二台の自転車で密かに運搬しようとする話だが(これも一種の「奇妙な仕事」である)、途中から生肉の臭いに惹き付けられた野犬どもが追いかけてくる。そう、動物がいれば、そこには必ず獣特有の臭いが漂っている。言うまでもなく「動物」と「臭い」のテーマは直結している。

初期(に限らないが)大江健三郎が「動物＝獣」を好んで登場させていることは一目瞭然であり、それは主として彼が当時、東大の指導教官だった渡辺一夫経由で愛読していたピエール・ガスカールからの影響によるものとされている(同じくガスカールの「死者の時」は「死者の奢り」の発想源でもある)。実際、ガスカールの「けものたち」を読んでみれば、そのことはあまりにも歴然としているが、重要なことはむしろ、大江の小説で「獣たち」が、どのように使われているのか、いかなる機能を帯びているのか、である。

「獣」は、ひとまず二種類に分けられる。「実在の獣」と「喩の獣」である。前者は「奇妙な仕事」の犬を始めとして(これに限らず犬はこの時期の作品に頻出する)、「鳩」の鳩(舞台となる「少年院」の院長夫妻の養子である「混血の中学生」が飼っている。同作では犬の交尾も描かれ、また少年たちの間で流行する「奇妙なあそび」として「院内で手に入るあらゆる動物、虫にいたるまでありとあるそれらの死骸が壁の外側へ吊るされ」もする)や、「運搬」の仔牛と野犬や、「動物倉庫」の蛇など、生きているか死んでいるかはともかく、物語の中に確かに存在していて、姿形を備え、そして「臭い」を発する存在である。

後者は、さまざまな形で比喩、隠喩表現に登場する「獣」である。これは地の文でなされることもあれば、会話の中に出てくる場合もある。「死者の奢り」の「女子学生」が、最初は「鳥のように力強い光のある眼をして」いるが、後になると「病気の鳥のような感じ」に変化していたり、管理人室の天井を見上げながら「僕」がふと思い出す、朝の「動物のように口の中へしのびこみ脹れあがる霧」だったり、「奇妙な仕事」の「僕」が空を見上げて「雲が魚のように光り陽がまぶしかった」と思ったり、「運搬」で警官に肉の運搬を見とがめられた男が「怒りに上唇をとがらせ貧しい小動物のような顔をしていた」と描写されたり、脊椎カリエスの療養所の未成年者病棟を舞台とする「他人の足」で、新しい患者の学生が、そこでは誰もが受けている看護婦からの性的サービスを拒絶しようとしたが、言葉に反して肉体が反応してしまい、看護婦が出ていったあと秘かに泣いているのを聞きつつ、同じ病気の「僕」が「小さな虫のような笑いが喉の奥からあふれ出てくるのを、注意深く押さえ」たり（「虫」も広義の「獣」である）、「人間の羊」の、まだ少女のようなバスの車掌が「たくましい首すじに兎のセクスのような、桃色の優しく女らしい吹出物をもっていた」り、他にもこの時期の大江の小説から数々拾い出すことが出来るだろう「〜のよう」という形容の「〜」に代入される「獣たち」のことである。

むろん「獣」の喩えは語句のレベルに留まらない。それは物語や主題と深くかかわっていることも多い。「僕は犬みたいな扱いを受ける、と学生がいった。僕は子供の時、犬を発情させて遊んだ事があるけど、今発情させられるのは僕だ」（「他人の足」）。「人間の羊」では、バスの中で酒に酔った外国兵（アメリカ兵）たちが、恐怖と威嚇を潜在させた不気味な陽気さで「羊撃ち、羊撃ち、パン　パン」という歌を歌いながら、日本人乗客のズボンを下ろし、裸の尻を剥き出しにして、語り手の「僕」を含む者たちを《羊たち》にする。「獣」になった「僕」たちは次第に諦めを越えて自棄になり、車内は狂った熱を帯びた祭の様相を呈する。

あんた、もう止しなよ。と僕の背に手をかけて外国兵の女が低い声でいった。
僕は犬のように首を振って彼女の白けた表情を見あげ、またうつむいて僕の前に列なる《羊たち》と同じ姿勢を続けた。女は破れかぶれのように声をはりあげて外国兵たちの歌に合奏しはじめた。
羊撃ち、羊撃ち、パン　パン
やがて、運転手が白い軍手を脱ぎ、うんざりした顔でズボンをずり落して、丸まる肥った大きい尻を剥き出した。

（「人間の羊」）

外国兵たちがバスを降りて行った後、「《羊》にされた人間たち」を「《羊》にされなかった者たち」が取り囲む。後者の中でも「教員」が一際憤り、興奮している。「あいつらは、なぜあんなに熱中していたんだか僕にはわからないんです、と教員はいった。日本人を獣あつかいにして楽しむのは正常だとは思えない」。しかし「僕」ら「《羊》にされた人間たち」は教員の単純な憤懣を共有していない。そのことが「《羊》にされなかった者たち」を苛立たせる。

僕らを、兎狩りで兎を追いつめる犬たちのように囲んで、立った客たちは怒りにみちた声をあげ話しあった。そして僕ら《羊たち》は柔順にうなだれ、坐りこみ、黙って彼らの言葉を浴びていた。

（同）

兎、犬、羊。動物になること、獣にされること。「戦いの今日」では、朝鮮戦争出兵へのボイコットを呼びかけるアジビラを撒いていた兄弟が、ひょんなことから米軍からの若い脱走兵

を匿うことになるのだが、物語の後半にアシュレイというその米兵と弟がダイスで賭けをするシーンがある。

弟が勝つとアシュレイが弟の命令に一つだけ服する、というような賭けだった。はじめ弟が立て続けに勝っていた。アシュレイは弟の命令にしたがって小鳥のように腕をばたばたさせたり、犬の吠え声をまねたりした。アシュレイが勝つと、こんどは弟が小鳥になって狭い土間をひとまわりした。女は死ぬほど笑って涙をこぼしていた。

（「戦いの今日」）

ところが、弟とアシュレイの遊びは徐々に険悪な空気を醸し出す。弟は「鳥のまねをやらせるのか？」と米兵に問う。「何度やれば気がすむの」。アシュレイの返事は「黙ってろ、敗けたやつは黙ってろ」。このあと、アシュレイの弟への暴力の場面となる。止めることもなくただ見守るだけだった兄に、アシュレイは「おまえは黙って見ていた」と悪態をつく。「おまえは、他の日本人がそうしたように、兄弟がドブ川へつきこまれるのを黙って見ていた。お前の弟も、おれのいいなりになってドブだらけだ」と米兵は兄を嘲弄する。「おい、大きい顔をするのはよせ。ドブ鼠のくせに一人前の口をきくのはよせ。お前はまったくおとなしいドブ鼠だよ、他のやつらと同じだ。なんておとなしい人間なんだ」。そしてこのあと、兄のアシュレイへの暴力の場面となり、それからこの小説はなんともやりきれない結末へと向かうことになる。

すぐわかるように、ここには「人間の羊」とほとんど同じ構図がある。賭け＝遊び＝戦い＝戦争に敗けたがゆえに「アメリカ人」から動物呼ばわり、獣扱いをされても、ただ黙って堪えるしかない「日本人」。ここでは敗北それ自体よりも、動物にされること、その非道に対して「唖」であるしかないことの方が問題にされている。「私は動物ではない」と口に出して言えないことが「恥辱」なのだ。「「あんたは俺たちが、この仔牛同然だと考えているんじゃないだろうな」と急にくらくかげった声で男がいった。「俺は絶対にそういうことは考えないぞ、俺は決して仔牛同然ではないぞ」」（「運搬」）。

だがしかし、初期大江の小説群には、このような些か表層的でわかり易過ぎる理解だけでは把握し切れないブレや揺れがある。たとえば「戦いの今日」と同月に発表された「不意の唖」では、唖になること＝沈黙と無為は「日本人」の「外国兵」への反撥と抵抗の（受動的、消極的なものではあれ）武器に転化される。「動物」とその「臭い」も両義的な意味を持っている。戯曲「動物倉庫」の「倉庫番」は「俺の体の皮膚が人間の匂いしか立てなくなると、なにもかもが複雑になるんだ。あらゆることが、こんぐらかって来る。二三日の内に、土鼠の臭いでもいい、それが俺の体にまといついて来ないと、俺はもう、どうしていいかわからなくなる。土鼠一匹の臭いでも……」と言う。ここでは「匂い」と「臭い」ではむしろ後者が望ましいものとされている。また「戦いの今日」「不意の唖」と同月発表の「喝采」では、臭い＝匂いをその躰から発しているのは外国人の「リュシアン」である。「暗い寝室のなかでも裸になったリュシアンは体じゅうから強い香りをたてるのですぐにその所在がわかるのだ」。リュシアンは同性愛の恋人である「夏男」にこう言う。「何がおこったんだ、おまえのなかに」「何がおまえに、おれを犬のように絶望させることを思いつかせたんだ」。この時期の大江小説のほとんど一編に一度は登場すると言ってもいいほど頻繁に用いられている「犬のように」という表現は、西欧語では一種の慣用句だが、大江においては常にそれ以上の意味を持たされている。

「鳥」で、妄想の鳥たちと一緒に部屋に引きこもっている「かれ」は、心理学者の「鳥たちはいつからあなたのまわりへやってきましたか?」という質問に、次のように答える。

「二十歳の誕生日でした」とかれは明らかにいった。「それまでにも、ごくかすかな徴候はありましたけれども、その日からすべてがはっきりしたんです」

（中略）

「ぼくは鳥たちと一緒にくらすために、大学へ出席することをやめ、この部屋に閉じこもる決心をしたんです」

（「鳥」）

心理学者の「なぜですか」という更なる問いに、「かれ」は「鳥たちのほかは、みんな他人だということがわかったからですよ。この部屋より外には他人しかいないということがはっきりわかったからです」と返答する。「人間にはある時期に、他人とふれあうことを拒みたくなる傾向がおこるんだと思います」。「かれ」にとっては、現実には存在していない、脳内の「鳥たち」だけが「他人」ではないのだ。

「暗い川　おもい櫂」の「かれ」も「人間」よりも「動物」に近さを感じている。冒頭まもない二つの断片を引いてみる。

かれはベッドに腰をおろし、床にきちんとそろえた踵をつけ、膝に腕をささえた。そして肩のあいだに頭をたれて、自分のやせた腿とちぢこまったセクスとを見た。セクスは汗ばんで静かにひかり、巣にうずくまってじっとしているおとなしい仔鳥のようだった。身うごきすることもできないで、チュッ、チュッと啼いている仔鳥。かれはその姿勢を気に入ったので長いあいだそのままでいた。

時報がおわると、かれは床に両掌と膝をついた。それからかれは犬のように大きく口をひらいてあえぎながら這いまわりはじめた。かれは自分を一匹の犬だと考えた。しかし、たれさがったセクスがゆれうごいて不愉快だった。かれは人間のセクスが犬のそれのように下腹にしっかりくっついているべきだと考えて残念におもった。裸で這いまわるものの身にもなってみろとかれは考えた。

（いずれも「暗い川　おもい櫂」）

「仔鳥」のようなセクスをぶら下げた「一匹の犬」としての自分。そう考えることが「かれ」を安心させる。もちろん「鳥」の「かれ」も「暗い川　おもい櫂」の「かれ」も、要するに「人間（他人）」をほとんど理由なく激しく嫌悪しているがゆえに「動物」に近さ＝親しみを感じているのである。

「動物」扱いされることと、「動物」にな（ったつもりにな）ることは、一見すると真逆の価値を持っているように思われるが、しかし「他人」という項を考慮すると、両者が通底していることがわかる。「他人」とは「自分」以外の「人間」のことである。「動物」とは「人間」以外の「生物」のことである。「獣」になることは、それ自体としては必ずしも忌むべきことではなく、したがって「恥辱」でもない。それが恥となるのかどうかは、その原因、もしくは結果によって左右される。つまり問題は、「自分」の「人間」から「動物」すなわち「人間以外の生物」への変身（?）が、「自分以外の人間＝他人」との関係において、いかなる意味を担っているか、なのである。

「奇妙な仕事」と「死者の奢り」は、どちらも一風変わったアルバイト＝奇妙な「仕事」の話である。前者は実験用の「犬」の殺処分の手伝い、後者は解剖研修用の「死体」の処理。「奇妙な仕事」の「私大生」は「犬の臭いがとれない」と文句を言う。「僕が引受けなかったとしても僕の代りにこの仕事をやる男の爪にはやはり犬の血がこびりついて離れないし、そいつの躰中は生なましく臭うんだ。僕はそれがやりきれないんだ」。こう言う「私大生」に「女子学生」は「あなたはヒューマニタリアンね」と冷淡に指摘する。ヒューマニタリアン＝人道主義者。それは「人間＝他人」への配慮の別名である。では、そこに「私大生」自身は含まれているのか。もちろん含まれている。とれない臭いを嫌悪しているのは彼なのだし、やりきれないのも彼なのだから。だから「女子学生」は「私大生」に、あなたは「人道」を尊重しているようでいて、実のところは単に「他人＝人間」に「自分」を転写させているだけだ、と言っているのである。

「死者の奢り」にも「臭い」の描写がある。だが、それは厳密には「死体」が発するものではない。それは死体を腐敗から守る液体の「揮発性の臭気」「アルコール質の臭い」である。「僕」は、水槽の死者たちが「完全な《物》の緊密さ、独立した感じ」を持っていると感じる。「死んですぐに火葬される死体は、これほど完璧に《物》ではないだろう」。彼は「俺たちは《物》だ」、そして「死は《物》なのだ」と考える。《物》自体には「臭い」はない。「臭い」は《物》ではなく「生物」が纏うものである。ここには「生物」の更に外側のカテゴリとしての《物》という存在が措定されている。ところが、そのような《物》としての死体を扱う「仕事」に対して「教授」は「こんな仕事をやって、君は恥かしくないのか？」と詰問する。「君たちの世代には誇りの感情がないのか？」と憤ってみせる。言うまでもなく、「教授」が言う「誇り」には「奇妙な仕事」の「私大生」と同じ種類の欺瞞と矛盾が覗いている。

小説の最後で「女子学生」は「僕」に「あなたは、臭うわね」「とても臭うわ」「出て行ってよ、臭いが厭なのよ」と言うが、それは彼女が堕胎を止め、子供を産む決心をしたことと無関係ではない。《物》には「臭い」がないが、それとは別の意味で「人間」にも「臭い」はない。香りならばある。だがそれは「臭い」ではなく「匂い」なのだ。《物》である「死体」は「人間」だった頃とは異なり、もはや「匂い」を発することはない。ところが、それはアルコールの「臭い」に包まれることによって「人間以外」へと近づき、まさにそのことが今や新しく「人間」を誕生させようとしている「女子学生」を苛立たせるのである。

つまり「動物」であれ《物》であれ「死体」であれ、「人間」との関係性＝距離が問題なのであり、大江の初期小説の主人公＝語り手たちにとっては、そこで「人間」と呼ばれているカテゴリに、この「自分」が含まれるか否か、ということが何よりも重要なのである。この「人間」というカテゴリは、作品によって、観念的で茫漠とした大文字の「人間」にもなれば、或いは「僕ら日本の学生」「君たちの世代」にもなれば、或いは戦争に敗けた「日本人」にもなるという風に、さまざまに変容伸縮する。

そして「恥辱」が生じるのは、そこでの「人間」もしくは何らかの下位カテゴリに「自分」が包含されているのか、或いはその外側に存在しているのかが、「自分」とはまるで無関係に、すなわち「他人」によって決められている場合なのである。「自分」は「人間」と「人間以外」の、いずれにも位置し得るのだが、しかしそのいずれでもないわけにはいかない。大江にとっては「人間」への侮蔑の象徴が、自ら「臭い」を発する「動物」なのである。だがこの侮蔑は、簡単に「自分」に跳ね返ってくる。何故なら、結局のところ「自分」は、やはり「人間」なのであり、そうであるしかないのだから。

芥川賞受賞作「飼育」は、大江健三郎の生地、愛媛県喜多郡大瀬村がモデルであり、のちに幾つもの作品によって巨大な神話的世界を形成してゆくことになる、谷間の「村」が舞台である。小学生の「僕」(彼は他人からは「蛙」と呼ばれている) には幼い弟がいる。「僕らの村から《町》への近道の釣橋を山崩れが押しつぶすと、僕らの小学校の分教場は閉鎖され、郵便物は停滞し、そして僕らの村の大人たちは、やむをえない時、山の尾根伝いに細く地盤のゆるい道を歩いて《町》へたどりつくのだった」。「村」はこのような場所である。そして「僕ら、村の人間たちは《町》で汚ない動物のように嫌がられて」いる。


村の入口の敷石道の始まる所で、兎口《みつくち》が犬を胸にかかえて立っていた。僕は弟の肩を押しつけながら杏の老木が深ぶかとおとす影のなかを走り、兎口の腕のなかの犬を覗きこみに行った。

「ほら」と兎口は腕を揺すり犬を唸らせた。「見ろよ」

僕の前に突きだされた兎口の腕には周りに血と犬の毛のこびりついた咬み傷がいっぱいなのだ。兎口の胸にも、太く短い頸にも咬み傷が芽のようにふきでている。

「ほら」と兎口は重おもしくいった。

「俺と山犬狩りに行く約束を破ったな」と僕は驚きと口惜しさに胸をつま

らせていった。「一人で行ったんだろ」「お前を呼びに行ったんだぞ」と兎口は急いでいった。「お前がいなかったから」

（「飼育」）

例によって「獣」は次々と現れる。時代は戦時中である。だが戦地からは随分離れた辺鄙な田舎の、ましてやまだ子供の「僕」にとっては、どこか別世界の出来事のように思える。「最近になって村の上空を通過し始めた《敵》の飛行機も僕らには珍しい鳥の一種にすぎないのだった」。ところが或る晩、敵の飛行機が樅の林が茂る山中に落ちる。「僕」はそのことを「兎口」から聞く。彼らの父親を含む村の大人たちは飛行機に乗っていた敵兵を探して山狩りをしているという。兎口と別れた「僕」と弟は、外国兵の姿を想像する。「死んでなかったらいいがなあ」「摑まえて来てくれるといいがなあ」と、弟は夢見るように言う。

僕らが短い労働のあと始めた食事は単純だが豊富だった。両手に摑んだ馬鈴薯を幸福な獣のように満足して食べながら弟は考え込んでいった。

「兵隊は樅の木に登ってるのかな。僕は、樅の枝に栗鼠がいるのを見たよ」

「樅には花が咲いていて隠れやすいからなあ」と僕はいった。

「栗鼠もすぐ隠れた」と弟は微笑んでいった。

僕は草の穂のような花のいちめんに開いている樅の木の高い枝に外国兵がひそんで、細い緑の針のむらがりの葉を透し、僕の父たちを見はっているのだと考えた。兵隊の着ている厚くふくれた飛行服に樅の花がいっぱいこびりついて兵隊を冬眠前のよく肥えた一匹の栗鼠のように見せるだろう。


（同）

程なく敵兵は村人たちに捕えられる。彼は黒人である。兎口はひどく感じ入っている。「僕」が「あいつをどうするんだろう。広場で撃ち殺すのかなあ」と言うと、彼は驚いて聞き返す。「敵だから」と「僕」が返すと、兎口はひどく興奮して「敵、あいつが敵だって？」「黒んぼだぜ、敵なもんか」と怒鳴り散らす。どうやら兎口にとっては「黒んぼ」であるということは「敵」の一員ではないことを意味するらしい。もしくは「黒んぼ」であることは「敵」であるかどうかよりもはるかに重要なことのようなのだ。

捕まえた黒人兵はどうなるのか。「僕」は父親に訊く。


「どうするの、あいつ」と僕は思い切って訊ねた。

「町の考えがわかるまで飼う」

「飼う」と驚いて僕はいった。「動物みたいに？」

「あいつは獣同然だ」と重おもしく父がいった。「躰中、牛の臭いがする」

（同）


こうして、この小説の中核を成す「黒人兵を獣のように飼う」物語が始まる。言葉の通じない捕虜の黒人の「飼育」という「奇妙な仕事」を担うのは「僕」たち、すなわち子供たちである。そしてこのあと、黒人と子供らの、一種牧歌的とも言えるコミュニケーション、交歓のプロセスが描かれていく。とりわけ彼らが水汲場の泉で戯れる場面は極めて美しい。

僕らはみんな鳥のように裸になり、黒人兵の服を剥ぎとると、泉の中へ——

群らがって跳びこみ、水をはねかけあい叫びたてた。僕らは自分たちの新しい思いつきに夢中だった。裸の黒人兵は泉の深みまで行っても腰がやっと水面にかくれるほど大きいのだったが、彼は僕らが水をかけるたびに、絞め殺される鶏のよう悲鳴をあげ、水の中に頭を突っこんで、喚声と一緒に水を吐きちらかしながら立ちあがるまで潜り続けるのだった。水に濡れ、強い陽ざしを照りかえして、黒人兵の裸は黒い馬のそれのように輝き、充実して美しかった。

（同）

「僕らは黒人兵をたぐいまれなすばらしい家畜、天才的な動物だと考えるのだった」。だが当然のことながら、谷間の「村」に忽然と出現した、この奇妙なユートピアは長くは続かない。やがて黒人兵は県に引き渡されることになり、その知らせに「僕」が恐慌を来したことがきっかけで、両者の立場が逆転する。「僕」は黒人兵の「捕虜」になってしまう。黒人兵が「捕えられて来た時と同じように、理解を拒む黒い野獣、危険な毒性をもつ物質に変化していること」に「僕」は気づく。「獣」であると同時に「物」でもあること。「僕はどうしたらいいかわからなかった。僕は自分の落ちこんだどんづまり、自分を捕えた罠が信じられないで、傷つい

た足首をしめつける鉄の鋏を見つめている間に衰弱して死んでしまう野兎の仔だった」。

そしてこの作品は、陰惨な崇高さ（崇高な陰惨さ）に彩られたクライマックスを迎える。黒人兵は「僕」の父親に鉈で頭を打ち砕かれ殺される。「飼育」は唐突に終わりを告げる。しばらく後、黒人兵の頭蓋ともども砕かれた左掌を吊っている「僕」と会った兎口は「臭うなあ」と挑発する。「お前のぐしゃぐしゃになった掌、ひどく臭うなあ」。だが「僕」は淡々とこう答える。「あれは僕の臭いじゃない」「黒んぼの臭いだ」。実際、あれからずっと「死んだ外国兵の臭い」がこの「村」から消えない。いつのまにか世界は以前とは違うものに変貌してしまっている。「僕はもう子供ではない、という考えが啓示のように僕を満たした」。このあと数頁で、この小説は終わる。

一見すると「飼育」の物語は「人間の羊」の構図の裏返しに思われる（発表は「飼育」の方が先）。ここでは「動物」は「黒人兵」であり、彼は「臭い」を発しており、そしておそらく「恥辱」も黒人兵のものである。この作品が芥川賞に輝いたのは、その完成度、バランスの良さによるものだろう。確かにこの小説は、この時期の大江作品の中でも群を抜いて良く出来ている。だがそれと同時に（それゆえにこそ）、戦争末期の「谷間の村」で生きるひとりの少年の成長譚＝ビルドゥングス・ロマンとして、些か収まりが良過ぎるようにも思われる。

初期大江の四要素のすべてを含んでいながら、この作品には先に見たような「自分」と「人間」と「自分以外」の包含関係をめぐる葛藤が、ほとんど存在していない。「黒人兵」は「飼育」される以前に、最初から一種の「動物」として描かれている。そこで起きていたのは、「黒人兵を獣のように飼う」というよりも、むしろ「獣のような黒人兵を飼う」である。したがって、ここには「動物」への「変身」はない。「黒人兵」との立場が逆転した時、「僕」は「野兎の仔」になりはする。しかしやはりそこでは「僕」の「変身」よりも、「黒人兵」が「すばらしい家畜、天才的な動物」から「理解を拒む黒い野獣、危険な毒性をもつ物質」に戻ってしまったことの驚きと衝撃の方が、はるかに上回っている。

要するに「飼育」という小説の物語は、野生動物にしか見えなかった「黒人兵」が、「僕」ら子供たちの「飼育」によって賢い家畜へと馴致されていくかに思えたが、結局はそうではなかった、そんなことは不可能だった、という残酷な真実が唐突に明らかにされる、そしてその経験によって「僕」が「大人」への階梯を昇ったことを、幸福な子供時代が終わったことを自覚する、というものである。同じテーマ系が用いられていながら、この頃の他の作品群とはやろうとしたことと、やれていることが異なるのだ。そして、何よりもそのことが、この作品の「成功」の理由である。

「飼育」は、名実ともに初期大江健三郎の代表作と言っていい。この小説は大島渚によって一九六一年に映画化されている（二〇一一年にもカンボジアの映画作家リティ・パニュが舞台をベトナム戦争時のカンボジアに置き換えて再映画化した）。だが私としては、作品としてはこれよりもずっとうまくいっていない、物語自体はほとんど図式的と呼んでもいいものかもしれない「人間の羊」や「戦いの今日」の方に、その後の大江小説の萌芽があると思われてならない。大江自身もそう思っていたのではないか。実際、大江は自作について書いたり語ったりすることがかなり多い小説家だが、芥川賞を獲った出世作であるにもかかわらず、「飼育」にかんする発言は極めて少ない。とはいえ、この作品ではやや特殊なかたちで素描された「ユートピアの構築とその崩壊」という主題は、短めの長編「芽むしり仔撃ち」を経て、その後の巨大な作品群へと受け継がれてゆくことになるだろう。

最後に触れておきたいのは、「芽むしり仔撃ち」と同じ月に発表された短編「見る前に跳べ」である。印象的な題名は、W・H・オーデンの詩「Leap Before You Look」から執られている（「転ばぬ先の杖」＝Look Before you leap を逆転させた言葉）。この作品の「ぼく」は二十歳の大学生で、フランス語を学んでいる。彼はガブリエルという外国誌特派員の情人である良重の情人になっている。良重は三十五歳で、彼とは一回り以上も年が離れている。彼は学内でインドシナ戦争についてフランス政府に抗議する署名を求められ、拒否して顔を殴られる。良重を同乗させた車で大学まで迎えに来たガブリエルは、彼が鼻血を出しているのに気づいて驚く。彼が「闘ったんだ」と話すと、ガブリエルは「日本人の青年は、とくにインテリの青年は決して闘わないという定評ができかかっている」と言う。

この三人の関係も面白いが、しかしそれは通俗的な設定の域に留まっている。物語が始動するのは、第四の人物「田川裕子」が登場することによってである。「ぼく」は十八歳の浪人生である裕子にフランス語を教えることになるのだが、それ以前に彼は良重とガブリエルと行った横浜のナイトクラブで裕子が歌っているのを見たことがあった。彼女はその仕事を、支配人が客前で裸になることを求めてきたので辞めたという。「ぼく」は無料で家庭教師を引き受ける。やがて二人は肉体関係を結ぶ。そして裕子は「ぼく」に妊娠したと告げる。

「ほんとに確かなの?」とぼくはいった。ぼくは上気していてとりとめなかった。
「兎で実験したのよ」とぼくをしっかり見つめて裕子が怒ったようにいった。
「その兎に草をたくさんやりたい」とぼくはいった。

(「見るまえに跳べ」)

なんだか村上春樹ぽくないだろうか?「兎」が意味不明だが、小谷野敦によれば、「当時は妊娠検査のためにフリードマン反応という方法を使い、雌の兎の耳の静脈に尿を注入し、兎の卵巣に排卵が起こるかどうかを見ており、当時は産婦人科では兎を飼っていた」のだという

(『江藤淳と大江健三郎』)。

こうして「ぼく」は生まれてくる子と裕子のために、良重と別れることを決意する。同棲している良重の部屋から荷物をまとめて出ていこうとして、彼は良重に咎められる。修羅場である。彼は「おれは自分の生活をするんだ」と言う。「いまのままの暮し方は不毛すぎる、それをやめたいんだ」。裕子のせいであることに勘づいた良重に、「ぼく」は子供が産まれることを伝える。しかし良重は「子供がうまれるくらいで不毛でなくなるの、え？　そんなつまらない話なの？」と返す。だが彼は決然と「ぼくは出ていく、それは思いとどまらない」と宣言する。良重は「両腕を類人猿のようにたれて黄いろっぽい腹と胸の皮膚を静かに上下させ」ながら泣き出す。しかし「ぼく」の気持ちは変えられない。トランクを下げて部屋を出ていこうとする時、良重は「犬のようにあえぎながらぼくを見ていた」。

こうして「ぼく」の新生活が始まるが、しかし裕子は出産を医者に止められてしまう。自分は「胸をひどくやられている」から出産は「自殺すること」に等しい、人工流産せねばならないのだと裕子は「ぼく」に伝える。

ぼくは自分の胸をにがくする嫌悪をおしつぶさねばならなかった。ぼくらは二匹のけものの仔のようにこわばったわきばらをすりつけあって坐っていた。そしてぼくらの上へ濃い夜の空気が翼をひろげた鳥のようにおおいかぶさってきた。

（同）

だが結局のところ、もちろん「ぼく」は堕胎に同意する。手術の後しばらくして、裕子は大学受験の合格発表を見ぬまま、田舎に帰ってゆく。「そのまえにぼくらは感動もなく別れていた」。時が過ぎて「ぼく」は偶然、良重と再会する。ガブリエルはベトナムにいるという。良重は「ふりの外人相手の娼婦に逆もどり」していた。彼女は僅かの間にひどく老けている。「ぼく」は良重の部屋に行く。二人は久しぶりの性交を試みるが、なんと「ぼく」は不能になってしまっている。「かわいそうに、あの子の手術のせいなのね、かわいそうに」と良重は言う。彼女が寝入ったあとも、彼は「屈辱にまみれて」眠ることが出来ない。「ああ、おれはなにひとつできない男だ」と彼は考える。

それから浅い眠りのなかで、外国兵たちが暗く臭い汚水のよどみへじつにみにくいけちな日本人を投げこむ夢を見た。ぼくがつぎに追いつめられた。ぼくはよどみを見おろしためらった。せまってくる外国兵たちから逃れるためにはそこへ跳びこむほかなかった。まわりには沈黙した日本人の群衆がぎっしりとりかこんでいた。そしてかれらは動こうとしなかった。

（同）

題名の「見る前に跳べ」の意味が、ここでようやく明らかになる。もともとこの言葉は、ガブリエルが「Look if you like, but you will have to leap.」と「陽気なメロディで」歌っていたのだった。「ぼく」の悪夢に出てきた「外国兵たち」のひとりは若い頃のガブリエルで、ふたたび彼はこの歌を歌っている。「ぼくは追いつめられ、どんづまりでふるえていた。お好きなように、見るのもいいですよ、でも跳ばなくちゃならないことになりましょうな。ぼくはおびえきって、決して跳ぶ決意をできそうになかった。そして結局、二十一年のあいだぼくはいちども跳んだことがないとぼくは考えた。これからも決して跳ぶことはないだろう」。このあと数行で、この小説は終わる。まだ目覚めない良重を残して「ぼく」は部屋を出て行く。犬のような恥辱をしたたかに感じながら。

この小説には、幾つか引いておいた「喩の獣」以外に「動物」は出てこない。だが「飼育」の「黒人兵」が、ここでは「ガブリエル」に「変身」しているのだと考えることも出来る。そしてそれは更に、この後の作品で描かれる「外国兵たち」へと、そのまま繋がっている。彼らは皆が皆、語り手や主人公に対して、お前はたかだか「人間」に過ぎない、お前はせいぜいが「人間という動物」に過ぎない。お前は決して「見る前に跳べ」はしない、と繰り返し思い知らせてくる、気高くも臭い、正真正銘の「獣」たちである。

「これからも決して跳ぶことはないだろう」。この苦い認識、惨めな予告は、明らかに「ぼく」の子の誕生の失敗によって惹き起こされている。大江健三郎の最初の子供である光が誕生するのは、この小説の五年後、一九六三年のことである。

──デビュー戦、村上春樹の場合

村上春樹は、一九七九年に『風の歌を聴け』で群像新人賞を受賞して小説家としてデビューした。デビューから二年で十編以上の小説を量産した大江健三郎に対して、春樹は同じ最初の二年間に同作と『1973年のピンボール』という短めの長編二作(あるいは長めの中編二作)しか発表していない。ここでは『風の歌を聴け』を集中的に読んでみることにしたい(『1973年のピンボール』にも少しだけ触れる)。前もって述べておくと、先に大江健三郎の初期小説から抽出した四つのキーワード、すなわち「動物」「臭い」「仕事」「恥辱」は、村上春樹のこのデビュー作において(そしてこれに続く作品においても)、春樹独自の回路によってさまざまに変換されてはいるが、ほぼ同様の要素を見出すことが出来ると私には思える。

『風の歌を聴け』は、通し番号のふられた長短さまざまな四十個の断片（しかもそれぞれのチャプターの中にも複数の断片が配されている）から成る。書き出しは以下の通り。

「完璧な文章などといったものは存在しない。完璧な絶望が存在しないようにね。」

僕が大学生のころ偶然に知り合ったある作家は僕に向ってそう言った。僕がその本当の意味を理解できたのはずっと後のことだったが、少くともそれをある種の慰めとしてとることも可能であった。完璧な文章なんて存在しない、と。

しかし、それでもやはり何かを書くという段になると、いつも絶望的な気分に襲われることになった。僕に書くことのできる領域はあまりにも限られたものだったからだ。例えば象について何かが書けたとしても、象使いについては何も書けないかもしれない。そういうことだ。

8年間、僕はそうしたジレンマを抱き続けた。——8年間、長い歳月だ。

（『風の歌を聴け』。以下表記のない場合は同じ）

「8年間」という具体的な時間＝数が、最初に提示される。つまりは、このように書いている「僕」の現在時から遡って八年前に、何ごとか（それが「何」であれ）「書くこと」をめぐる「ジレンマ」が胚胎された、ということになる。それからの八年間、「あらゆるものから何かを学び取ろうとする姿勢」を――「一般論」だと断わりつつ――持ち続けてきたと「僕」はいう。「20歳を少し過ぎたばかりの頃からずっと、僕はそういった生き方を取ろうと努めてきた。おかげで他人から何度となく手痛い打撃を受け、欺かれ、誤解され、また同時に多くの不思議な体験もした。様々な人間がやってきて僕に語りかけ、まるで橋をわたるように音を立てて僕の上を通り過ぎ、そして二度と戻ってこなかった。僕はその間じっと口を閉ざし、何も語らなかった。そんな風にして僕は20代最後の年を迎えた」。そして、こう書かれる。

今、僕は語ろうと思う。

こんな勇ましい、あからさまに青臭くさえあるだろう「小説家宣言」を冒頭に置いて、この小説はスタートする。「少くともここに語られていることは現在の僕におけるベストだ。つけ加えることは何もない」とまで「僕」は断言する。しかし周知のように、この小説ではこんな冒頭から予感（期待）されるようなドラマチックな出来事が語られることはない。ドラマチックの定義も一様ではないが、物語的な起伏や特筆すべき事件めいたものは『風の歌を聴け』には存在していないのだ。では「僕」はいったい何を書きあぐねていたというのか。彼の「ジレンマ」とは、どのようなものだったのか。

村上春樹の小説には「謎」が数多投じられている、とはよく言われることだが、すでにここまでの時点で、まったく謎めかされてなどおらず、むしろ巧妙に隠蔽されている「謎」が、少なくとも二つある。第一は、これもよく知られているように、春樹はこの作品で「デレク・ハートフィールド」という架空のアメリカ人小説家を捏造し、あたかも実在の人物であるかのように「僕」に言及させているのだが（「僕は文章についての多くをデレク・ハートフィールドに学んだ」）、しかしそれはこの小説の最初の一文である「完璧な文章などといったものは存在しない。完璧な絶望が存在しないようにね。」と語ったという「僕が大学生のころ偶然に知り合ったある作家」とは当然ながら別人であって（「デレク・ハートフィールド」は一九三八年六月に飛び降り自殺している）、ならばこの「ある作家」とは誰（というか何）なのか、という「謎」である。

むろん、これは実際には「謎」とは呼べない。そしてこの「ある作家」についてこのあと二度と言及されることもない。つまりこれは小説を開始するための方便というか、一種のスターの役割しか持たされていない存在だと思われる。しかしむしろ、だからこそ、この「ある作家」は、現実に居そうだが本当は居ないことが明白の「デレク・ハートフィールド」とはまた別の意味で、実在と虚構のあやふやさに属しているのだと考えられる。つまり「ある作家」は村上春樹自身が過去に見知っていた人物をモデルにしている可能性もあり、まったくのつくりごとに過ぎない可能性もある。重要なことは、この区別が読者にはつきようがないことなのだ。

第二の「謎」は、より重要なものである。それは、ひとりの小説家の誕生を鮮やかに告げる「今、僕は語ろうと思う」という宣言は、何によって惹き起こされたのか、という問いである。なぜ「僕」は、何がきっかけで、「8年間」にも及ぶ長い「ジレンマ」を脱することが出来たのか。この「謎」の明確な答えも小説の中にはない。ただ読者に与えられるのは、どうしてであれ、兎も角も「僕」は、あれから八年間も経ってから、あの頃のことを語り＝書き始め、そしてどうにか語り＝書き終えられたからこそ、自分は今、この小説を読んでいるのだという事実のみである。

このあと「僕」は端的に「この話は1970年の8月8日に始まり、18日後、つまり同じ年の8月26日に終る」と記す。またもや具体的な時＝数の提示。村上春樹は一九四九年一月生まれ、小説内の記述と『風の歌を聴け』の執筆時期を照合すると、この「僕」と作者の年齢は、ほぼ一致する（精確には「僕」の方が三週間ほど早く生まれている）。かといって「僕」が春樹その人であるということにはむろんならない。しかし歴然と年齢を重ね合わせてみせることによって、春樹自身が読者が「僕＝作者」だと考えることを許し、そのような読みに誘導しているのだと言ってもいい。どうして「僕」はこの小説を書き始めることが出来たのか、という「謎」は、結局のところ「8年間」という歳月が流れたことによってようやく可能になったのだと考えるしかないのだが、他でもない『風の歌を聴け』という小説がここに存在しているからには、小説内ではなく、その外部に答え＝理由を求められるようになっている。実際、春樹は幾つかのインタビューやエッセイで、この小説を書き始め、デビューに至るまでのことを語っている。

たとえば『職業としての小説家』（二〇一五年）では、有名な「エピファニー」の体験があらためて回想されている。一九七八年四月のある日の午後、春樹は神宮球場に野球を見に行った。セ・リーグの開幕戦のデー・ゲーム、ヤクルト・スワローズと広島カープの対戦。春樹は当時からヤクルト・ファンだったが、当時のヤクルトは弱小チームで、万年Bクラスだった。この日はよく晴れた気持ちの良い天気だった。ヤクルトの先頭打者はアメリカから来た無名選手のデイブ・ヒルトン。一回の裏、ヤクルトの攻撃で、ヒルトンは第一球をレフトに打ち、二塁打となった。とりたててすごい打撃というわけではなかった。しかし「僕はそのときに、何の脈絡もなく何の根拠もなく、ふとこう思ったのです。「そうだ、僕にも小説が書けるかもしれない」と」。

そのときの感覚を、僕はまだはっきりと覚えています。それは空から何かがひらひらとゆっくり落ちてきて、それを両手でうまく受け止められたような気分でした。どうしてそれがたまたま僕の手のひらに落ちてきたのか、そのわけはよくわかりません。そのときもわからなかったし、今でもわかりません。しかし理由はともあれ、とにかくそれが起こったのです。それは、なんといえばいいのか、ひとつの啓示のような出来事でした。英語にエピファニー（epiphany）という言葉があります。（中略）平たく言えば、「ある日突然何かが目の前にさっと現れて、それによってものごとの様相が一変してしまう」という感じです。それがまさに、その日の午後に、僕の身に起こったことでした。

（『職業としての小説家』）

試合が終わると、彼は新宿の紀伊國屋に行って原稿用紙などを買い求め、その日からおよそ半年後に、春樹は彼の最初の小説を脱稿することになる。当時の春樹は、これも有名な話だが千駄ヶ谷でジャズ喫茶を経営しており、もっと前から結婚もしていた。自分が小説を書くなどということは、この「エピファニー」の訪れまで考えたこともなかったという。しかしそうして『風の歌を聴け』は書き上げられ、この小説によって春樹は「小説家」として世に出ることになった。

『職業としての小説家』他では、このデビュー作が如何にして書かれたか、かなり詳しく述べられているのだが、ここではさしあたりこれ以上は触れない。押さえておくべきことは、ある意味で春樹は自分が体験した説明不能の「啓示＝エピファニー」を書かれざるプロローグとして、その叙述の底に隠すようにして『風の歌を聴け』を書いたのであり、突然の啓示と「8年間」は、彼の中で、そして小説の中で、何らかのかたちで釣り合いが取れているのだということである。

一九七〇年八月の十八日間の出来事が物語られる『風の歌を聴け』には、大きく分けて二つのストーリー・ラインがある。「鼠のパート」と「彼女のパート」である。その夏、東京の大学に通う二十一歳の「僕」は「港のある街」に帰省した。行きつけのジェイズ・バーで、大学一年の時からの友人である「鼠」と毎夜飲み明かす日々を送っている。「鼠」は金持ち嫌いの金持ちの子息で、「おそろしく本を読まない。彼がスポーツ新聞とダイレクト・メール以外の活字を読んでいるところにお目にかかったことはない」にもかかわらず、どうしてか小説を書こうとしている。

鼠の小説には優れた点が二つある。まずセックス・シーンの無いことと、それから一人も人が死なないことだ。放って置いても人は死ぬし、女と寝る。そういうものだ。

しばしば指摘されることだが、村上春樹の小説には意外なほどセックス・シーンがあり、そしてよく人が死ぬ。『風の歌を聴け』でも、最初から「デレク・ハートフィールド」や「僕」の「叔父」や「祖母」の死が矢継ぎ早に言及され、後には自死した「三人目に寝た女の子」のエピソードが語られる。「僕」によると、二十一歳のその時までにセックスした女の子はたったの三人なので、その子は「この話」の開始時点でいちばん最近(そして最後に)寝た女の子ということになる。「三人目の相手は大学の図書館で知り合った仏文科の女子学生だったが、彼女は翌年の春休みにテニス・コートの脇にあるみすぼらしい雑木林の中で首を吊って死んだ。彼女の死体は新学期が始まるまで誰にも気づかれず、まるまる二週間風に吹かれてぶら下

がっていた」。この女の子は「僕」のペニスを「あなたのレーゾン・デートゥル」と呼んだ。
ここで「21」の断片を、丸々引用しておきたい。

三人目のガール・フレンドが死んだ半月後、僕はミシュレの「魔女」を読んでいた。優れた本だ。そこにこんな一節があった。

「ロレーヌ地方のすぐれた裁判官レミーは八百の魔女を焼いたが、この『恐怖政治』について勝ち誇っている。彼は言う、『わたしの正義はあまりにあまねきため、先日捕えられた十六名はひとが手をくだすのを待たず、まずみずからくびれてしまったほどである。』」（篠田浩一郎・訳）

私の正義はあまりにあまねきため、というところがなんともいえず良い。

「三人目のガール・フレンドが死んだ」ことと、ミシュレにかんする一見無関係（死の直後ならばまだしも、半月後だというのだし）に見える断片は、どのように関係しているのだろうか。この小説のさまざまな細部と同じく、その解法は暗示未満の状態に——意図的に？——留まっている。しかし本論にとって、この「私の正義はあまりにあまねきため、というところがなんともいえず良い」は極めて重要である。だが、まずは「彼女」を紹介しなくてはならない。

ある朝目覚めてみると、「僕」は「彼女」の部屋にいた。ベッドの隣で裸の女が眠っていた。「煙草を吸い終ってから10分ばかりかけて女の名前を思い出してみようとしたが無駄だった。第一に女の名前を僕が知っていたのかどうかさえ思い出せない。僕はあきらめてあくびをし、もう一度女の体を眺めた。年齢は20歳より幾つか若く、どちらかといえば痩せていた」。そして「彼女の左手には指が4本しかなかった」。

「彼女」が目覚めたのはその三時間後で、「僕」は昨夜の出来事を「彼女」に話す。「彼女」はジェイズ・バーの洗面所の床に泥酔して転がっていたのだ。店で飲んでいた「僕」は意識のない「彼女」のバッグにあった葉書の住所を頼りに部屋まで連れてきて、急性アルコール中毒で死んだりしないよう見守っている内に自分も眠ってしまった。そう「僕」は説明するが、「彼女」は信じない。なぜなら自分は裸だったから。「君が自分で脱いだんだ」と言っても疑わしげだ。当然ながら、ふたりは微温的に険悪な雰囲気のまま別れる。

ところがその後、偶然「僕」は小さなレコード店で店番をしていた「彼女」と再会する。その時も冷ややかな態度だったが、それからまた少しして「彼女」の方から電話がかかってくる。「僕」に「ひどいことを言った」と「彼女」は謝り、ジェイズ・バーで会うことになる。こうして「僕」はやっとちゃんと「彼女」と知り合う。「彼女」は父親が五年前に脳腫瘍で死んだこと。丸二年の闘病によってお金を使い果たしてしまったこと。そのせいで家族が空中分解したこと。母親が出ていったらしいこと。双子の妹がいること（「彼女」は妹は「三万光年くらい遠く」にいると言う）、そして八歳の時に電気掃除機のモーターに小指を挟んで失くしたこと等を「僕」に話す。「彼女」は「僕」のことも訊ねる。「大学に通ってる。東京のね。」「帰省中なのね。」「そう。」「何を勉強してるの？」「生物学。動物が好きなんだ。」「私も好きよ。」。「彼女」はその翌日、ビーフ・シチューを作り過ぎたから食べに来ないかと「僕」を部屋に誘う。

僕たちは彼女のプレイヤーでレコードを聴きながらゆっくりと食事をした。その間、彼女は主に僕の大学と東京での生活について質問した。たいして面白い話ではない。猫を使った実験の話や（もちろん殺したりはしない、と僕は嘘をついた。主に心理面での実験なんだ、と。しかし本当のところ僕は二ヶ月の間に36匹もの大小の猫を殺した。）、デモやストライキの話だ。そして僕は機動隊員に叩き折られた前歯の跡を見せた。

「復讐したい？」

「まさか。」と僕は言った。

「何故？　私があなただったら、そのオマワリをみつけだして金槌で歯を何本か叩き折ってやるわ。」

「僕は僕だし、それにもうみんな終ったことさ。だいいち機動隊員なんてみんな同じような顔してるからとてもみつけだせやしないよ。」

「じゃあ、意味なんてないじゃない？」

「意味？」

「歯まで折られた意味よ。」

「ないさ。」と僕は言った。


「僕」がデモに行っていたことは二人目に寝た女の子のエピソードにも出てくる。「新宿で最も激しいデモが吹き荒れた夜」に「僕」は地下鉄の新宿駅で十六歳のヒッピー少女に声を掛け、自分のアパートに一週間ばかり泊める。だがある日、とつぜん彼女は姿を消していて、ノートの切れ端に、一言「嫌な奴」とだけ書き残されていた。

では、春樹自身はどうだったのか？　『職業としての小説家』には、このことにかんする記述もある。「僕が早稲田大学に入学し、東京に出てきたのは一九六〇年代の末期、ちょうど学園紛争の嵐が吹きまくっていた頃で、大学は長期にわたって封鎖されていました。最初は学生ストライキのせいで、あとの方は大学側のロックアウトのせいで。そのあいだ授業はほとんどおこなわれず、おかげで（というか）僕はかなり出鱈目な学生生活を送ることになりました」。

僕はもともとグループに入って、みんなと一緒に何かをするのが不得意で、そのせいでセクトには加わりませんでしたが、基本的には学生運動を支持していたし、個人的な範囲でできる限りの行動はとりました。でも反体制セクト間の対立が深まり、いわゆる「内ゲバ」で人の命があっさりと奪われるようになってからは（僕らがいつも使っていた文学部の教室でも、ノンポリの学生が一人殺害されました）、多くの学生と同じように、その運動のあり方に幻滅を感じるようになりました。そこには何か間違ったもの、正しくないものが含まれている。健全な想像力が失われてしまっている。そういう気がしました。そして結局のところ、その激しい嵐が吹き去ったあと、僕らの心に残されたのは、後味の悪い失望感だけでした。

（『職業としての小説家』）

『風の歌を聴け』は、紛れもない青春小説である。描かれているのは、「僕」と「鼠」の友情と、「僕」と「彼女」の恋愛である。いや、友情のような何かと、恋愛に近い何か、と呼んだ方がいいかもしれない。そしてそのすべては「8年間」という、すごく長いわけではないがけっして短いとは言えない時間によって、今、語りつつある「僕」から隔てられており、つまりはノスタルジーによって染め上げられている。もちろん読者は今では、この続きがあることを知っている。村上春樹の第二作『1973年のピンボール』は、その題名の通り、『風の歌を聴け』から三年後の物語であり、そこには「彼女」は現れないが（別の双子の女の子が出てくる）、「鼠」は再登場する。「僕」と「鼠」は前二作とは大きく趣きを変えた第三作『羊をめぐる冒険』（一九八二年）にも出てくる（それゆえこの初期三作は「鼠三部作」と呼ばれる）。しかしまずは、この『風の歌を聴け』という春樹の最初の小説を、ひとつの独立した作品として、いささか愚直に読み直してみることにしたい。なにしろこの小説の前に、何も存在していなかったことは確かなのだから。

「鼠」の実家は屋上に温室と地下にガレージのついた三階建てで、父親の車はベンツ、「鼠」の車はトライアンフTRⅢ。典型的な地方都市の裕福な家庭。「鼠の父親については僕は殆ど何も知らない。会ったこともない。どんな人なのかと僕が訊ねると、俺よりずっと年上で、しかも男だ、と鼠はきっぱりと言った」。

噂によると鼠の父親は昔、ひどく貧乏だったらしい。戦前のことだ。彼は戦争の始まる直前に苦労して化学薬品の工場を手に入れ、虫よけの軟膏を売り出した。その効果にはかなりの疑問はあったが、うまい具合に戦線が南方に広がっていくと、軟膏は飛ぶように売れ始めた。

戦争が終ると彼は軟膏を倉庫に放り込んで、今度は怪しげな栄養剤を売りだし、朝鮮戦争の終る頃には突如それを家庭用洗剤に切り替えた。それらの成分はみな同じであるという話だった。ありそうなことだ。

25年前、ニューギニアのジャングルには虫よけ軟膏を塗りたくった日本兵の死体が山をなし、今ではどの家庭の便所にもそれと同じマークのついたトイレ用パイプ磨きが転がっている。

そんなわけで鼠の父親は金持ちになった。

そして「鼠」はそんな父親の庇護の下にある。一九七〇年、まだ終戦の年から二十五年しか過ぎていない。しかし「鼠」も「僕」も、それよりも短い二十年ちょっとしか生きておらず、戦争は知らない。「虫よけ軟膏を塗りたくった日本兵の死体」は想像でしかない。「時々ね、どうしても我慢できなくなることがあるんだ。自分が金持ちだってことにね。逃げだしたくなるんだよ。わかるかい?」。「鼠」は大学をやめてしまったのだという。「何故止めた?」「さあね、うんざりしたからだろう? でもね、俺は俺なりに頑張ったよ。自分でも信じられないくらいにさ。自分と同じくらいに他人のことも考えたし、おかげでお巡りにも殴られた。だけどさ、時が来ればみんな自分の持ち場に結局は戻っていく。俺だけは戻る場所がなかったんだ。椅子取りゲームみたいなもんだよ。」。

そして「鼠」は「僕」に、実は小説を書こうと思っているのだと話す。「自分と同じくらいに他人のことも考えた」結果として「お巡りにも殴られ」た経験を経て「小説」に向かう「鼠」の姿は、デモで機動隊員に前歯を叩き折られた「僕」が「8年間」を経て「今、僕は語ろうと思う」のと似ている。もちろん、ここに因果関係のようなものを見出すのは恣意的に過ぎるし、たとえそれがあったとしても強調し過ぎてはならないだろう。それに、ここには表立って書かれていない「後味の悪い失望感」も隠されているのだし。

「鼠のパート」でかろうじて物語らしきものは、「鼠」が「僕」に会わせようとして結局やめる女の子のエピソードである。「僕」が「彼女」をジェイズ・バーの洗面所の床で発見する前に、いつまでたっても店に現れない「鼠」の部屋に「僕」が電話を掛けてみると、知らない女が出た。その女と同一人物かどうかはわからないが、その後「鼠」は「僕」に「人に会ってほしい」と頼む。女に。どうやら訳ありらしい。「鼠」に指示された通りに、その翌日の午後二時にスーツとネクタイ姿で車で迎えに行ってみると、なぜか「鼠」ひとりで女の姿はない。鼠は「止めたんだ。」とだけ言い、ふたりは動物園に行く。女の件はそれきりになってしまうが、ジェイズ・バーのマスターのジェイは、ほんとうは「鼠」は「僕」に相談したがっているのだという。そこで「僕」は思い切って「鼠」に訊ねる。「女の子はどうしたんだ?」。「鼠」は考え込むようにしてから答える。「はっきり言ってね、そのことについちゃあんたには何も言わないつもりだったんだ。馬鹿馬鹿しいことだからね。」「でも一度は相談しようとしただろう?」。続くふたりのやりとりは重要である。


「そうだね。しかし一晩考えて止めた。世の中にはどうしようもないこともあるんだってね。」

「例えば?」

「例えば虫歯さ。ある日突然痛み出す。誰が慰めてくれたって痛みが止まるわけじゃない。そうするとね、自分自身に対してひどく腹が立ち始め

> る。そしてその次に自分に対して腹を立ててない奴らに対して無性に腹が立ち始めるんだ。わかるかい?」
>
> 「少しはね。」と僕は言った。「でもね、よく考えてみろよ。条件はみんな同じなんだ。故障した飛行機に乗り合わせたみたいにさ。もちろん運の強いのもいりゃ運の悪いのもいる。タフなのもいりゃ弱いのもいる。金持ちもいりゃ貧乏人もいる。だけどね、人並み外れた強さを持ったやつなんて誰もいないんだ。みんな同じさ。何かを持ってるやつはいつか失くすんじゃないかとビクついてるし、何も持ってないやつは永遠に何も持てないんじゃないかと心配してる。みんな同じさ。だから早くそれに気づいた人間がほんの少しでも強くなろうって努力するべきなんだ。振りをするだけでもいい。そうだろ? 強い人間なんてどこにも居やしない。強い振りのできる人間が居るだけさ。」

この「僕」の長口上に「鼠」は少なからぬショックを受けたように見える。「あんたは本当にそう信じてる?」と問われた「僕」が肯んじると、「鼠」は「嘘だと言ってくれないか?」と真剣に言う。そしてこの場面を最後に「鼠」は、この小説から姿を消す。

「彼女」の物語は「鼠」のそれよりも展開がある。最悪の出会い方をしたものの、すぐに「僕」と「彼女」の距離は縮まる。だがゼロになりはしない。「彼女」の部屋で食事をした後、最初の夜に「僕」が何もしなかったことを信じてもいいと「彼女」は言う。「何故そう思う?」「聞きたい?」「いや。」「そう言うと思ったわ。」。「彼女」は笑う。「時々ね、誰にも迷惑をかけないで生きていけたらどんなに素敵だろうって思うわ。できると思う?」「どうかな?」「ねえ、あなたに迷惑かけてないかしら?」「大丈夫だよ。」「今のところはね?」「今のところは。」。

彼女はテーブル越しにそっと手を伸ばして僕の手に重ね、しばらくそのままにしてから元に戻した。

「明日から旅行するの。」

「何処に?」

「決めてないわ。静かで涼しいところに行くつもりよ、一週間ほどね。」

僕は肯いた。

「帰ったら電話するわ。」

そして時が過ぎ、約束通り「彼女」から電話があって、ふたりは再会する。「一週間ばかりの間に彼女は三歳くらいは老け込んでいた」。「彼女」は旅行に出かけると言ったのは嘘だったと「僕」に告げる。この後に「嘘」にかんする検討すべき断片が置かれているが、それについては後で触れることにしたい。海沿いの突堤の倉庫の石段に坐り、ふたりは海を眺めながら会話をする。「彼女」は「みんな大嫌いよ。」と言う。「一人でじっとしてるとね、いろんな人が話しかけてくるのが聞こえるの。……知っている人や知らない人、お父さん、お母さん、学校の先生、いろんな人よ。」「大抵は嫌なことばかりよ。お前なんか死んでしまえとか。後は汚らしいこと……。」「どんな?」「言いたくないわ。」。「彼女」は自分は病気なのだろうかと「僕」に訊ねる。「心配なら医者に見てもらった方がいいよ。」としか「僕」には言えない。「いいのよ。気にしないで。」。そして、歩いて帰り着いた「彼女」の部屋で、旅行に行っていたのではなく、堕胎手術をしてきたのだと「彼女」は告白する。だから「僕」が望んでも、今日はセックスすることは出来ない。

「不思議ね。何も覚えてないわ。」

「そう?」

「相手の男のことよ。すっかり忘れちゃったわ。顔も思い出せないのよ。」

僕は手のひらで彼女の髪を撫でた。

「好きになれそうな気がしたの。ほんの一瞬だけどね。……誰か好きになったことある？」

「ああ。」

「彼女の顔を覚えてる？」

僕は三人の女の子の顔を思い出そうとしてみたが、不思議なことに誰一人としてはっきり思い出すことができなかった。

「いや。」と僕は言った。

「不思議ね。何故かしら？」

「多分その方が楽だからさ。」


それから「彼女」は自分の人生の耐え難い酷薄さについて、ふたたび口にする。「ずっと何年も前から、いろんなことがうまくいかなくなったの。」「12、13……お父さんが病気になった年。それより昔のことは何ひとつ覚えてないわ。ずっと嫌なことばかり。頭の上をね、いつも悪い風が吹いているのよ。」「風向きも変るさ。」「本当にそう思う？」「いつかね。」。そう「僕」が言ってみても「彼女」を慰めることにはならない。「何度もそう思おうとしたわ。でも

ね、いつも駄目だった。人も好きになろうとしたし、辛抱強くなろうともしてみたの。でもね……。」

「お母さん……。」

彼女は夢を見るように、そっとそう呟いた。彼女は眠っていた。

この場面を最後に「彼女」は、この小説から姿を消す。

四十個の断片から成る『風の歌を聴け』の最後の「40」は「デレク・ハートフィールド」にかんする追記であり、その前の「39」は現在の「僕」が記す「後日譚」である。そしてその前の「38」が「僕」が里帰りを終えて東京に戻る日の記述なのだが、先に述べたように「鼠」も「彼女」も「僕」に(暫しの?)別れを告げに来ることはない。何故ふたりが来ないのかについての説明もない。ジェイズ・バーに顔を出した「僕」はジェイにビールを何本か奢られてから、夜行バスの発着場に向かい、切符を買って発車時間まで待合所のベンチで待ち、バスに乗り込んで席につく。夏休みの終わり。

「38」の最後はこう結ばれている。

あらゆるものは通りすぎる。誰にもそれを捉えることはできない。
僕たちはそんな風にして生きている。

―――

『風の歌を聴け』を読んだ者なら誰もが知っているように、この小説で語られているのは「鼠」と「彼女」の話だけではない。他に幾つも言及されるべきエピソードや登場人物が存在する。中でも重要なのは、既に触れておいた「三人目の女の子」と、まだ一度も本論には出てきていない「ラジオN・E・BのDJ」にかかわる断片群だろう。この後で、これらについては述べることにするが、その前に、一点確認しておきたい。

それは、これまで見てきたように、複数の断片に股がって登場し、それぞれこの小説の何割かを占めている「鼠のパート」と「彼女のパート」は、「僕」の語りの中でほとんど交わることがないという事実である。ジェイズ・バーで最初に「僕」が「彼女」を発見した時、たまたま「鼠」はその場に居なかったし、その後も「僕」は「彼女」のことを「鼠」には一度も話さない（少なくともそのような記述はない）。逆もほぼ同じで、「僕」が「彼女」に「鼠」の話をするのは、「彼女」の部屋に泊まるに至った理由を説明した時だけであり、その時も詳しいことは言わない。だが「鼠」と「彼女」は「僕」の居ないところで一度顔を合わせている。「彼女」が「僕」の連絡先を知るためにジェイズ・バーに再度赴いた際、「店の人」が「あなたのお友達」だといった「背の高いちょっと変った人」(「モリエールを読んでたわ。」)が電話番号を教えてくれたと「彼女」は「僕」に言う。「僕」は「なるほどね。」としか言わないが、もちろん「鼠」に違いない。しかし「僕」が「彼女」とジェイズ・バーで待ち合わせた時には「鼠」は居ない。要するに「僕」と「鼠」と「彼女」の三人が一緒に会うことは一回もないのである。

むろんこれは、たまたま小説内の事実としてそうなっている、としか言いようのないことであるのかもしれない。しかし同時に、この物語を語って/書いている(ことになっている)「僕」にとって、そして作者である村上春樹にとっても、ふたつのパートは交わらないことによってこそ機能しているのだとも考えられる。つまり「鼠」と「彼女」は、ある意味で、ひとつの同じ事柄を二重に語るために召喚されたふたつの存在なのだ。では、それは一体、どのような事柄なのか?

先に述べておいたように、大江健三郎の初期小説から取り出した「動物」「臭い」「仕事」「恥辱」という四つのキーワードは、もちろん村上春樹ならではの変換回路を経た上ではあるが、『風の歌を聴け』にも見出すことが出来る。

「動物」については明白だろう。なにしろ「僕」の相方は「鼠」なのだし。それ以外にも『風の歌を聴け』にはたくさんの動物が出てくる。たとえば、その「鼠」の紹介が一段落ついたところで、少年の頃の「僕」のエピソードが語られる。当時の「僕」はひどく無口だったので、心配した両親は精神科医に診せることにする。以下は医者と「僕」の会話である。

「昔ね、あるところにとても人の良い山羊がいたんだ。」

素敵な出だしだった。僕は目を閉じて人の良い山羊を想像してみた。

「山羊はいつも重い金時計を首から下げて、ふうふう言いながら歩き回ってたんだ。ところがその時計はやたらに重いうえに壊れて動かなかった。そこに友だちの兎がやってきてこう言った。〈ねえ山羊さん、なぜ君は動きもしない時計をいつもぶらさげてるの？　重そうだし、役にもたたないじゃないか〉ってさ。〈そりゃ重いさ〉って山羊が言った。〈でもね、慣れちゃったんだ。時計が重いのにも、動かないのにもね〉。」

（中略）

「ある日、山羊さんの誕生日に兎はきれいなリボンのかかった小さな箱をプレゼントした。それはキラキラ輝いて、とても軽く、しかも正確に動く新しい時計だったんだね。山羊さんはとっても喜んでそれを首にかけ、みんなに見せて回ったのさ。」

そこで話は突然に終わった。

「君が山羊、僕が兎、時計は君の心さ。」

僕は騙されたような気分のまま、仕方なく肯いた。


確かにどうにも「騙されたような気分」にさせられる挿話だが、それ以上に、このたとえ話の登場人物(?)が、なぜ「山羊」と「兎」なのか、一切説明が記されていないのが気にかかる。それはまるで「山羊」と「兎」を召喚したいからこそ、この話がでっち上げられたかのようでさえある。このすぐ後の医者と「僕」の「フリー・トーキング」にも、新たな動物たちが登場する。「猫について何んでもいいからしゃべってごらん。」「思いつくことなら何んだっていいさ。」「四つ足の動物です。」「象だってそうだよ。」「ずっと小さい。」「それから?」「家庭で飼われていて、気が向くと鼠を殺す。」「何を食べる?」「魚。」「ソーセージは?」「ソーセージも。」。こんな会話に何らかの臨床的な意味が隠されているとは到底思えないが、少なくともひとつ言えることは、この奇妙な医者は少年時代の「僕」に或る影響を与えた、意識的であったかどうかはともかく、一種の「刷り込み」を行った可能性があるということだ。なぜなら、やがて「僕」は大学で生物学を専攻することになるからである。

「僕」の生物学専攻、すなわち「動物」を研究する学問にかんして、作中で何度か問答が交わされる。最初は、本論ではこれまで一度も触れていなかったが、「鼠」と「彼女」に次ぐ、この小説の第三のパートと言っていい「犬の漫才師」との会話である。精確に言うと、彼は「ラジオN・E・Bのポップス・テレフォン・リクエスト」のパーソナリティーで、ビーチボーイズの「カリフォルニア・ガールズ」を「僕」へのプレゼントとしてリクエストしてきた女の子（先に断わっておくが、それは「彼女」ではない）が居たということで電話がかかってくる。彼は「僕」が二十一歳の学生だと聞いて、何を専攻しているのか訊ねる。


「生物学です。」

「ほう……動物は好き？」

「ええ。」

「どんなところが？」

「……笑わないところかな。」

「ほう。動物は笑わない？」

「犬や馬は少しは笑います。」

「ほほう、どんな時に。」

「楽しい時。」

僕は何年かぶりに突然腹が立ち始めた。

「じゃあ……ムッ……犬の漫才師なんてのがいてもいいわけだ。」

「あなたがそうかもしれない。」

「はっはっはっはっは。」


これが「犬の漫才師」の由来である(「ムッ」というのはしゃっくりをしているのだ)。二度目は、出会いの際の誤解が解けて「彼女」とジェイズ・バーで再会したときの会話で、先にも述べたように「何を勉強してるの?」という「彼女」の問いかけに「僕」は「生物学。動物が好きなんだ。」と自分から言う。もっとも「私も好きよ。」と応じた「彼女」に「僕」は「3年間に350人ものインド人を食い殺した」という「豹」と「その豹も含めて8年間に125匹の豹と虎を撃ち殺した」という「大佐」の陰惨な逸話を披露してみせるのだが。ビーフ・シチューをおよばれしに「彼女」の部屋を訪ねた際にも、二人は「動物」の話をする。「テレビは見ない?」「少しだけ見る。昔はよく見たけどね。一番好きなのは名犬ラッシーだったな。もちろん初代のね。」「動物が好きなのね。」「うん。」。

ここで重要なことは、「僕」が動物好きだから生物学を専攻した、ということではなく、生物学を専攻していると他人は動物好きだからだろうと考える、ということの方である。つまりここでも「動物」の話をする／させるために「僕」の専攻が決められているわけだ。そして興味深いことは、こうした夥しい「動物」たちが、大江健三郎の作品のように「人間」との対置や「他人」との峻別の機能を担わされているのではなく、それどころか隠喩とさえ呼べないような、ほとんど空虚で記号的なレトリックとして導入されているということである。実際、この「僕」は「奇妙な仕事」や「死者の奢り」の「僕」と、なんと似て非なることだろうか。「彼女」が旅行から帰ってきて（実際には堕胎手術をしてきたのだが）、「僕」に電話がかかってきて、二人は会う。「港の近くにある小さなレストラン」での「僕」との会話。


「本当のことを聞きたい？」

彼女がそう訊ねた。

「去年ね、牛を解剖したんだ。」

「そう？」

「腹を裂いてみると、胃の中にはひとつかみの草しか入ってはいなかった。僕はその草をビニールの袋に入れて家に持って帰り、机の上に置いた。それでね、何か嫌なことがある度にその草の塊りを眺めてこんな風に考えることにしてるんだ。何故牛はこんなまずそうで惨めなものを何度も何度も大事そうに反芻して食べるんだろうってね。」

彼女は少し笑って唇をすぼめ、しばらく僕の顔を見つめた。

「わかったわ。何も言わない。」

僕は肯いた。


だが、結局「僕」は「彼女」の「本当のこと」を聞くことになるだろう。この「牛」は、単純に「人間」のことであり、また「自己」のことでもある。要するに、村上春樹における「動物」とは、その記号性によって、登場人物や語り手や作者が直截的には言いづらいことを言うための装置、それ以上でも以下でもない。シリアスだったりハードだったりするような「人間」の事情や問題を、多少とも牧歌的に中和するために「動物」のレトリックは使用されている（もっとも牛の胃袋から取り出した草の塊りはちゃんと実在していて、八年後の後日譚である「39」にも描かれる）。

このような村上春樹的「動物」は『風の歌を聴け』に続く第二作の冒頭にも登場する。

理由こそわからなかったけれど、誰もが誰かに対して、あるいはまた世界に対して何かを懸命に伝えたがっていた。それは僕に、段ボール箱にぎっしりと詰め込まれた猿の群れを思わせた。僕はそういった猿たちを一匹ずつ箱から取り出しては丁寧に埃を払い、尻をパンと叩いて草原に放してやった。彼らのその後の行方はわからない。きっと何処かでどんぐりでも齧りながら死滅してしまったのだろう。結局はそういう運命であったのだ。

（『1973年のピンボール』）

周知のように、村上春樹はこのあと、三作目の作品として『羊をめぐる冒険』（一九八二年）を書くことになる。

では「臭い」についてはどうか。『風の歌を聴け』の「動物」たちは無臭である。第一に、それらは基本的にすべてが「喩の獣」なので、臭いとは無縁である。「僕」は「鼠」に頼まれて或る女性に会うことになる。だが当日その時になると「鼠」は「止めた」と言ってミッションはそれきりになり、暇を持て余した二人は「動物園」に行くことにする。だがその後、すぐに章が変わってしまい、動物園での描写が成されることはない。臭気は回避される。

では「臭い」を吹き飛ばすものとして、この小説に導入されている要素とは何か。それはもちろん題名にも記されている「風」である。物語がエンディングに向かう直前、具体的には「彼女」が「旅行」から帰ってくるひとつ前の章は、デレク・ハートフィールドの小説「火星の井戸」にかんするものである。「火星の地表に無数に掘られた底なしの井戸」に潜っていった主人公は、遂に「別の井戸」から再び地上に出てきて、荒野と太陽を眺める。「風の匂い」がする。やがて「風」が語り掛けてくる。「私のことは気にしなくていい。ただの風さ。もし君がそう呼びたければ火星人と呼んでもいい……」。「火星の井戸」の結末は極めてペシミスティックなものである。その後に始まる「彼女」との最後の、場所を変えて続く長いシークエンスでは、「風」は「臭い」ならぬ「匂い」を運んでくる。

夏の香りを感じたのは久し振りだった。潮の香り、遠い汽笛、女の子の肌の手ざわり、ヘヤー・リンスのレモンの匂い、夕暮の風、淡い希望、そして夏の夢……。

だがこのあと「僕」と一緒に自分の部屋に戻った「彼女」はこう言うだろう。「頭の上をね、いつも悪い風が吹いているのよ。」。「僕」は「風向きも変るさ。」と無根拠に励ますことしか出来ない。このように、題名にも冠された「風」は、空気とか雰囲気とか呼ばれるものに似ているが、もう少しだけ具体的で、かたちと感触と匂いを持ち、それでいて曖昧なものである。

「仕事」にかんしては、すでにおおよそ述べたに等しいだろう。「僕」はまだ学生で、今は夏休みで帰省中だ。「鼠」は金持ち嫌いの金持ちの息子である。二人はジェイズ・バーに入り浸っていて、働いてはいない。「彼女」はレコード店でバイトでしているが、冬に「僕」がふたたび街に戻ったときには、とっくに辞めていて、二人は二度と再会することはない。時代が違うと言えばそれまでだが、大江健三郎の主人公と較べても、ここでは生きるためには働かなくてはならないという感覚は希薄である。モラトリアムという言葉を思い出してみてもよいだろう（小此木啓吾のベストセラー『モラトリアム人間の時代』は一九七八年刊）。いつまで続くとも知れない、いつかは終わることがわかっているものの、それがいつかはわかっていないし、わかる必要もさしあたりはない、ぽっかりとした猶予の時間。

あらゆるものは通りすぎる。誰にもそれを捉えることはできない。

僕たちはそんな風にして生きている。

———

四十個の断片から成る『風の歌を聴け』の「38」、物語としては最後のパートの末尾は、このようなものである。次の「39」では、時間は「僕」が語っている現在時へといきなり跳んで、彼は二十九歳になっている。ならば、やはり「猶予の時間」は風のように通りすぎてしまったのだろうか。だが「8年間」という時間が経過しても、「僕」と「鼠」はあまり変わっていないように思える。「僕」は結婚したが、妻との映画館通いのことが書かれているだけで、何をして生計を立てているのかは記されていない。「鼠」は相変わらず小説を書き続けている。ジェイズ・バーは改築して小綺麗な店になった。今も「僕」は夏になると街に戻り、ジェイズ・バーに寄り、あれから一度も逢っていない、消息も知れない「彼女」と歩いた道を辿ってみたりする。

「1970年の8月」から八年後というのだから、すなわち「僕」の現在時とは一九七八年である。そして繰り返しになるが、「僕」の年齢と村上春樹の年齢はほぼ一致している。だが、八年前と「現在」が幾つもの意味で地続きであり、そこに決定的な断層が横たわっているのでも、ごく最近になって何かしら重要な出来事が起こったわけでもないのだとしたら、どうして「僕」は、今になってあの夏のことを小説に書こうと思ったのか。最初に提示しておいた、この問いに、ふたたび私たちは回帰する。

村上春樹が『風の歌を聴け』を書くに至った経緯にかんしては、すでに触れておいた。どうして「僕」はこの小説を書き始めることが出来たのか、という「謎」は、フィクションの外部に、すなわち「現実」に、その理由らしきものを見出すことが可能ではある。しかし、やはりそれだけでは足りない。小説の内部に、この「謎」を考えるための鍵は存在していないのだろうか？

このことが、最後のキーワードである「恥辱」と関連していると、私には思える。先に見たように、大江健三郎の初期小説の若き主人公たちは、明確で苛烈な「恥辱」に打ち震えていた。だが『風の歌を聴け』の「僕」は、機動隊員に叩き折られた歯の跡を見せた「彼女」に「復讐したい？」と問われても、ただ「まさか」と返すだけである。そこに嘘や虚勢は感じられない。つまり「僕」は本気で、我が身を襲った権力の不条理な暴力に怒りを抱き続けることには意味がないと思っている。彼は「恥辱」を感じていないというよりも、そうしたことすべてを達観しているように思えるのだ。ここにあるのは断念というよりも諦念である。重要なことは「僕」が二十一歳の時点で、すでにそういう人間であった、透明な鎧のような諦念を身に纏った人間になっていたということである。では「僕」はそれ以前からずっと、そもそもの最初から、生まれついての達観人間だったのか。

そんなことは、書かれていないのだから、わかるわけがない。ある程度は、おそらくはそうだったのだろう、少なくともそのように考えられるような記述が『風の歌を聴け』には散見される、というのが穏当な回答だろう。実際、空気のような、いや、風のような穏やかなペシミズムとしての諦念は、この小説の至る所に読み取ることが出来るし、それは村上春樹という小説家の作品全般にも言えることかもしれない。だがしかし、だからこそ、最初の一作である『風の歌を聴け』に刻みつけられた達観じみた感覚、その後の作品においても「やれやれ」とも「そういうものだ」といった風に反復的に表明されてゆくことになる諦めの感覚の意味を、もう少しだけ掘り下げてみたいと思うのだ。

一見、かなりランダムに並べられた四十個の断片から構成されている『風の歌を聴け』は、「鼠」のパートと「彼女」のパートを二本の主要なセリーとして有しており、その間に「犬の漫才師」のパートなど、他の断片が挟まっている。私は先に、共に主要な登場人物でありながら、実のところ一度として直接互いに顔を合わせることのない「鼠」と「彼女」は、「ひとつの同じ事柄を二重に語るために召喚されたふたつの存在なのだ」と述べておいた。このことを考えるためには、むしろ「鼠」と「彼女」以外の存在に注目する必要がある。誰もが気になるのは、やはり「僕」が「三人目に寝た女の子」だろう。順番に述べると、まず「最初の女の子」は高校の同級生で、卒業後まもなく別れて、それきり会っていない。「二人目の相手」は「新宿で最も激しいデモが吹き荒れた夜」に拾った十六歳で「嫌な奴」の一言を残して消えた。そして「三人目」とは、「僕」のペニスを「あなたのレーゾン・デートゥル」と呼び「春休みにテニス・コートの脇にあるみすぼらしい雑木林の中で首を吊って死んだ」女の子である。次の「26」の断片は、彼女についての記述となっている。

彼女は真剣に（冗談ではなく）、私が大学に入ったのは天の啓示を受けるためよ、と言った。それは朝の4時前で、僕たちは裸でベッドの中にいた。僕は天の啓示とはどんなものなのかと訊ねてみた。

「わかるわけないでしょ。」と彼女は言ったが、少し後でこう付け加えた。

「でもそれは天使の羽根みたいに空から降りてくるの。」


この一節はもちろん、村上春樹が『職業としての小説家』などで度々語っている、あの「エピファニー」の経験をすぐさま想起させる（「それは空から何かがひらひらとゆっくり落ちてきて、それを両手でうまく受け止められたような気分でした」）。だが彼女には、啓示はおそらく訪れなかった。そしてある日、彼女は自ら死を選んだ。「何故彼女が死んだのかは誰にもわからない。彼女自身にもわかっていたのかどうかさえ怪しいものだ、と僕は思う。」というのが「26」の末尾である。残酷な書き方に思えるが、実際「僕」は彼女に残酷であろうとしている。より精確に言えば、「僕」は彼女の死にかんして冷淡であろうと務めている。

周知のように、この名前のない女の子は、次作『1973年のピンボール』（一九八〇年）に

「直子」という名前を与えられて再登場し（彼女はやはり死亡している）、更に『ノルウェイの森』（一九八七年）でも「直子」の死があらためて物語られることになるだろう。「三人目の女の子」が「直子」のプロトタイプであることは現時点からすれば誰の目にも明らかだが、となれば、ここで問うべきは、では「彼女」は何のために存在しているのか、ということではないだろうか。『風の歌を聴け』のヒロインというべきは「彼女」である。「彼女」と「三人目の女の子」は、どのように関係しているのか、いないのか？

ここで先にも引いた「21」の断片を、もう一度、丸々引用しておきたい。

三人目のガール・フレンドが死んだ半月後、僕はミシュレの「魔女」を読んでいた。優れた本だ。そこにこんな一節があった。

「ロレーヌ地方のすぐれた裁判官レミーは八百の魔女を焼いたが、この『恐怖政治』について勝ち誇っている。彼は言う、『わたしの正義はあまりにあまねきため、先日捕えられた十六名はひとが手をくだすのを待たず、まずみずからくびれてしまったほどである。』」（篠田浩一郎・訳）

私の正義はあまりにあまねきため、というところがなんともいえず良い。

——

この、一読する限りでは引用メインの文字通りの断片に過ぎないかに思われる数行は、さも意味ありげであるがゆえに、むしろそこに大した意味などないのだと断じてしまいたくなるのだが、だがそれでもやはり、この「私の正義はあまりにあまねきため、というところがなんともいえず良い」という「僕」の述懐は重要である。「なんともいえず良い」というのが一種の反語であるとしても、「僕」がミシュレの記述のこの部分に何らかの意味で感じ入ったことは確かである。そしてそれはやはり「三人目」の自死にかかわっている。と同時にそれは「彼女」の物語にもかかわっているのだ。そう私には思える。それは、どういうことなのか?

だが、ここで話をまたもやずらさなくてはならない。「犬の漫才師」のことである。あたかも物語を滑らかに進めるためのコメディ・リリーフとして登用されているかにも思われるこの声だけのラジオ・パーソナリティーは、たまたま番組内で電話を掛けた「僕」を怒らせて「犬の漫才師」という不名誉な渾名を頂戴するのだが、「お母さん……」という一言を最後に「彼女」が物語から姿を消す「36」の次のパート、夏休みが終わって「僕」が東京に戻る、物語のとりあえずの最後に当たる「38」の前のパートである「37」は、丸ごと彼の番組でのひとり語りとなっている。そこで「犬の漫才師」は、次のような内容の一通の手紙を紹介する。

手紙の送り主は十七歳の女の子で、脊椎の神経の病気ですでに三年間も入院生活を送っている。彼女の病いは重く、本も読めず、テレビも見れず、散歩も出来ず、ベッドに起き上がることも、寝返りを打つことさえも出来ない。だからこの手紙は付き添いの姉に書いてもらっている。姉は看病のために大学を退学した。彼女の病気が回復する可能性は三%ほど、これは素敵な担当医によると「新人投手がジャイアンツを相手にノーヒット・ノーランをやるよりは簡単だけど、完封するよりは少し難しい程度」であるという。

病院の窓からは港が見えます。毎朝私はベッドから起き上がって港まで歩き、海の香りを胸いっぱいに吸いこめたら……と想像します。もし、たった一度でもいいからそうすることができたとしたら、世の中が何故こんな風に成り立っているのかわかるかもしれない。そんな気がします。そしてほんの少しでもそれが理解できたとしたら、ベッドの上で一生を終えたとしても耐えることができるかもしれない。

「犬の漫才師」は手紙を読み上げたあと、話し始める。昨日の夕方、この手紙を受け取って読んでから、港まで歩いてみた。山の方にはたくさんの灯りが見えたが、どれが手紙の主が入院している病院のものかはわからない。「実にいろんな人がそれぞれに生きてたんだ」と彼は思う。「そんな風に感じたのは初めてだった。そう思うとね、急に涙が出てきた。泣いたのは本当に久し振りだった」。そして、こう続ける。

でもね、いいかい、君に同情して泣いたわけじゃないんだ。僕の言いたいのはこういうことなんだ。一度しか言わないからよく聞いておくれよ。

僕は・君たちが・好きだ。

あと10年も経って、この番組や僕のかけたレコードや、そして僕のことをまだ覚えていてくれたら、僕のいま言ったことも思い出してくれ。

そして彼は、手紙の少女がリクエストしたエルヴィス・プレスリーの「グッド・ラック・

チャーム」をこれからかけて、その後はまたいつものように「犬の漫才師」に戻ると、ラジオの向こう側に居るだろう彼女と、その他のリスナーたちに告げる。

初読の際、私は自分がここまで読んで、いったい何を感じたのか、まったく覚えていない。おそらく感動したのではあるまいか。あざといとは思いつつ、ゴチック体の「**僕は・君たちが・好きだ。**」には、結構やられてしまったのではないかと思う。だが、いまあらためて読むと、率直に言って、このフレーズは醜悪だと思う。いやむしろ、こんなことを放送で言ってのける「犬の漫才師」は、端的に醜悪な人物として描かれているのだと、私には思える。番組中に彼から電話がかかってきた際、「僕」はやりとりをしている内に「突然腹が立ち始め」たのだった。このエピソードが語っていることは、軽佻浮薄な「犬の漫才師」が最後の最後に良いところを見せるということではない。そうではなく、「犬の漫才師」は詰まるところ「犬の漫才師」でしかなかった（犬に失礼だが）ということなのだ。

私たちはここで『風の歌を聴け』という小説の二重の二重性を思い出さなくてはならない。第一の二重性は、この小説が、一九七〇年の出来事を一九七八年の視点から物語っている、という時制の二重性であり、第二の二重性とは、『風の歌を聴け』の作者は紛れもなく村上春樹だが、それと寸分違わず重なった、おそらくは「風の歌を聴け」と題された「小説」を書いたのは「僕」であるという叙述の二重性である。ということはつまり、「21」の断片を書いたのも、「37」の断片を書いたのも、フィクションの枠内においては、他でもない「僕」ということであり、しかもそれは出来事から八年間もの時間が過ぎてから、ようやく為されている（と書かれている）ということである。従って、そこには「僕」にとって何らかの必然性が、それらの断片が、どうしてもこの「小説」には必要であり、尚かつその箇所に置かれていなくてはならないという抜き差しならない理由が、どこかに存在しているということではないか。『風の歌を聴け』が単なる一人称小説ではなく、一人称によって、一人称の主体自身を登場人物のひとり（主人公）として書かれた「小説」という形式になっている以上、当然そういうことになる。

「三人目の女の子」にかかわる断片は「19」「21」「23」「26」「34」である。ここまで言及していなかった「34」は本筋とは別にたびたび引用される人気の高い断片で、「僕」の「嘘」にかかわるエピソードである。


「ねえ、私を愛してる？」

「もちろん。」

「結婚したい？」

「今、すぐに？」

「いつか……もっと先によ。」

「もちろん結婚したい。」

「でも私が訊ねるまでそんなこと一言だって言わなかったわ。」

「言い忘れてたんだ。」

「……子供は何人欲しい?」

「3人。」

「男? 女?」

「女が2人に男が1人。」

彼女はコーヒーで口の中のパンを嚙み下してからじっと僕の顔を見た。


「**嘘つき!**」


と彼女は言った。

しかし彼女は間違っている。僕はひとつしか嘘をつかなかった。


はっきりと書かれてはいないが、この彼女が自死した「三人目の女の子」であることは明白である。この会話が交わされたのは「去年の秋」で、「僕と僕のガール・フレンドは裸でベッドの中にもぐり込んでいた」というのだから、「僕」がこれまでにセックスしたのは三人だけという証言を考え合わせると、そうとしか考えられない。

だが、そうすると「三人目の女の子」が「大学の図書館で知り合った仏文科の女子学生だったが、彼女は翌年の春休みにテニス・コートの脇にあるみすぼらしい雑木林の中で首を吊って死んだ」という「19」の記述には、ひとつのトリックが仕掛けられていたことがわかる。時間軸を縒り合わせてみると、「三人目」が自死した「翌年の春休み」とは、明らかに「今年の春休み」ということになるからだ。つまり「三人目」が自ら縊れ果ててから、実際にはまだわずか数ヶ月しか経っていない。この事実は、しばしば指摘されてきたことであり、謎解き的にこの作品を読む際の重要なファクターとして扱われることが多い。確かにここから「僕」の人非人的な裏の顔を引き出すことは十分に可能である。しかし、彼女の自死が「僕」のせいである、という推理が正しいのか否かということは大した問題ではない。何故ならば、こんな見え見えのトリックを敢えて潜ませてみせたのも、この小説を書いた（とされる）「僕」以外には居ないからだ。注意深い読者が、いや、大方の読者が、このトリックに気づかない筈はない。少なくともそういう前提で、この「小説」の書き手である「僕」は、故意にこのような仕掛けを施しているのだと考えるべきだろう。

ところで、この小説の重要な女性登場人物は、「彼女」と「三人目の女の子」と、実はもうひとり居る。それは「僕」にビーチボーイズの「カリフォルニア・ガールズ」をプレゼントした女の子だ。「犬の漫才師」との会話によって「僕」が思い出すのは、五年ほど前に「修学旅行の時に落としたコンタクト・レンズを捜してあげて、そのお礼にレコードを貸してくれた」女子のことである。「僕」はその元同級生の名前さえ思い出す。だが、そのレコードは借りたままで、しかも失くしてしまった。「犬の漫才師」はラジオの向こうの彼女に「ねえ、彼がレコードを買って返してくれるそうだ。よかったね」と言う。そこで「僕」は三日間、元同級生の連絡先を捜し続けるのだが、なかなか辿り着けない。やっと彼女が進んだ大学が判明し、「僕」は電話で問い合わせをする。

事務員は調べておくので15分後にもう一度電話を頂けないか、と言った。僕がビールを一本飲んでから電話をかけると、事務員は彼女は今年の3月に退学届けを出したと教えてくれた。理由は病気の療養です、と彼は言ったが、何の病気なのか、今ではサラダを食べられるほどに回復しているのか、そして何故休学届けではなく退学届けだったのか、といったことについては何も知らなかった。

なぜ「犬の漫才師」に訊ねないのか、という疑問は残るものの、結局、彼女の行方はわからぬままになる。しかしこの元同級生は、ただ単に「僕」と「犬の漫才師」を関係づけるため(「犬の漫才師」をこの小説に召喚するため)、そして「僕」に「カリフォルニア・ガールズ」のレコードを買いに行かせて「彼女」と再会させるため、それだけのために存在しているのではない。彼女が「病気」を理由に大学を辞めていたこと、現在の居場所が杳として知れないということは、重大な意味を持っていると私には思える。

彼女は、彼女以外の女たち、すなわち「彼女」と「三人目の女の子」、それに「犬の漫才師」をシリアスにさせる十七歳の寝たきりの少女、それら「女の子」たち全員の交叉点として、物語に導入されているのだ。いや、もっと大胆に言ってしまうなら、この小説に出てくる女性(に限らないと私は思っているのだが)の登場人物たちは、実のところほとんど同一人物なのではないかと、私は疑っているのである。妙に謎めいた言及をされたきり文字通り消えてしまう「カリフォルニア・ガールズ」の元同級生は、その真実を示唆しているのだ。

もちろん、文字通りの同一人物ということではない。だが、「女の子」たちもまた、直接的な接点のない独立した存在として、この「小説」で描かれていることは事実である。つまり彼女たちは、ひとつの事柄を多重に語るために召喚された複数の存在なのだ。「女の子」たちは、互いに少しずつ似かよっている。私が言いたいことは、彼女たちの誰かが実在していて、誰かがその影であるとか、そういうことではない。彼女たちは全員でひとりのヒロインを表現していると言いたいのだ。逆に言えば、「僕」はひとりのヒロインを複数の「女の子たち」に分散させることで、この「小説」を書いた。その内の誰もオリジナルではなく（「三人目の女の子」でさえも）、というよりもオリジナルはどこにも存在してはいない。より精確に述べれば、オリジナル（モデル）を探すことには意味がない。「カリフォルニア・ガールズ」の元同級生が見つからなかったように、この物語の真のヒロインはけっして見つかりはしないだろう。そして、このことはおそらく「女の子たち」には留まらない。

そもそも「僕は時折嘘をつく」と自ら告白している「僕」が書いていることを、そのまま事実だと信じることなど出来はしない。むしろこう考えるべきなのではないか。あれから「8年間」が過ぎて、ようやく「今、僕は語ろうと思う」という一言とともに開始された『風の歌を聴け』、いや「風の歌を聴け」という「小説」は、ほとんど全部が嘘なのだと。これは「今、僕は語ろうと思う」と「僕」が思った、その時点から八年前に実際に「僕」が体験した一連の出来事を回想した物語なのではなく、たとえ何かしらの事実がそれが書かれる動機に、少なくともその一部になっているのだとしても、そこで語られていることのほとんどは全くの作り事、フィクションなのだと。

断わっておくが、村上春樹の『風の歌を聴け』が自伝や回想記ではなく純然たるフィクションである、ということを述べているのではない。それは当たり前である。そうではなくて、私は「僕」が「僕」という主人公の周囲、彼の過去と現在に幾つもの虚構を張り巡らせて書いたのが、「僕」が書いたということになっている、この「小説」だと言っているのである。そうとでも考えなくては、この小説の極端な断片性や、各々の挿話の曖昧さ、それにもかかわらずそれらが相互にやたらと照応し合うさまを説明することは出来ない。

「今、僕は語ろうと思う」と勇ましく宣言した後、「僕」はこう続ける。

> もちろん問題は何ひとつ解決してはいないし、語り終えた時点でもあるいは事態は全く同じということになるかもしれない。結局のところ、文章を書くことは自己療養の手段ではなく、自己療養へのささやかな試みにしか過ぎないからだ。
> しかし、正直に語ることはひどくむずかしい。僕が正直になろうとすればするほど、正確な言葉は闇の奥深くへと沈みこんでいく。

だから彼は「正直に語ること」を諦めて、そうすることによってのみ書き始めることが出来たのだ、そう考えるべきだと思う。

「僕」だけが存在している。「鼠」は存在しなかった。「彼女」も存在しなかった。「三人目の女の子」さえ、そのままの姿では存在していなかった。「犬の漫才師」も、病床の十七歳の女の子も、「カリフォルニア・ガールズ」の元同級生も、ジェイズ・バーのジェイも、誰も存在などしてはおらず、ただ彼ら彼女らを書いている「僕」だけが居る。何故なら「僕」には、そうしなければ語ることが、語り出すことが、書き始めることが出来なかったから。どうしてか、そうでなければこのすべてを始めることが許されていなかったから。デレク・ハートフィールドと同じく、この「小説」の登場人物たちは皆が皆、虚構の存在なのだと考えてみること。繰り返すがそれは、そんなことは誰だってそうである、という常識とはまったく別のことである。

「私の正義はあまりにあまねきため」に、魔女は「みずからくびれてしまった」というミシュレの記述は、「三人目の女の子」についての謎解きを踏まえるならば、「僕」の（無意識であるかもしれない／無意識を装われた？）酷薄さを暴き立てているとも考えられるが、しかしエゴイスティックなのは、この言葉を「なんともいえず良い」と思う「僕」ではない。そう書くことの出来る「僕」の方である。問題は「本当のこと」が何だったか、ではない。そんなことは誰にもわからない。というよりも、そんなものはない。ただ、すべてが、ほとんどのことが虚構であったとしても、それをそのように書くしかなかった「僕」という「作者」の存在だけは残る。なぜなら「小説」はこうして存在しているのだからだ。『風の歌を聴け』で最も感動的なことは、他ならぬこの小説が書かれたという事実である。村上春樹はこのデビュー作で、現実によく似た、だが現実とは異なる、ひとつの虚構を創出した。そこは穏やかに寂れた動物園のような空間で、仕事を持たない人間たちが、悟り切ったような諦めの表情を浮かべながら、風に吹かれている。

『風の歌を聴け』は、第八十一回芥川龍之介賞の候補に挙げられたが、落選した。それ以後、村上春樹が芥川賞を射止めることは、結局なかった。選考委員のひとり、大江健三郎の選評はこうである。

> 今日のアメリカ小説をたくみに模倣した作品もあったが、それが作者をかれ独自の創造に向けて訓練する、そのような方向付けにないのが、作者自身にも読み手にも無益な試みのように感じられた。

実に手厳しい評で、名前さえ記されていないことにも驚かされるが、しかし大江は間違っていた。ここには「かれ独自の創造」と呼ぶべきものが、確かに刻印されている。それは表面的な「今日のアメリカ小説をたくみに模倣」云々といったものではない。『風の歌を聴け』が極めて重要な意味を持つのは、この第一作における「僕が「僕の物語」として虚構の物語を書く」というあからさまにフィクショナルな方法によって、これに続く村上作品の「僕」たち全員の中に、私たち読者が常に必ず「書く僕」と「書かれる僕」を同時に読み取らざるを得なくなってしまったからである。

　言うまでもないことだが、この二人の「僕」は、実際にはひとりである。だが重要なことは、この「僕」という存在が二重に分裂しているという点にあるのではない。二重に見えている存在が、ほんとうはひとりであるということの方なのだ。そして、このような「書く僕」と「書かれる僕」の関係は、そのまま「村上春樹」と「僕」の関係にスライドされる。『風の歌を聴け』という小説を書いた村上春樹と、彼によって書かれた「僕」という語り手＝主人公。その他は、誰も彼も「登場人物」に過ぎない。必要さえあれば、彼はいつでもこう言ってみせるだろう。「**僕は・君たちが・好きだ**」と。

凡庸ならざる肖像画家の肖像

村上春樹『騎士団長殺し』

何もないものをいったいどのように造形すればいいのだろう？

『騎士団長殺し』を読み始めて、最初に気になったのは、「これは一体いつの話なのか？」ということだった。その答えは小説の終わり近くになってようやく与えられるのだが、それがわかったとき、やはりそうか、そういうことかと、暫しの衝撃の後、すぐさま深く納得したのは私だけではあるまい。この小説が要するにどういう作品なのかを考えてみようとする時、最終的な、もっとも重要な、と言っていい問題は、疑いなくこのことだ。だがもちろん、そこに辿り着くまでには、それなりの道筋が必要となる。

『騎士団長殺し』を読み終えて、最初に思ったことは、これは村上春樹自身による「村上春樹論」だ、ということだった。彼の小説はしばしば謎に満ちているといわれる。解けない謎、解かれないままで終わる謎また謎に。それゆえに読者や評論家は謎を解こうと躍起になり、作家論、作品論の類いも謎解きに終始することが多い。この小説で村上春樹は自らそれをやってみせている。だが、それは書いた本人が謎また謎の正解を披露しているということではない。そうではなく、なぜ村上春樹の小説にはかくも夥《おびただ》しく謎が犇《ひし》めいているのか、なぜ彼の小説はそれを読む者に、きわめて面倒な、しばしば徒労でさえあるだろう謎解きを要求するのか、という根本的な謎への少なくともひとつの答えが、作家当人から語られているのだ。つまりこれは、過去の村上春樹の作品と同じように「謎の小説」であるだけではなく、おそらく彼が初めて書いた「謎解きについての小説」なのである。どういうことか。だがもちろん、この話をするためには幾つか踏まなくてはならないステップがある。

では始めよう。第1部には「顕れるイデア編」という副題が附されている。きわめて謎めいている、と言ってよいだろう「プロローグ」に続いて、第1章が開始される。最初の一文は「その年の五月から翌年の初めにかけて、私は狭い谷間の入り口近くの山の上に住んでいた」。この小説は長さがまちまちな六十四の章から成っているが（第1部と第2部はそれぞれ三十二章）、この最初の章において、これから物語られることの大枠はあらかじめ示される。右の文章では期間が示された。つまりそれはおよそ九ヶ月ほどの出来事である。少し後には起こったことの説明もある。「その当時、私と妻は結婚生活をいったん解消しており、正式な離婚届に署名捺印もしたのだが、そのあといろいろあって、結局もう一度結婚生活をやり直すことになった」。おそらく「そのあといろいろあって」の「いろいろ」が語られていくのだろうと読者は容易に予想することが出来る。そして実際そうなのだ。最後まで読めばわかることだが、右の一文はこの小説の筋の或る角度からのもっともミニマムな要約となっている。

しかしこの「私」と名乗る語り手は、すぐさまいささか不穏なことを書き付ける。「私の人生は基本的には、穏やかで整合的でおおむね理屈の通ったものとして機能してきた。ただこの九ヶ月ほどに限っていえば、それはどうにも説明のつかない混乱状態に陥っていたということだ。その期間は私にとってあらゆる意味合いにおいて例外的な、普通ではない期間だった」。ここからわかることは、たとえその九ヶ月がいかに「例外的な、普通ではない期間だった」のだとしても、その期間はすでに過ぎ去っており、その後ふたたび「私」の人生は「穏やかで整合的でおおむね理屈の通ったもの」へと戻り、いま「私」はその時点から語っているのだということである。「私は今から何年か前に起こった一連の出来事の記憶を辿りながら、この文章を書き記している」。

だが、その作業はかなり困難なものになりそうだ。何しろ「この時期のできごとを思い返そうとするやいなや「ものごとの軽重や遠近や繋がり具合が往々にして揺らぎ、不確かなものになって」しまったり「ほんの少し目を離した隙に論理の順序が素早く入れ替わってしまう」というのだから。普段なら小説にこんなことを言い出す語り手が出てきた場合、いわゆる「信頼出来ない語り手」という手口を警戒してしまうものだが、これはミステリではなく村上春樹の小説なので、たぶん叙述トリック的な罠への心配は要らないだろうと読者は思う。そしてそれはその通りなのだが、それとはまったく別の意味で、「私」によるこのいかにも意味ありげな予告には隠された意味がある。だがそれもまだ述べるわけにはいかない。

村上春樹の過去の小説を読んできた者ならば、『騎士団長殺し』を読みながら幾度となく既視感に襲われるに違いない。そもそも彼は同様のモチーフやよく似た設定を繰り返し採用してきた作家だが、とりわけ今回は物語の展開から登場人物のキャラクタライゼーション、エピソードの細部に至るまで、いかにも村上春樹的な要素があからさまにちりばめられており、それらをいちいち挙げてみることはしないが、それはまるで「村上春樹の小説」の二次創作のようでさえある。少なからぬ読者が「いつもと同じ」だと思うだろうことは想像に難くない(「私」は「ぼくは昔からだいたい同じようなことをしてきたんだ」と言う)。しかしもちろん、そうであるならば、いったいなぜそうなのか、を考えてみなくてはならない。なぜ『騎士団長殺し』は、これほどまでに「村上春樹」を反復しているのか?

このことを考えてみるに当たって、ひとつの鍵となるのは、『騎士団長殺し』が、長編としては前作に当たる『色彩を持たない多崎つくると、彼の巡礼の年』(二〇一三年)と非常に深い関係を持っているということだ。分量的には『騎士団長殺し』の半分にも満たないあの小ぶりな長編には、約四年後の長大な新作と幾つかの明らかな共通項がある。

まず何よりも第一に『騎士団長殺し』の「私」と「多崎つくる」が、ともに物語開始時点で「三十六歳」であるということ。よく知られているように、村上春樹の短編「プールサイド」（一九八三年）に端を発する「三十五歳問題」というものがある。同作は三十五歳を迎えた主人公が、この年齢を「人生の折りかえし点」だとして、あれこれくよくよ考える、というものので、さまざまな論議を生んだ。村上春樹は一九四九年生まれ、この小説の発表時、三十四歳だった。彼は一年後に迫った「人生の折りかえし点」を見据えて「プールサイド」を書いたわけである。

つまり「三十六歳」とは「人生の折りかえし点」を越えた最初の年である。『多崎つくる』の発表時、村上春樹は六十四歳。作家が三十歳も年を取っているのに、主人公はたった一歳しか老けていない。だが、この「三十五歳＋一歳＝三十六歳」には間違いなく重大な意味が込められている。ちなみに二つの長編の間に位置する短編集『女のいない男たち』（二〇一四年）所収の作品「イエスタデイ」の「僕」も、おそらく三十六歳である。

『騎士団長殺し』と『多崎つくる』の、もうひとつの明確な共通点は、言うまでもなく、前者の最重要人物「免色渉《めんしきわたる》」のネーミングである。「色彩を持たない」と「色を免れる」。これほど歴然とした繋がりがあるだろうか。だが「免色渉」と「多崎つくる」は一見全くと言っていいほど似ていないし、「多崎つくる」と年齢が同じなのは「私」である。人物像としては『女のいない男たち』所収の短編「独立器官」に出てくる医師「渡会《とかい》」の方が「免色渉」に近い。

だが、それでもやはり、ここには『多崎つくる』から『騎士団長殺し』に受け継がれた何かが示されていると考えるべきだろう。ならばそれは何なのか？　この問いに答えるのもまだ早い。ただひとつだけ述べておくならば、「色を免れる」という名の人物は、じつは「色彩を持たない」わけではない。免色は「積もりたての処女雪のように純白」の「軽くウェーブのかかった豊富な髪」をしており、「ただ白いだけではない。真っ白なのだ」と形容されるシャツを着て、大きな白い屋敷に住んでいる。つまり彼の色彩は「白」である。『多崎つくる』には「白根柚木《しらねゆずき》＝シロ」という登場人物が居た。免色と逢った後、「私」は「白さも色のうちなんだ」と意味もなく思う。「決して色が失われているわけではない」のだと。この点において「免色渉」と「多崎つくる」は異なっている。しかしだとすれば尚更、ではなぜ「免色渉」は「色を免れる」という名前を持たされているのか、という問いが生じることになる。

『騎士団長殺し』は「絵画」それも「肖像画」をめぐる小説である。学生時代は抽象画を描いていた「私」は現在三十六歳。プロの肖像画家として地味ではあるが安定した収入を得てきたが、妻に突然別れを持ち出されたのをきっかけに、その仕事を辞めることを決意する。そして美大時代からの友人「雨田《あまだ》政彦」に、彼の父親の高名な日本画家「雨田具彦《ともひこ》」が長年独りで住んでいたが高齢の具彦が養護施設に入ることになったため空き家になっているという小田原の家を紹介され、「狭い谷間の入り口近くの山の上」に位置するその家に住むことにする。移り住んでまもなく、偶然に（だがもちろん「偶然」などというものはない）「私」が屋根裏に隠されていた雨田具彦の未発表の作品『騎士団長殺し』を発見したことから奇妙な出来事が多発してゆく。

この小説の中で「私」は何枚かの「肖像画」を描く。『免色渉の肖像』『秋川まりえの肖像』『白いスバル・フォレスターの男』『雑木林の中の穴』。最後は風景画だが、明らかに「私」は一種の「肖像画」として描いている。免色はまりえを自分の娘かもしれないと考えており、彼女が通う絵画教室の教師である「私」を介してまりえと彼女の叔母「秋川笙子《しょうこ》」に近づく。「白いスバル・フォレスターの男」は「私」が雨田具彦の家に住むことになる以前、妻に別れを切り出されたショックの覚めやらぬまま家を出て車で北海道から東北地方を経巡っていた際に体験した異常な出来事――宮城県の海岸沿いの小さな町で見ず知らずの女性に突然声を掛けられた「私」は、事情の分からぬまま彼女の逃亡（？）を手伝わされ、ラブホテルで情交を結ぶ。その女との行為を通して、「私」は自分に暴力的な、嗜虐的な欲望が隠されていることに気づかされる。この時「私」は二度にわたって「白いスバル・フォレスターの男」を目撃し、その男がこの件に深く関係していると思い込む――以来「私」の心の奥に巣食ってしまった不気味な存在である。その後も男は何度も「私」の目の前に、記憶の中に、想念の中に、忌まわしい幻のように現われては、繰り返し「おまえがどこで何をしていたかおれにはちゃんとわかっているぞ」と呪文のように告げる。『白いスバル・フォレスターの男』は描いていく内に肖像画とは呼べないものに変貌していくのだが、秋川まりえは絵の奥にその男の姿が見えると言う。『雑木林の中の穴』は「私」と免色が不思議な鈴の音の導きによって雨田具彦の家近くの雑木林の裏手で発見した「穴」、誰が何のために造ったのかわからない、直径二メートル足らず、深さ二メートル半ほどの円形の石室であり、小説のクライマックスでは時空を越えた超常的な役割を果たすことになる。

このように「私」が作中で描く四枚の「肖像画」を説明することが、そのままこの小説の複雑きわまる物語を素描することになるわけだが、これら全部の向こう側には『騎士団長殺し』という一幅の日本画が鎮座している。それは雨田具彦の世間に知られた作風からは懸け離れた異様な絵である。そこに描かれているのは五人の人物だ。「二人の男が重そうな古代の剣を手に争っている。それはどうやら個人的な果たし合いのように見える。争っているのは、一人の若い男と、一人の年老いた男だ。若い男が、剣を年上の男の胸に深く突き立てている」。それから、眼前の光景にひどく驚き、悲鳴を上げようとしているかに見える若い女性と、片手に帳面のようなものを持った、やはりひどく驚いた表情の若い男が描かれている。そして最後に、画面の左下に「地面についた蓋を半ば押し開けて、そこから首をのぞかせて」いる男がいる。「彼は曲がった茄子のような、異様に細長い顔をしていた。そしてその顔中が黒い鬚だらけで、髪は長くもつれていた」。他の四人の人物とはまるで異なった雰囲気の男の存在は、絵の全体の構図を崩しているようにも見える。「私」はこの男を「顔なが」と名付ける。物語の後半、実際に「私」は「顔なが」と出会うことになる。

いや、それ以前に「私」は、この絵の中で剣を胸に突き立てられている年老いた男と同じ服装を身に纏い、同じ顔をした、だが身長が六十センチほどしかない人物（？）と出会う。それは「私」のことを「諸君」と呼び、奇妙な喋り方をする。そしてこう言う。「『騎士団長殺し』から『殺し』を抜いたのが、このあたしだ。もし呼び名が必要であるなら、騎士団長と呼んでくれてかまわない」。そして「騎士団長」は自分の正体（？）は「イデア」であると告げるのだが、そこに向かう前に「肖像画」にかんして言っておくべきことがある。

読者がうすうす勘づくのは、「私」が次々と描いていく幾葉かの「肖像画」が、何らかの仕方で『騎士団長殺し』という絵と関係（対応？）しているらしい、ということである。だが、そこに説得力を帯びた解釈を見出そうとすると、まさに「謎解き」の罠に嵌まることになる。敢えてそちらには赴かず、考えの方向を逆向きにしてみる必要がある。すなわち「私」が描かない／描けない「肖像画」とは何か？　そのひとつは最初からはっきりしている。謎めいた「プロローグ」に記されていたように、それは「顔のない男」の「肖像画」だ。「顔のない男」は物語の終盤に登場し、ごく短い出番だがきわめて重要な役割を果たす。その際に「私」は彼の「肖像画」を描く約束をするのだが、しかし「顔のない男」をどうやって描いたらいいのか「私」にはわからない。「なにしろそこにあるのはただの無なのだ。何もないものをいったいどのように造形すればいいのだろう？」。「私」にはどうしても「顔のない男」の「肖像画」を描くことが出来ない。

そしてもうひとつ「私」が描けない／描かない「肖像画」がある。それは他ならぬ「私」自身の「肖像画」だ。物語が始まって間もなく「私」はドライブインの洗面所の鏡に映った自分の姿を見る。「おれはこれからどこに行こうとしているのだろう、とその自分自身の像を見ながら、私は思った。というかその前に、おれはいったいどこに来てしまったのだろう？ ここはいったいどこなんだ？ いや、そのもっと前に、いったい俺は誰なんだ？」。「私」はひどく混乱している。そしてこう続く。「鏡に映った自分を見ながら、私は自分自身の肖像画を描いてみることを考えた。もし仮に描くとしたら、いったいどんな自分自身を描くことになるだろう？ おれは自分自身に対して愛情みたいなものをひとかけらでも抱くことができるだろうか？ そこに何かしらきらりと光るものを、たったひとつでもいいから見いだせるだろうか？」。しかし「私」が自分自身の「肖像画」を描くことはない。少なくとも「絵画」というかたちでは。

　第2部の副題は「遷ろうメタファー編」である。すなわち「イデア」と「メタファー」こそ、この小説を統べる二つのキーワードである。タイトルが公表された時から、この二語のチョイスは余りにもベタなのでは？ と至って評判がよくなかったわけだが、小説を読み通せばそこには紛れもない必然性があることがわかる。まずは「イデア」から考えてゆこう。「あたしはただのイデアだ」と「騎士団長」は言う。しかしこの「イデア」は絵の中の人物の姿となって「私」の前に現われて、したり顔で蘊蓄《うんちく》を述べたり、「私」と人妻のガールフレンドの性交を観察したりするばかりか、物語の後半では免色の屋敷から出られなくなった秋川まりえに会いに行くし（この小説で「騎士団長」を見るのは「私」と彼女、そして雨田具彦だけである）、最後には「私」に『騎士団長殺し』という絵を再現させる、すなわち「私」に「騎士団長」である自分を剣で刺し殺させることで、秋川まりえを救おうとする。彼（？）はおよそ「イデア」という語の本来の意味からは甚だしく逸脱した存在と言っていい。

なぜ「私」が「騎士団長」を殺すことが秋川まりえの危機を救うことになるのか。「諸君がここであたしを殺す。あたしを抹殺する。そのことによって引き起こされる一連のリアクションが、諸君を結果的にその少女の居場所に導くであろうということだ」と「騎士団長＝イデア」は言う。「われらはあの絵画の寓意の核心をここに再現し、〈顔なが〉を引っ張り出すのだよ。ここに、この部屋に連れ出すのだ。そしてそうすることによって、諸君は秋川まりえを取り戻す」。「私」には意味がわからない。だがひとつの推論をすることは出来る。このやりとりは雨田具彦が眠る養護施設の部屋で行われる。雨田政彦に連れられて「私」は容態が良くないという具彦に会いに来た。もっとも老画家はすでにかなり前から息子と他人の判別も出来ない状態にある。部屋に入ると間もなく政彦は携帯電話を片手に外に出ていく。そこに「騎士団長」が出現し、政彦は仕事の電話で長く戻ってこないと「私」に告げる。それから暫しの対話の後、騎士団長は「私」に自分を殺せとアドバイスする。つまり、この場には「私」と「騎士団長」と雨田具彦がいる。『騎士団長殺し』に当て嵌めてみれば、若い男が「私」、年老いた男が「騎士団長」なのだから、当然、雨田具彦は、殺しの現場を目撃して驚愕の表情を浮かべた

「片手に帳面のようなものを持った」もうひとりの若い男ということになるだろう。実際、いつのまにか雨田具彦は目を見開いて騎士団長を凝視している。「私」が騎士団長を刺殺し、あたりが血塗れになると、部屋の隅に忽然と「顔なが」が現れる。その後「私」は「顔なが」を強制して彼が出てきた部屋にいつのまにか出現していた四角い蓋の底に入っていき、この小説でもっとも非現実的な、クライマックスと呼んでよい場面が始まる。この一連の出来事が『騎士団長殺し』を再現しようとしているのだとして、あとひとつだけ欠けているピースは、若い男が年老いた男を殺めているのを見てひどく驚いている「若い女性」である。それが、この状況では「秋川まりえ」なのだ。『騎士団長殺し』の活人画を完成させるために、何かが「私」を彼女のもとに送り込むのである。

このように考えてみると、雨田具彦が人知れず描き、誰にも見せずに屋根裏に秘匿していた『騎士団長殺し』という絵にも、或る解釈が与えられることになる。物語の進捗の中で何段階かに分けて「私」が知ることになるのは、その絵が雨田具彦が青年期にウィーンで体験した或る特異な出来事に根ざしているらしい（「らしい」というのは何もかもが最後まで推測の域を出ないからだが）ということだ。もともとモダニズム風の洋画を描いていた雨田具彦は東京美術学校（後の東京藝術大学）を卒業後、一九三六年にウィーンに留学したが、一九三八年にナチス・ドイツにオーストリアが併合され（「アンシュルス」）、第二次世界大戦が始まる直前の一九三九年初めに彼は日本に帰国する。日本の真珠湾攻撃は一九四一年。戦争が始まると具彦は東京から実家のある熊本の阿蘇に引きこもり、そのままそこで終戦を迎える。戦後ふたたび画壇に復帰した時、具彦は完全な日本画家に変貌を遂げていた。彼が有名になったのはそれ以後のことだ。

前にも述べたように、「私」が発見するまで、おそらく誰の目にも触れることがなかった『騎士団長殺し』は、雨田具彦の画風からするときわめて異質の作品である。そこに描かれているのは、人物の服装などを見る限りでは具彦が好んで取り上げた聖徳太子の時代のようなのだが、画題にある「騎士団長」とはモーツァルトのオペラ『ドン・ジョヴァンニ』に由来すると推察されるし、何よりも描かれている情景が尋常ではない。やがて「私」は、ウィーン留学時の具彦がオーストリア人の恋人を介して地下抵抗組織によるナチス高官の暗殺計画にかかわっていたが、日独関係に配慮して息子の身を心配した大地主で有力者の父親の手配により日本に半ば強制的に帰国させられ、その後暗殺計画は失敗に終わり、仲間たちは彼の恋人も含めゲシュタポに逮捕されて、おそらく全員が命を落としたらしいことを知る。『騎士団長殺し』は日本画の体を取ってはいるが、じつはこのことを象徴的に描いているのだ。更にそこには、具彦の弟で、東京音楽学校（後の東京藝大音楽学部）でピアノを学んでいた雨田継彦が、学生なので徴兵が猶予される筈なのになぜか一兵卒として中国に送られ、一九三七年十二月の南京入城＝南京大虐殺を経験し、帰国後の一九三八年の夏の終わりに自宅の屋根裏で手首を切って自殺した、という痛ましい出来事がかかわっているらしい。ウィーンと南京は、この小説において時間的にも空間的にも非常に重要な意味を持つ、外の、負のトポスである。雨田具彦が秘かに遺した『騎士団長殺し』という一枚の絵画には、これらの個人的かつ歴史的な悲劇が幾重にも描き込まれているのである。

『騎士団長殺し』がウィーンでの暗殺未遂事件を隠された題材としているのだとすると、活人画による絵の再現に従うなら、そこで若き日の雨田具彦が担っていた役割とは、殺害を見守っていた若い男ということになる。彼は「騎士団長」を仕留める若い男ではない。ドン・ジョヴァンニではない。彼はただ、その場に居合わせた「片手に帳面のようなものを持った」目撃者＝記録者でしかない。そしてそれは当然のことだろう。結局のところ彼は日本からやってきた留学生に過ぎないのだから。そして、あまりにもはっきりしていることは、そのようなことさえ事実として起こることはなかったということである。具彦の目の前でドン・ジョヴァンニが「騎士団長」を刺し殺すことはなかった。騎士団長は「私」にこう言う。「そして彼は、自分が実際には成し遂げることができなかったことを、その絵の中でかたちを変えて、いわば偽装的に実現させた。本当には起こらなかったが、起こるべきであった出来事として」。この「本当には起こらなかったが、起こるべきであった出来事」は二重になっている。第一にそれはナチス高官の暗殺であり、第二に具彦がその完遂を見守り、その場面をいつか絵に描くということである。しかしそれらは現実には起こらなかった。そしてそれゆえに、その代わりに、雨田具彦は人知れず『騎士団長殺し』を描いたのだ。彼が洋画を捨てて日本画へと転向したのは、ただそのためにだったとさえ言ってもよい。だから精確に言えば、雨田具彦は『騎士団長殺し』に「本当には起こらなかったが、起こるべきであった出来事」を描いたのではない。彼は「それは起こるべきだったが、本当には起こらなかった出来事」への絶望と悔恨、その残酷な不可能性そのものを描いたのである。

「イデア」にかんして騎士団長と「私」が交わす議論は、まるで判じ物だ。「イデアは他者による認識なしに存在し得ないものであり、同時に他者の認識をエネルギーとして存在するものでもある」と騎士団長は言う。ではなぜ「イデア」は「騎士団長」の姿を纏って「私」の前に現れたのか。「そこでは原因と結果が錯綜している。あたしが騎士団長の姿をとったことによって、一連のものごとは動きを開始したわけだが、同時にまたあたしが騎士団長の姿をとったことは、一連のものごとの必然の帰結でもある。諸君の住んでおる世界の時間性に沿って話をするとなかなかにむずかしいことになるが、ひとことで言ってしまうなら、それはあらかじめ決定されていたことなのだ」。騎士団長を凝視し続ける雨田具彦を前に「イデアが心を反映する鏡だとすると、雨田さんはそこに自分が見たいものを見ているということなのですか？」と「私」が問うと、騎士団長はこう答える。「見なくてはならないものを見ているのだ」。

つまり「イデア」とは「あらかじめ決定されていた」「見なくてはならないもの」である。それが「他者の認識」をエネルギーとして初めて存在し得るものだというのも、同じ意味に理解されねばならない。免色渉は騎士団長を見ることはないが、彼と「私」が「イデアを自律的なものとして取り扱えるかどうか」について語り合う場面がある。しかしここで疑問が生じる。「自律的」な「イデア」とは、果たしてどういうことなのか。そもそも「イデア」とは常に「何か」の「イデア（本質、観念、理念）」である筈だ。物事の見かけの形象の向こう側に存在する、ほんとうの、真実の姿。ところが騎士団長は自分は「イデア」だと言いつつ、自分が何のイデアであるのかは決して語らない。おそらく彼（？）は、何かのイデアであるわけではなく、ただ単に「イデア」なのである。「イデア」を「自律的」に扱うとはそういう意味だが、しかし何のイデアであるわけでもない「イデア」とは何なのか。

それは「イデアのイデア」ということになるのではないか。そう、二重の「イデア」である。「事物の本質」ということの「本質」。あらゆる「イデア」の元になっている、もっとも純粋なる「イデア」。数多の「イデア」なるものを成り立たせている唯一の「イデア」。プラトニズムの極みと言っていいかもしれないが、そんな「イデアのイデア」が仮初めに「騎士団長」の姿となって「私」の前に現れたのだと考えてみよう。そしてそれは、この一連の出来事の「原因」であり「結果」でもある。この「二重のイデア」は、他ならぬこの「私」に何かをさせるために、どこからかやってきたのだ。それこそが、この小説の核心である。

では、それは何か。いったい「イデアのイデア」は「私」に何をさせようとしたのか。そして「私」は、ほんとうのところ何をしたのだろうか？　この問いに答えるために、本論は何度目かの、おそらく最後の迂回へと向かう。この小説が二部に分かれており、第１部に「イデア」、第2部に「メタファー」という、ともすれば陳腐と思われかねない二つの語が副題に冠されていることを、可能な限りまともに受け取ってみよう。イデアとメタファーなどという使い古された言葉がわざわざ持ち出されているのには、単なる思いつきや趣向のレベルを越えた、何らかの重大な意図があるに違いない。しかもここで「イデア」と「メタファー」は、従来の意味からは微妙に、あるいは大きくずれた使用が為されているのみならず、それぞれ実体化して読者の前に現れる。

これら「イデア」と「メタファー」は、いずれか片方だけでは意味を成さない。何らかの仕方で両者が組み合わさることで初めて、それは機能するのだ。「イデア」と「メタファー」の関係、「メタファー」と「イデア」に通底するものについて考える必要がある。

「私」が騎士団長を刺殺したことによって雨田具彦の部屋に出現した「顔なが」は、自分は「ただのメタファーであります」と言う。「ただのつつましい暗喩であります。ものとものとをつなげるだけのものであります」と。尊大な「イデア＝騎士団長」に対して「メタファー＝顔なが」は何とも卑屈だ。しかも彼（？）は「私」に命じられてもまともな暗喩ひとつ言うことが出来ず、「わたくしはただのしがない下級のメタファーです。上等な暗喩なぞ言えませんなどと弁解する。それでも自分は「正真正銘のメタファー」なのであり、「メタファー通路」を通ってここまで来た、と「顔なが」は「私」に告げる。この後「私」は秋川まりえを救うべく「メタファー通路」に入っていくことになるのだが、「顔なが＝メタファー」は「個々人によって道筋は異なってきます。ひとつとして同じ通路はありません。ですからわたくしがあなた様の道案内をすることはできないのだ」と言う。「私」は「つまりぼくは自分ひとりでその通路に入って行かなくてはならない。そしてぼく自身の道筋を見つけなくてはならない。そういうことなのか？」と問うが、それはすでに質問というよりも自らを鼓舞する言葉だ。

　すると「顔なが」は更に奇怪なことを言い出す。その「メタファー通路」には「二重メタファー」があちこちに身を潜めて」いるというのだ。「二重メタファー」は「とびっきりやくざで危険な生き物です」と自分自身も「メタファー」である「顔なが」は「私」に忠告する。何が何だかわからないが、それでも「私」は「メタファー通路」に入っていく。するとそこには川が流れており、船着き場らしき所で「私」は「顔のない男」に出会う。「ここが渡し場だ。ひとはこの場所でしか川を渡ることができない」と「顔のない男」は言う。男は「私」に舟で向こう岸まで送るには「しかるべき代価」が必要だと言うが、ポケットの中にあるものを全て出してみせても、それらでは「渡し賃」にはならないと言われる。そこで「私」は「紙があれば、あなたの似顔絵を描くことができます」と申し出る。「顔のない男」は（顔がないのに）笑って答える。「顔のないものの似顔絵をどうやって描くことができるのだ？　どうやって無を絵にすることができる？」。「ぼくはプロです」と「私」は言う。「顔がなくても似顔絵は描けます」。この時は「しかし残念ながらここには紙というものはない」ので、取引は成立しない。代わりに「顔のない男」は「私」のポケットの奥から出てきたペンギンのフィギュア——

免色渉が「穴」の底で見つけて「私」に渡した、秋川まりえの携帯電話にお守りとしてついていたもの――を「代価」として受け取る。男は「いつかおまえにわたしの肖像を描いてもらうことになるかもしれない。もしそれができたなら、ペンギンの人形はそのときに返してあげよう」と言う。そして、すでに述べておいたように、「プロローグ」で「顔のない男」は「私」の前にふたたび現れ、自分の「肖像画」を描くことを求めるのだが、「私」には結局、無を絵にすることは出来ない。

ともあれ、こうして無事に川を渡り切った「私」は「顔のない男」と別れ、ふたたびひとりで歩んでいく。やがて彼はカンテラの明かりを目にする。「カンテラ」とは雨田具彦が属していたウィーンの学生地下組織の名称でもある。「いろんなことがどんどん結びついていく」と「私」は思う。カンテラの下にはひとりの女がいる。それは『騎士団長殺し』に描かれていた若い女だ。その女は騎士団長と同じく身長が六十センチほどしかない。「私」は彼女を『ドン・ジョヴァンニ』に倣って「ドンナ・アンナ」と呼ぶ。ドンナ・アンナは「ここ」で「私」の道案内をするために待っていたと言う。「私」は彼女に「ここはぼくがかつて訪れた富士の風穴みたいに見えます」と言う。それは「私」の三歳年下の、生まれつきの心臓の疾患によって十二歳で亡くなってしまった妹の「小径《こみち》＝コミ」との想い出の場所だ。そこには二人で行った。コミはその時、小柄な彼女しか通ることの出来ない横穴へと入っていき、長い間帰って来なかった。心配して待っていた「私」に、戻ってきたコミは、細い穴をくぐり抜けると、そこは小さな部屋のようになっていたと話した。「その部屋はね、私一人だけが入れてもらえる特別な場所なの」とコミは言った。「そこは私のためのお部屋なの。誰もそこにはやってこれない。お兄ちゃんにも入れない」。ここはまるであの富士の風穴みたいだ、もしかしたら実際にそうなのではないかと「私」は疑うのだが、だがドンナ・アンナはこう答える。「ここにあるものは、すべてがみたいなものなのです」。すべてが「みたいなもの」である場所、それが「メタファー」ということだ。

ドンナ・アンナは言う。「あの川は無と有の隙間を流れています。そして優れてメタファーはすべてのものごとの中に、隠された可能性の川筋を浮かび上がらせることができます。優れた詩人がひとつの光景の中に、もうひとつの別の新たな光景を鮮やかに浮かび上がらせるのと同じように。言うまでもないことですが、最良のメタファーは最良の詩になります。あなたはその別の新たな光景から目を逸らさないようにしなくてはなりません」。そこで「私」は「雨田具彦の描いた『騎士団長殺し』もその「もうひとつの別の光景」だったのかもしれない」と思う。そしてこの後、ドンナ・アンナは決定的に重要なことを「私」に告げる。「二重メタファーとは何なんだ？」という「私」の問いに、彼女はこう答える。「あなたは既にそれを知っている筈よ」。ドンナ・アンナは続ける。「それはあなたの中にあるものだから」「あなたの中にありながら、あなたにとっての正しい思いをつかまえて、次々に貪り食べてしまうもの、そのようにして肥え太っていくもの、それが二重メタファー。それはあなたの内側にある深い暗闇に、昔からずっと住まっているものなの」。そこで突然「私」にはわかる。それは「白いスバル・フォレスターの男」のことだと。「おまえがどこで何をしていたかおれにはちゃんとわかっているぞ。彼は私にそう告げていた。もちろん彼には何でもわかっている。なぜなら彼は私自身の中に存在しているのだから」。そしてこの後、閉所恐怖症である「私」は勇気を振り絞って自分の体が到底くぐれるとは思えないほど細い穴を通り抜け、どういうわけか、あの「穴」＝「石室」へと脱出することになる。

あまりにもあからさまな「謎解き」ではないか。これほど明々白々とした「答え合わせ」があるだろうか。だが、考えてみればヒントはそこかしこにあったのだ。騎士団長は『騎士団長殺し』の活人画による再現として「私」に自らを殺めることを求めた時、どう言っていたか。「諸君が諸君自身に出会うことができる場所に、諸君を今から送り出す」。それ以前、屋根裏で『騎士団長殺し』を発見した時、「私」は初見で「顔なが」から目が離せなくなる。それは「まるで彼が蓋を開けて、私を個人的に地下の世界に誘っているような気がしたから」だった。「他の誰でもなく、この私をだ」。深夜に出所不明の謎の鈴の音が聞こえてくるようになった時、しかし「それを聴かないわけにはいかない」と「私」は考える。「なぜなら、それは私に向けて鳴らされている音だからだ」。そして「何かをしなくてはならないのだ」と「私」は考える。他にも幾つも手がかりを挙げることが出来るだろう。それらの全てが、これが「私」が不可解で不思議な出来事に巻き込まれる物語というよりも、実のところは「私」のきわめて個人的な物語なのだということを示している。

ドンナ・アンナとの会話の最中に「私」は、雨田具彦の描いた『騎士団長殺し』も「もうひとつの別の光景」だったのかもしれないと思う。そう、あの絵も、「私」に向けられた、「私」にとっての「メタファー」だったのだ。すでに見たように、確かにそこには幾筋かの「歴史の悲惨」への導線が走っている。だが、それらは「私の物語」に包含されているのであって、その逆ではない。このことは、第1部の第1章で明言されていたように、この物語が「私」自身が書き記したものであるという前提を踏まえる限り、ほとんど正しいことであるように思われる。

だが、ほんとうにそうなのだろうか？　それだけなのだろうか？　二重メタファーとは、AがBのメタファーであり、そのBもまたCのメタファーだ、ということだ。このことをよくよく考えてみなくてはならない。

ここで「肖像画」の件を思い出そう。「私」が描けなかった／描かなかったのは、「顔のない男」と「私自身」だった。だが、或る意味では「私」は、自分自身の「肖像画」を描いたと言ってもいいのではないだろうか。確かに「絵画」としては描かなかったかもしれない。だがしかし、その代わりに「私」は、この「小説」を書いたのだ。彼ははっきりと「私は今から何年か前に起こった一連の出来事の記憶を辿りながら、この文章を書き記している」と書き記していたではないか。そう、この『騎士団長殺し』という小説は、そのほぼ全部が「私」が言葉によって描いた彼自身の「肖像画」なのだ。繰り返すが、この「小説」を書いたのが、語り手であり主人公と言っていい「私」であることは最初から明確に述べられている。では、いったい「私」は、なぜこれを書いたのか。彼は画家であって小説家ではない。結末まで読んでも、どうしてこの「小説」が「私」によって書かれることになったのか、という理由は明らかにされないままなのだ。

この問いへの答えはひとつしかあり得ない。その鍵は「プロローグ」にある。なぜ、この「小説」には「プロローグ」はあっても「エピローグ」はないのか。「私」には、どうしても「プロローグ」に書かれた内容を「プロローグ」として「小説」の始まりに据える必要があったのだ。なぜならそれは、文字通り、物語の「序まり《プロローグ》」を告げるものだからである。そこでは何が語られていたか。最初の一文は「今日、短い午睡から目覚めたとき、〈顔のない男〉が私の前にいた」。すでに述べたように、ふたたび「顔のない男」が現れて、約束通り、「私」に「肖像画」を描いてくれと言う。しかし、最初の出会いの時にはあれほど自信ありげだったのにもかかわらず、どうしても「私」には描くことが出来ない。というよりも、何もないものをいったいどのように造形すればいいのか「私」にはわからない。結局時間切れとなり、「顔のない男」は「私」にペンギンのお守りを返すこともなく、姿を消してしまう。「プロローグ」の末尾はこうである。「いつかは無の肖像を描くことができるようになるかもしれない。ある一人の画家が『騎士団長殺し』という絵を描き上げることができたように。しかしそれまでに私は時間を必要としている。私は時間を味方につけなくてはならない」。

それゆえに「私」は『騎士団長殺し』という絵についての『騎士団長殺し』という小説を書き始めたのである。「私」は「顔のない男」との再会と、その「無の肖像」の不可能の自認をきっかけに、この小説を書くことを思い立ったのだ。いつか「無の肖像」を描けるよう、時間を味方につけるために。ある意味で「無の肖像」と等価になり得るような物語として。そして最後まで読み終えた時、われわれ読者は、そこに描かれていたのが「私」の「自画像」であったことを知る。つまり「顔のない男」とは「私」自身なのである。

それだけではない。「白いスバル・フォレスターの男」も「私」だったということは先に述べた。だが、じつは「免色渉」も「私」なのだ。「私」と知り合ってまもなく、名刺を出した免色は「川を渉るのわたるです」と言っていた。「どうしてそんな名前がつけられたのか理由はわかりません。これまで水とはあまり関係のない人生を歩んできましたから」とも。もちろん、その理由は「顔のない男」との隠された等号のためなのだ。ある時、免色は「私は自分のことがときどき、ただの無であるように感じられます」と言う。彼が「色を免れる」という奇妙な名字を持たされているのは、すでに触れたように「多崎つくる」への接続だが、「多崎つくる」は「三十六歳」という特別な年齢によって「私」に接続されている。つまり「多崎つくる」を中間項として「私」と免色はイコールになる。更に、これまで敢えて触れてこなかったが、秋川まりえと免色渉の可能性としての親子関係は、「結婚生活をいったん解消」したものの「そのあといろいろあって、結局もう一度結婚生活をやり直すことになった」妻の柚＝ユズが産むことになる娘——自分の子であることは現実的にはあり得ないのだが、「私」はユズに「ぼくの思いが遠く離れたところから君を妊娠させたのかもしれない。ひとつの観念として、とくべつの通路をつたって」と話して、夫婦関係を回復し、産まれてくる子の父親になることを提案し、ユズも受け入れる。もちろんこの「観念」には「イデア」とルビが振られるし、「とくべつの通路」とは「メタファー」である——の「室＝むろ」（言うまでもなく、このネーミングには、あの「穴」＝「石室」が反響している）と「私」の関係と、明らかに（位相はずらされているが）パラレルである。すなわち「免色渉」＝「白いスバル・フォレスターの男」＝「顔のない男」＝「私」という等式、「メタファー」の連鎖が成立する。

そして、この等式の向こう側には、「秋川まりえ」＝「コミ」＝「ユズ」＝「むろ」という等式が存在する。「私」は秋川まりえの「肖像画」を描きながら、「同時にそこには私の死んだ妹（コミ）と、かつての妻（ユズ）の姿が混じり込んでいるようだった。意図してそうしたのではない。ただ自然に混じりこんでしまうのだ」と考える。「顔なが」は「私」と別れる際、「そのなんとかさんが見つかるとよろしいですね。コミチさんと申されましたか？」と唐突に口にする。驚いた「私」が「コミチじゃなく、秋川まりえだ。おまえはコミチのことを何か知っているのか？」と問い返すと、「今ふとその名前がわたくしのつたない比喩的な頭に浮かんだだけです」と「顔なが」は弁解する。そう、この物語において、いや、この「小説」を書いている「私」にとって、この三人の女性は、ほとんど同じ存在なのだ。「同じ」とか「イコール」という言い方が雑過ぎるのであれば、こう言い直してもいい。彼らは、彼女らは、互いが互いの「メタファー」なのであり、そのようにして「メタファー」同士が互いを照らし合う乱反射の中から「イデア」が浮かび上がるのだ、と。騎士団長は、「私」にも秋川まりえにも「諸君」と呼びかける。実際、彼（たち）は、彼女（たち）は、「諸君」なのである。

さて、ここまでは凡庸ならざる肖像画家である「私」が書いた（ことになっている）「小説」の話だ。しかし当然のことではあるが、この『騎士団長殺し』という小説の真の作者は村上春樹である。ここまでの論述を踏まえて、ではこう問うてみよう。なぜ村上春樹は、この小説を書いたのか？　それから棚上げにしたままだった次の問いもある。なぜ、この小説は、これほどまでに「村上春樹」を反復しているのか？

この「謎」の答えも作中に書かれてある。先に私は『騎士団長殺し』という「小説」の「ほぼ全部」を「私」が書いたと述べておいた。「ほぼ」というのは、第1部の最終章に当たる第32章だけは「私」が書いたのかどうか微妙だと考えられるからである。「彼の専門的技能は大いに重宝された」と題されたその章は一頁余りしかなく、しかも全文引用である。それはサムエル・ヴィレンベルクの『トレブリンカの反乱』からの一節で、こう始まる。「我々が話をしていると、また別の男が近づいてきた。ワルシャワ出身のプロの画家だった」。彼はその職能によって「誰からも一目置かれていた」。そしてその画家は、「しばしば私に、自分のやっている仕事について長々しく話をした」。彼はドイツ兵たちのために肖像画を描いている。「親衛隊員たちは、自分たちの家族のことを感情豊かに、愛情をこめてわたしに説明する。（中略）そしてわたしはぼやけた白黒の素人写真をもとに、彼らの家族の肖像画を描くのさ」。

重要なのは、この続きである。「でもな、誰がなんと言おうと、わたしが描きたいのはドイツ人たちの家族なんかじゃない。わたしは〈隔離病棟〉に積み上げられた子供たちを、白黒の絵にしたいんだ。やつらが殺戮した人々の肖像画を描き、それを自宅に持って帰らせ、壁に飾らせたいんだよ。ちくしょうどもめ！」。この章にはこの小説で唯一、註記が附されており、そこには「〈隔離病棟〉とはトレブリンカ強制収容所における処刑施設の別称」とある。

この引用が、ここに置かれている理由は何だろうか。もちろん肖像画家のことが述べられているのだから、この書物を読んだ「私」が強く印象づけられた箇所を引き写したと考えることは出来る。雨田具彦のウィーンでの経験とも、もちろん関連づけられる。だが、やはりそれだけではない。私はここで先に提示しておいた、今はまだ不可能な「無の肖像」＝「自画像」への準備もしくはその代替物として「私」によって書かれた「小説」＝『騎士団長殺し』という見立てを、いわば物語の外側へと裏返し、それをそのまま、村上春樹がこの『騎士団長殺し』という大作を書いた動機へと変換してみたい。「わたしは〈隔離病棟〉に積み上げられた子供たちを、白黒の絵にしたいんだ」という右の画家の言葉を、村上春樹自身の真意の「メタファー」なのだと考えてみること。そしてまた、これまで見てきた『騎士団長殺し』の、さまざまな意味で独特な「小説」としてのありようが、それ自体「メタファー」として、何ごとかを示唆しようとしているのだと考えてみること。

こうしてようやく私たちは最初に掲げた問いに立ち戻る。「これは一体いつの話なのか?」。第2部第64章、つまり全編の最終章は、次のように始まる。「私が妻のもとに戻り、再び生活を共にするようになってから数年後、三月十一日に東日本一帯に大きな地震が起こった。私はテレビの前に座り、岩手県から宮城県にかけての海岸沿いの町が次々に壊滅していく様子を目にしていた。そこは私がかつて古いプジョー205に乗って、あてもなく旅をしてまわった地域だった。そしてそれらの町のうちのひとつは、あの「白いスバル・フォレスターの男」と出会った町であるはずだった」。物語の、小説の、終わり近くに至って初めて、これが一体いつの話なのかが判明する。「東北の地震の二ヶ月後に、私がかつて住んでいた小田原の家が火事で焼け落ちた」。「私」は秋川まりえに手伝ってもらい、雨田具彦が描いた『騎士団長殺し』と自分が描いた『白いスバル・フォレスターの男』を屋根裏に隠したのだが、火事によってその二枚もおそらくは焼失してしまった。そのことについて「私」は秋川まりえと電話で話すのだが、その時、彼女は「高校二年生かそのくらいになっていた」。二〇一一年五月の時点で「高校二年生かそのくらい」。一連の出来事がおさまった時、秋川まりえは十三歳だったので、おそらくあれから三年ほどが過ぎていることになる。逆算すると、この小説で物語られる「その年の五月から翌年の初めにかけて」とは、二〇〇七年五月から二〇〇八年初めにかけて、ということになるだろう。

では、最後に、次のように問おう。なぜ村上春樹は、この物語の最後に「数年後＝三年後」に起こった二〇一一年三月十一日のエピソードを置いたのだろうか。この小説の語りの時間軸が意味しているものは、いったい何なのか？

二〇一一年三月十一日に起こったこと、あの日から起こっていった出来事こそ、この小説でほんとうに描きたかったことだから、というのが私の答えである。これは間違いないことだと私は思う。二〇一一年三月十一日の約三年後の二〇一四年四月、村上春樹は小説作品としては前作に当たる短編集『女のいない男たち』を上梓している。おそらく彼が『騎士団長殺し』の執筆に集中していったのは、その後ということになる。つまり彼は東日本大震災と原発事故から三年後に、あの二つの出来事から三年前の物語を書き進めていったのだ。まだ起こってはいない悲劇、だがこれから起こることを今では誰もが知っている悲劇、だがその時点ではそのことを誰ひとりとして知らなかった悲劇を、一枚の象徴的な絵画のように描き出すために。

この独特な、時間を逆行した距離の取り方は、『神の子どもたちはみな踊る』（二〇〇〇年）を思い出させる。あの連作短編集は一九九九年の後半に雑誌に連載された。それぞれの小説は、いずれも一九九五年二月を舞台としている。阪神淡路大震災が起こった同年一月と地下鉄サリン事件が起こった三月のあいだの二月を。村上春樹は、何か具体的で現実的な、忌まわしく痛ましい出来事に向き合おうとする時、そのような距離感を、そのような書き方を選ぶ。それをそのまま直截には語らない／語れない、ということこそ、村上春樹という小説家の最大の特徴である。つまり、雨田具彦にとっての『騎士団長殺し』という絵に相当するものが、村上春樹にとっての『騎士団長殺し』という小説なのである。

なぜ、この小説が書き出されたのかといえば、二〇一一年三月十一日以後の或る日、村上春樹が「顔のない男」の訪問を受けたから、に他ならない。「顔のない男」とは「あらかじめ決定されていた」「見なくてはならないもの」であると同時に、村上春樹自身でもある。「雨田具彦と『騎士団長殺し』」は「「私」と『騎士団長殺し』」のメタファーであり、そしてそれは「村上春樹と『騎士団長殺し』」のメタファーなのだ。メタファーは常に二重になっている。

村上春樹はすでに『色彩を持たない多崎つくると、彼の巡礼の年』において、ある独特なやり方で「二〇一一年三月十一日以後」を描いていた(私はそのことを『シチュエーションズ』という本に書いた)。彼はそれに続く、もっとずっと長く複雑な小説で、「見なくてはならないもの」を見るために、「顔のない男」の不可能な「肖像画」を描くために、自分がこれまで何度となく描いてきた道具立てやモチーフや手癖を総動員して、「村上春樹」の「肖像画＝自画像」を描き出してみせたのだ。彼はそれが「村上春樹」の反復、自己模倣、戯画に見える結果になることも厭わなかった。むしろ彼はそうしなければならなかった。そうする必要が彼にはあった。「何もないものをいったいどのように造形すればいいのだろう?」。

「無の肖像」としての小説。その「イデア」にして「メタファー」、それが『騎士団長殺し』である。

小説家蓮實重彥、一、二、三、四、

人間に機械を操縦する権利があるように、機械にもみずから作動する権利がある。

――『オペラ・オペラシオネル』

一、

二朗は三度、射精する。そしてそれはあらかじめ決められていたことだ。
一度目の精の放出は、ハリウッドの恋愛喜劇映画を観た帰りの二朗が、小説の始まりをそのまま引くなら「傾きかけた西日を受けてばふりばふりとまわっている重そうな回転扉を小走りにすり抜け、劇場街の雑踏に背を向けて公園に通じる日陰の歩道を足早に遠ざかって行く和服姿の女は、どう見たって伯爵夫人にちがいない」と気づいたそばから当の伯爵夫人にまるで待ち構えていたかのように振り返られ、折角こんな場所で会ったのだしホテルにでも寄って一緒に珈琲を呑もうなどと誘いかけられて、向かう道すがら突然「ねえよく聞いて。向こうからふたり組の男が歩いてきます。二朗さんがこんな女といるところをあの連中には見られたくないから、黙っていう通りにして下さい」と、なかば命令口調で指示されて演じる羽目になる、謎の二人組に顔を視認されまいがための贋の抱擁の最中に起こる。

小鼻のふくらみや耳たぶにさしてくる赤みから女の息遣いの乱れを確かめると、兄貴のお下がりの三つ揃いを着たまま何やらみなぎる気配をみせ始めた自分の下半身が誇らしくてならず、それに呼応するかのように背筋から下腹にかけて疼くものが走りぬけてゆく。ああ、来るぞと思ういともなく、腰すら動かさずに心地よく射精してしまう自分にはさすがに驚かされたが、その余韻を確かめながら、二朗は誰にいうとなくこれでよしとつぶやく。

（『伯爵夫人』）

なにが「これでよし」なのか。ここは明らかに笑うべきところだが、それはまあいいとして、二度目の射精は、首尾よく二人組を躱したものの、ホテルに入るとすぐに新聞売り場の脇の電話ボックスに二朗を連れ込んだ伯爵夫人から先ほどの抱擁の際の「にわかには受け入れがたい演技」を叱責され、突然口調もまるで「年増の二流芸者」のようなあけすけさに一変したばかりか「青くせえ魔羅」だの「熟れたまんこ」だの卑猥過ぎる単語を矢継ぎ早に発する彼女に、事もあろうに「金玉」を潰されかけて呆気なく失神し、気がつくと同じ電話ボックスで伯爵夫人は先ほどの変貌が夢幻だったかのように普段の様子に戻っているのだが、しかしそのまま彼女のひどくポルノグラフィックな身の上話が始まって、けっして短くはないその語りが一段落ついてから、そろそろ「お茶室」に移動しようかと告げられた後、以前からあちこちで囁かれていた噂通りの、いや噂をはるかに凌駕する正真正銘の「高等娼婦」であったらしい伯爵夫人の淫蕩な過去に妙に大人ぶった理解を示してみせた二朗が、今度は演技と異なった慎ましくも本物の抱擁を交わしつつ、「ああ、こうして伯爵夫人と和解することができたのだ」と安堵した矢先に勃発する。「あらまあといいながら気配を察して相手が指先を股間にあてがうと、それを機に、亀頭の先端から大量の液体が下着にほとばしる」。

そして三度目は、伯爵夫人と入れ替わりに舞台に登場した「男装の麗人」、二朗への颯爽たる詰問ぶりゆえ警察官ではないにもかかわらず「ボブカットの女刑事」とも呼ばれ、また「和製ルイーズ・ブルックス」とも呼ばれることになる女に案内されたホテルの奥に位置する「バーをしつらえたサロンのような小さな空間」——書棚がしつらえられ、絵が飾られ、蓄音機が置かれて、シャンデリアも下がっているのだが、しかしその向こうの「ガラス越しには、殺風景な三つのシャワーのついた浴場が白いタイル張りで拡がっており、いっさい窓はない」ことから戦時下の「捕虜の拷問部屋」を思わせもする——で、この「更衣室」は「変装を好まれたり変装を余儀なくされたりする方々のお役に立つことを主眼として」いるのだと女は言って幾つかの興味深い、俄には信じ難い内容も含む変装にかかわる逸話を披露し、その流れで「金玉潰しのお龍」という「諜報機関の一員」で「かつて満州で、敵味方の見境もなく金玉を潰しまくった懲らしめの達人」の存在が口にされて、ひょっとしてこの「お龍」とは伯爵夫人そのひとなのではないかと訝しみつつ、突如思い立った二朗は目の前の和製ルイーズ・ブルックスをものにして俺は童貞を捨てると宣言するのだが事はそうは進まず、どういうつもりか女は彼に伯爵夫人のあられもない写真を見せたり、伯爵夫人の声だというが二朗の耳には自分の母親のものとしか思われない「ぷへーという低いうめき」が録音されたレコードを聞かせたりして、そして唐突に（といってもこの小説では何もかもが唐突なのだが）「こう見えても、このわたくし、魔羅切りのお仙と呼ばれ、多少は名の知られた女でござんす」と口調を一変させて——ここはもはや明らかに爆笑すべきところだが、それもまあいいとして——血塗れの剃刀使いの腕を自慢するのだが、その直後におよそ現実離れした、ほとんど夢幻か映画の中としか思えないアクション場面を契機に両者の力関係が一挙に逆転し、言葉責めを思わせる丁寧口調で命じられるがまま和製ルイーズ・ブルックスは身に纏った衣服を一枚一枚脱いでいって最後に残ったズロースに二朗が女から取り上げた剃刀を滑り込ませたところでなぜだか彼は気を失い、目覚めると女は全裸でまだそこに居り、これもまたなぜだか、としか言いようがないが、そもそも脱衣を強いた寸前の記憶が二朗にはなく、なのに女は「あなたさまの若くてお綺麗なおちんちんは、私をいつになく昂らせてくださいました。たしかに、私の中でおはてにはなりませんでしたが、久方ぶりに思いきりのぼりつめさせていただきました」などと言い出して、いまだ勃起し切っている二朗の「魔羅」について「しっかりと責任を取らせていただきます」と告げて背中に乳房が押しつけられるやいなや「間髪を入れず二朗は射精する」。

帝大法科への受験を控えた二朗少年のキタ・セクスアリスとして読めなくもない『伯爵夫人』は、ポルノグラフィと呼ばれてなんら差し支えないあからさまに助平な挿話とはしたない語彙に満ち満ちているのだが、にもかかわらず、結局のところ最後まで二朗は童貞を捨て去ることはないし、物語上の現在時制においては、いま見たように三度、何かの事故のようにザーメンを虚空にぶっ放すのみである。しかも、これら三度——それもごくわずかな時間のあいだの三度——に及ぶ射精は、どうも「金玉潰しのお龍」が駆使するという「南佛でシャネル9番の開発にかかわっていたさる露西亜人の兄弟が、ちょっとした手違いから製造してしまった特殊な媚薬めいた溶液で、ココ・シャネルの厳しい禁止命令にもかかわらず、しかるべき筋にはいまなお流通しているもの」の効果であるらしいのだから、しかるに二朗は、一度として自分の意志や欲望の力によって己の「魔羅」に仕事をさせるわけではないし、彼の勃起や射精は、若く健康な男性の肉体に怪しげな薬物が齎した化学的／生理的な反応に過ぎないことになるわけだ。実際、物語上の時間としては過去に属する他の幾つかの場面では、百戦錬磨の女中の小春に技術を尽くして弄られようと、従妹の蓬子に「メロンの汁で手を湿らせてから」初々しくも甲斐甲斐しく握られようと、二朗は精を漏らすことはないし、ほとんど催すことさえないかのようなのだ。

つまりここにあるのは、その見てくれに反して、二朗の性的冒険の物語ではない。彼の三度に及ぶ射精は、詰まるところケミカルな作用でしかない。それでも三度も思い切り大量に放出したあと、二朗を待っているのは、今度は正反対のケミカルな効用、すなわち「インカの土人たちが秘伝として伝える特殊なエキスを配合したサボン」で陰茎を入念に洗うことによって、七十二時間にもわたって勃起を抑止されるという仕打ちである。三度目に出してすぐさま彼は「裸のルイーズ・ブルックス」にその特殊なサボンを塗りたくられ、すると三度も逝ったというのにまだいきりたったままだった「若くてお綺麗なおちんちん」は呆気なく元気を喪い、更には「念には念を入れてとスポイト状のものを尿道にすばやく挿入してから、ちょっと浸みますがと断わって紫色の液体を注入」までされてしまう。サボンの効果は絶大で、二朗の「魔羅」はこの後、小説の終わりまで、一度として射精もしなければ勃起することさえない。物語上の現在は二朗がケミカルな不能に陥って間もなく終了することになるが、それ以後も彼のおちんちんはまだまだずっと使いものにならないだろう。七十二時間、つまり三日後まで。そしてこのことも、ほとんどあらかじめ決められていたことなのだ。

『伯爵夫人』は小説家蓮實重彦の三作目の作品に当たる。一作目の『陥没地帯』は一九七九年に、二作目の『オペラ・オペラシオネル』は一九九四年に、それぞれ発表されている。第一作から最新作までのあいだにはじつに三十七年もの時間が経過しているわけだが、作者は自分にとって「小説」とは「あるとき、向こうからやってくるもの」だと言明しており、その発言を信じる限りにおいて三編の発表のタイミングや間隔は計画的なものではないし如何なる意味でも時宜を心得たものではない。最初に『陥没地帯』が書かれた時点では『オペラ・オペラシオネル』の十五年後の到来は想像さえされておらず、更にそれから二十二年も経って『伯爵夫人』がやってくることだって一切予想されてはいなかったことになるだろう。偶然とも僥倖とも、なんなら奇跡とも呼んでしかるべき「小説」の到来は、因果律も目的意識も欠いた突発的な出来事としてそれぞれ独立しており、少なくとも「作者」の権能や意識の範疇にはない。第一、あの『「ボヴァリー夫人」論』が遂に上梓され、かねてよりもうひとつのライフワークとして予告されてきた映画作家ジョン・フォードにかんする大部の書物の一刻も早い完成が待たれている状態で、どうして『伯爵夫人』などという破廉恥極まる小説がわざわざ書かれなくてはならなかったのか、これは端的に言って不可解な仕業であり、何かの間違いかはたまた意地悪か、いっそ不条理とさえ言いたくもなってくる。仮に作者の内に何ごとか隠された動機があったにせよ、それは最後まで隠されたままになる可能性が高い。

だがそれでも、どうしてだか書かれてしまった「三」番目の小説である『伯爵夫人』が、

「二」番目の『オペラ・オペラシオネル』から「二」十「二」年ぶりだなどと言われると、それを読む者は読み始める前から或る種の身構えを取らされることになる。なぜならば、ここにごく無造作に記された「二」や「三」、或いはそこからごく自然に導き出される「一」或いは「四」といった何の変哲もない数にかかわる、暗合とも数秘学とも、なんなら単に数遊びとでも呼んでしかるべき事どもこそ、小説家蓮實重彥の作品を貫く原理、少なくともそのひとつであったということがにわかに想起され、だとすればこの『伯爵夫人』もまた、その「原理」をほとんどあからさまな仕方で潜在させているのだろうと予感されるからだ。その予感は、すでに『陥没地帯』と『オペラ・オペラシオネル』を読んでしまっている者ならば、実のところ避け難いものとしてあるのだが、こうして『伯爵夫人』を読み終えてしまった者は、いま、読み始める前から或る独特な姿勢に身構えていた自分が、やはり決して間違ってはいなかったことを知っている。二朗が射精するとしたら、三度でなければならない。二朗が不能に陥るとしたら、三日間でなければならないのだ。では、それは一体、どういうことなのか？

どういうことなのかを多少とも詳らかにするためには、まずは小説家蓮實重彥の先行する二作品をあらためて読み直してみる必要がある。数遊びは最初の一手からやってみせなければわからないし、だいいち面白くない。遊びが遊びである以上、そこに意味などないことは百も承知であれば尚更、ともかくも一から順番に数え上げていかなくてはならない。そう、先回りして断わっておくが、ここで云われる「原理」とは、まるっきり無意味なものであるばかりか、おそらく正しくさえない。だが、意味もなければ正しくもない「原理」を敢然と擁護し、意味とも正しさとも無縁のその価値と存在理由を繰り返し強力に証明してきた者こそ、他ならぬ蓮實重彥そのひとではなかったか？

二、

小説家蓮實重彥の第一作『陥没地帯』は、あくまでもそのつもりで読んでみるならば、ということでしかないが、戦後フランスの新しい作家たち、誰よりもまずはクロード・シモンと、だいぶ薄まりはするがアラン・ロブ＝グリエ、部分的にはモーリス・ブランショやルイ＝ルネ・デ・フォレ、そしてジャン＝ポール・サルトルの微かな影さえ感じられなくもない、つまりはいかにも仏文学者であり文芸批評家でもある人物が書きそうな小説だと言っていいかもしれない。日本語の小説であれば、これはもう疑いもなく、その五年ほど前に出版されていた金井美恵子の『岸辺のない海』へ／からの反響を聴き取るべきだろう。西風の吹きすさぶ砂丘地帯から程近い、こじんまりとした、さほど人気のない観光地でもあるのだろう土地を舞台に、ロマンの破片、ドラマの残骸、事件の痕跡のようなものたちが、ゆっくりと旋回しながらどことも知れぬ場所へと落ちてゆくのを眺めているような、そんな小説。ともあれ、冒頭の一文はこうだ。

遠目には雑草さながらの群生植物の茂みが、いくつも折りかさなるようにしていっせいに茎を傾け、この痩せこけた砂地の斜面にしがみついて、吹きつのる西風を避けている。

（『陥没地帯』）

誰とも知れぬ語り手は、まずはじめにふと視界に現れた「群生植物」について、「その種類を識別することは何ともむつかしい」のみならず、「この土地の人びとがそれをどんな名前で呼んでいるのかは皆目見当もつかないだろう」と宣言する。結局、この「群生植物」は最後まで名前を明かされないのだが、それればかりか、物語の舞台となる土地も具体的な名称で呼ばれることはなく、登場人物たちも皆が皆、およそ名前というものを欠いている。この徹底した命名の拒否は、そのことによって否応無しに物語の抽象性を際立たせることになるだろう。

もっとも語り手は、すぐさま次のように述べる。

何か人に知られたくない企みでもあって、それを隠そうとするかのように肝心な名前を記憶から遠ざけ、その意図的な空白のまわりに物語を築こうとでもいうのだろうか。しかし、物語はとうの昔に始まっているのだし、事件もまた事件で特定の一日を選んで不意撃ちをくらわせにやってきたのではないのだから、いかにも退屈そうに日々くり返されているこの砂丘でのできごとを語るのに、比喩だの象徴だのはあまりに饒舌な贅沢品というべきだろう。いま必要とされているのは、誰もが知っているごくありふれた草木の名前でもさりげなく口にしておくことに尽きている。

(同)

だから実のところ命名は誰にでも許されているのだし、そこで口にされる名はありきたりのもので構わない。実際、わざわざ記すまでもないほどにありふれた名前を、ひとびとは日々、何のこだわりもなくごく普通に発話しているに違いない。そしてそれは特に「群生植物」に限らない話であるのだが、しかし実際には「誰もが知っているごくありふれた」名前さえ一度として記されることはない。凡庸な名前の、凡庸であるがゆえの禁止。ところが、ここで起きている事態はそれだけではない。かなり後の頁には、そこでは弟と呼ばれている誰かの「ここからでは雑草とちっともかわらない群生植物にも、ちゃんと名前があったんだ。土地の人たちが

みんなそう呼んでいたごくありきたりな名前があった。でもそれがどうしても思い出せない」という台詞が記されており、もっと後、最後の場面に至ると、弟の前で幾度となくその名前を口にしていた筈の姉と呼ばれる誰かもまた、その「群生植物」の名を自分は忘れてしまったと告白するのだ。つまりここでは、名づけることのたやすさとその恣意性、それゆえのナンセンスとともに、たとえナンセンスだったとしても、かつて何ものかによって命名され、自分自身も確かに知っていた／覚えていた名前が理由もなく記憶から抜け落ちてゆくことのおそろしさとかなしみが同時に語られている。ありとあらゆる「名」の風化と、その忘却。覚えているまでもない名前を永久に思い出せなくなること。そんな二重の無名状態に宙吊りにされたまま、この物語は一切の固有名詞を欠落させたまま展開、いや旋回してゆく。そしてこのことにはまた別種の機能もあると思われるのだが、いま少し迂回しよう。

右の引用中の「物語はとうの昔に始まっているのだし、事件もまた事件で特定の一日を選んで不意撃ちをくらわせにやってきたのではないのだから」という如何にも印象的なフレーズは、語句や語順を微妙に違えながら、この小説のなかで何度となく繰り返されてゆく。これに限らず、幾つかの文章や描写や叙述が反復的に登場することによって、この小説は音楽的ともいうべき緩やかなリズムを獲得しているのだが、それはもう一方で、反復／繰り返しという運動が不可避的に孕み持つ単調さへと繋がり、無為、退屈、倦怠といった感覚を読む者に喚び起こしもするだろう。ともあれ、たとえば今日という一日に、ここで起こることのすべては、どうやら「昨日のそれの反復だし、明日もまた同じように繰り返されるものだろう。だから、始まりといっても、それはあくまでとりあえずのものにすぎない」という達観とも諦念とも呼べるだろう気配が、そもそもの始まりから『陥没地帯』の世界を覆っている。

とはいえ、それは単純な繰り返しとはやはり異なっている。精確な反復とは違い、微細な差異が導入されているからではなく、今日が昨日の反復であり、明日が今日の反復であるという前後関係が、ここでは明らかに混乱を来しているからだ。この小説においては、物語られるほとんどの事件、多くの出来事が、時間的な順序も因果律も曖昧なままan しどけなく錯綜し、あたかも何匹ものウロボロスの蛇が互いの尻尾を丸呑みしようとしているかのような、どうにも不気味な、だが優雅にも見える有様を呈してゆく。どちらが先にあってどちらがその反復なのかも確定し難い、起点も終点も穿つことの出来ない、方向性を欠いた反復。あたかもこの小説のありとある反復は「とうの昔に始まって」おり、そして／しかし、いつの間にか「とうの昔」に回帰してでもいくかのようなのだ。反復と循環、しかも両者は歪に、だがどこか整然と絡み合っている。しかも、それでいてこの小説のなかで幾度か、まさに不意撃ちのように書きつけられる「いま」の二語が示しているように、昨日、今日、明日ではなく、今日、今日、今日、いま、いま、いま、とでも言いたげな、現在形の強調が反復＝循環と共存してもいる。それはまるで、毎日毎日朝から晩まで同じ演目を倦むことなく繰り返してきたテーマパークが、そのプログラムをいつのまにか失調させていき、遂にはタイマーも自壊させて、いま起きていることとがいつ起こるべきことだったのかわからなくなり、かつて起こったことと、これから起こるだろうこととの区別もつかなくなって、いまとなってはただ、いまがまだかろうじていまであること、いまだけはいつまでもいまであり続けるだろうことだけを頼りに、ただやみくもに、まだなんとか覚えていると自分では思っている、名も無きものたちによるひと続きの出し物を、不完全かつ不安定に延々と繰り返し上演し続けているかのようなのだ。

二重の、徹底された無名状態と、壊れた／壊れてゆく反復＝循環性。『陥没地帯』の舞台となる世界――いや、むしろ端的に陥没地帯と呼ぶべきだろう――は、このふたつの特性に支えられている。陥没地帯の物語を何らかの仕方で丸ごと形式的に整理しようとする者は、あらかじめこの二種の特性によって先回りされ行く手を塞がれるしかない。「名」の廃棄が形式化の作業を露骨な姿態で誘引しており、その先では程よくこんがらがった毛糸玉が、ほら解いてみなさいちゃんと解けるように編んであるからとでも言いたげに薄笑いを浮かべて待ち受けているだけのことだ。そんな見え見えの罠に敢えて嵌まってみせるのも一興かもしれないが、とりあえず物語＝世界の構造そのものを相手取ろうとする無邪気にマクロな視点はいったん脇に置き、もっと単純素朴なる細部へと目を向けてみると、そこではこれまた見え見えの様子ではあるものの、相似という要素に目が留まることになるだろう。

たとえば「向かい合った二つの食堂兼ホテルは、外観も、内部の装飾も、料理のメニューも驚くほど似かよって」いる。しかし「ためらうことなくその一つを選んで扉を押しさえすれば、そこで約束の相手と間違いなく落ち合うことができる。目には見えない識別票のようなものが、散歩者たちをあらかじめ二つのグループに分断しており、その二つは決して融合することがない」。つまり「驚くほど似かよって」いるのにもかかわらず、二軒はひとびとの間に必ずしも混同を惹き起こしてはいないということだ。しかし似かよっているのは二つの食堂兼ホテルだけではない。他にも「まったく同じ様式に従って設計されている」せいで「どちらが市役所なのか駅なのかはすぐにはわからない」だの、やはり「同じ時期に同じ建築様式に従って設計された」ので「旅行者の誰もが郵便局ととり違えて切手を買いに行ったりする学校」だのといった相似の表象が、これみよがしに登場する。建物だけではない。たとえば物語において謎めいた（この物語に謎めいていない者などただのひとりも存在していないが）役割を演じることになる「大伯父」と「その義理の弟」と呼ばれる「二人の老人」も、しつこいほどに「そっくり」「生き写し」「見分けがつかない」などと書かれる。

ところが、この二人にかんしては、やがて次のようにも語られる。

あの二人が同一人物と見まがうほどに似かよっているのは、永年同じ職場で同じ仕事をしてきたことからくる擬態によってではなく、ただ、話の筋がいきなり思わぬ方向に展開されてしまったとき、いつでも身がわりを演じうるようにと、日頃からその下準備をしておくためなのです。だから、それはまったく装われた類似にすぎず、そのことさえ心得ておけば、いささかも驚くべきことがらではありません。

（同）

先の建築物にしたって、後になると「二軒並んだ食堂兼ホテルは、いま、人を惑わすほどには似かよってはおらず、さりとてまったくきわだった違いを示しているわけでもない」だとか「学校とも郵便局とも判別しがたく、ことによったらそのどちらでもないかもしれぬたてもの」などといった書かれぶりなのだから、ここでの相似とは要するに、なんともあやふやなものでしかない。にしても、二つのものが似かよっている、という描写が、この物語のあちこちにちりばめられていることは事実であり、ならばそこにはどんな機能が託されているのかと問うてみたくなるのも無理からぬことだと思われる。

が、ここで読む者ははたと思い至る。相似する二つのものという要素は、どうしたって「似ていること」をめぐる思考へとこちらを誘っていこうとするのだが、それ自体がまたもや罠なのではないか。そうではなくて、ここで重要なのは、むしろただ単に「二」という数字なのではあるまいか。だってこれらの相似は難なく区別されているのだし、相似の度合いも可変的であったり、そうでなくても結局のところ「装われた類似にすぎず、そのことさえ心得ておけば、いささかも驚くべきことがらでは」ないというのだから。騙されてはならない。問題とすべきなのは相似の表象に伴って書きつけられる「二」という数の方なのだ。そう思って頁に目を向け直してみると、そこには確かに「二」という文字が意味ありげに幾つも転がっている。「二」つ並んだ食堂兼ホテルには「二」階があるし――しかもこの「二階」は物語の重要な「事件の現場」となる――、市役所前から砂丘地帯までを走る路面電車は「二」輛連結であり、一時間に「二」本しかない。とりわけ路面電車にかかわる二つの「二」は、ほぼ省略されることなく常にしつこく記されており、そこには奇妙な執着のようなものさえ感じられる。陥没地帯は、どうしてかはともかく、ひたすら「二」を召喚したいがゆえに、ただそれだけのために、相似という意匠を身に纏ってみせているのではないか。

「二」であることには複数の様態がある(「複数」というのは二つ以上ということだ)。まず、順序の「二」。二番目の二、一の次で三の前であるところの「二」がある。次に、反復の「二」。二度目の二、ある出来事が(あるいはほとんど同じ出来事が)もう一度繰り返される、という「二」がある。そして、ペアの「二」。二対の二、対立的(敵味方/ライバル)か相補的(バディ)か、その両方かはともかく、二つで一組を成す、という「二」がある。それからダブルの「二」、二重の二があるが、これ自体が二つに分かれる。一つの存在が内包/表出する二、二面性とか二重人格とかドッペルゲンガーの「二」と、二つの存在が一つであるかに誤認／錯覚される二、双児や他人の空似や成り澄ましなどといった、つまり相似の「二」。オーダー、リピート、ペア、ダブル、これらの「二」どもが、この小説にはあまねくふんだんに取り込まれている。オーダーとリピートが分かち難く絡み合って一緒くたになってしまっているさまこそ、前に見た「反復＝循環性」ということだった。それは「一」と「二」の区別がつかなくなること、すなわち「一」が「二」でもあり「二」が「一」でもあり得るという事態だ。しかしそれだって、まず「二」度目とされる何ごとかが召喚されたからこそ起こり得る現象だと言える。

また、この物語には「大伯父とその義理の弟」以外にも幾組ものペアやダブルが、これまたこれみよがしに配されている。あの「二人の老人」は二人一役のために互いを似せていたというのだが、他にも「船長」や「女将」や「姉」や「弟」、或いは「男」や「女」といった普通名詞で呼ばれる登場人物たちが、その時々の「いま」において複雑極まる一人二役／二人一役を演じさせられている。この人物とあの人物が、実は時を隔てた同一人物なのではないか、いやそうではなく両者はやはりまったくの別の存在なのか、つまり真に存在しているのは「一」なのか「二」なのか、という設問が、決して真実を確定され得ないまま、切りもなく無数に生じてくるように書かれてあり、しかしそれもやはりまず「二」つのものが召喚されたからこそ起こり得た現象であり、もちろんこのこと自体が「反復＝循環性」によって強化されてもいるわけだ。

こう考えてみると、もうひとつの特性である「無名状態」にも、抽象化とはまた別の実践的な理由があるのではないかと思えてくる。ひどく似ているとされる二者は、しかしそれぞれ別個の名前が与えられていれば、当然のことながら区別がついてしまい、相似の「二」が成立しなくなってしまうからだ。だから「二軒並んだ食堂兼ホテル」が名前で呼ばれることはあってはならないし、「女将」や「船長」の名が明かされてはならない。無名もまた「二」のために要請されているのだ。

陥没地帯は夥しい「二」という数によって統べられていると言っても過言ではない。それは文章＝文字の表面に穿たれた数字＝記号としての「二」から、物語内に盛んに導入された二番二度二対二重などのさまざまな「二」性にまで及んでいる。二、二、二、この小説に顕在／潜在する「二」を数え上げていったらほとんど果てしがないほどだ。とすれば、すぐに浮かぶ疑問は当然、それはどういうことなのか、ということになるだろう。なぜ「二」なのか。どうしてこの小説は、こうもひたぶるに「二」であろうとしているのか。

ここでひとつの仮説を提出しよう。なぜ陥没地帯は「二」を欲望するのか。その答えは『陥没地帯』が小説家蓮實重彥の一作目であるからだ。自らが「一」であることを嫌悪、いや憎悪し、どうにかして「一」に抗い「一」であることから逃れようとするためにこそ、この小説は無数の「二」を身に纏おうと、「二」を擬態しようと、つまり「二」になろうとしているのだ。

すぐさまこう問われるに違いない。それでは答えになっていない。どうして「一」から逃れなくてはならないのか。「一」が「一」を憎悪する理由は何だというのか。その理由の説明が求められているのだ。そんなことはわたしにはわからない。ただ、それは『陥没地帯』が「二」番目の小説だから、としか言いようがない。生まれつき、ただ理由もなく運命的に「一」であるしかない自らの存在のありようがあまりにも堪え難いがゆえに、陥没地帯は「二」を志向しているのだ。そうとしか言えない。

しかしそれは逆にいえば、どれだけ策を尽くして「二」を擬態したとしても、所詮は「一」は「一」でしかあり得ない、ということでもある。「二」になろう「二」であろうと手を替え品を替えて必死で演技する、そしてそんな演技にさえ敢えなく失敗する「一」の物語、それが『陥没地帯』なのだ。そしてこのことも、この小説自体に書いてある。

つまり、錯綜したパズルを思わせる線路をひもに譬えれば、その両端を指ではさんでぴーんと引っぱってみる。すると、贋の結ぼれがするするとほぐれ、一本の線に還元されてしまう。鋭角も鈍角も、それから曲線も弧も螺旋形も、そっくり素直な直線になってしまうのです。だから、橋なんていっちゃあいけない。それは人目をあざむく手品の種にすぎません。
(同)

そう、複雑に縒り合わされた結ぼれは、だが結局のところ贋ものでしかなく、ほんとうはただの「一本の線」に過ぎない。ここで「二」に見えているすべての正体は「一」でしかない。あの「向かい合った二つの食堂兼ホテル」が「驚くほど似かよって」いるのに「ためらうことなくその一つを選んで扉を押しさえすれば」決して間違えることがなかったのは、実はどちらを選んでも同じことだったからに他ならない。このこともまた繰り返しこの物語では描かれる。河を挟んだ片方の側からもう片側に行くためには、どうしても小さな架橋を使わなくてはならない筈なのに、橋を渡った覚えなどないのに、いつのまにか河の向こう側に抜けていることがある。そもそもこの河自体、いつも褐色に淀んでいて、水面を見るだけではどちらからどちらに向かって流れているのか、どちらが上流でどちらが下流なのかさえ判然としないのだが、そんなまたもやあからさまな方向感覚の惑乱ぶりに対して、ではどうすればいいのかといえば、ただ迷うことなど一切考えずに歩いていけばいいだけのことだ。「彼が執拗に強調しているのは、橋の必然性を信頼してはならぬということである」。二つの領域を繋ぐ橋など要らない、そんなものはないと思い込みさえすればもう橋はない。二つのものがあると思うからどちらかを選ばなくてはならなくなる。一番目と二番目、一度目と二度目、一つともう一つをちゃんと別にしなくてはならなくなる。そんな面倒は金輪際やめて、ここにはたった一つのものしかないと思えばいいのだ。実際そうなのだから。

それがいつであり、そこがどこであり、そして誰と誰の話なのかも最早述べることは出来ないが、物語の後半に、こんな場面がある。

よろしゅうございますね、むこう側のお部屋でございますよ。(中略)女は、そうささやくように念をおす。こちら側ではなく、むこう側の部屋。だが、向かい合った二つの扉のいったいどちらの把手に手をかければよいのか。事態はしかし、すべてを心得たといった按配で、躊躇も逡巡もなく円滑に展開されねばならない。それには、風に追われる砂の流れの要領でさからわずに大気に身をゆだねること。むこう側の扉の奥で待ちうけている女と向かいあうにあたって必要とされるのも、そんなこだわりのない姿勢だろう。

(同)

躊躇も逡巡もすることはない。なぜなら「こちら側」と「むこう側」という「二つの扉」自体が下手な偽装工作でしかなく、そこにはもともと「一」つの空間しかありはしないのだから。そしてそれは、はじめから誰もが知っていたことだ。だってこれは正真正銘の「一」番目なのだから。こうして「一」であり「一」であるしかない『陥没地帯』の、「一」からの逃亡としての「二」への変身、「二」への離脱の試みは失敗に終わる。いや、むしろ失敗することがわかっていたからこそ、どうにかして「一」は「二」のふりをしようとしたのだ。不可能と知りつつ「一」に全力で抗おうとした自らの闘いを、せめても読む者の記憶へと刻みつけるために。

一三、

小説家蓮實重彦の第二作『オペラ・オペラシオネル』は、直截的にはジャン＝リュック・ゴダールの『新ドイツ零年』及び、その前日譚である『アルファヴィル』との関連性を指摘できるだろう。小説が発表されたのは一九九四年の春だが、『新ドイツ零年』は一九九一年秋のヴェネツィア国際映画祭に出品後、一九九三年末に日本公開されている。同じくゴダール監督による一九六五年発表の『アルファヴィル』は、六〇年代にフランスでシリーズ化されて人気を博した「レミー・コーションもの」で主役を演じた俳優エディ・コンスタンティーヌを役柄ごと「引用」した一種のパスティーシュだが、独裁国家の恐怖と愛と自由の価値を謳った軽快でロマンチックなSF映画でもある。『新ドイツ零年』は、レミー・コーション＝エディ・コンスタンティーヌを四半世紀ぶりに主演として迎えた続編であり、ベルリンの壁崩壊の翌年にあたる一九九〇年に、老いたる往年の大物スパイがドイツを孤独に彷徨する。『オペラ・オペラシオネル』の名もなき主人公もまた、レミー・コーションと同じく、若かりし頃は派手な活躍ぶりでその筋では国際的に名を成したものの、ずいぶんと年を取った最近では知力にも体力にも精神力にもかつてのような自信がなくなり、そろそろほんとうに、思えばやや遅過ぎたのかもしれない引退の時期がやってきたのだと自ら考えつつある秘密諜報員であり、そんな彼は現在、長年勤めた組織へのおそらくは最後の奉公として引き受けた任務に赴こうとしている。「とはいえ、この年まで、非合法的な権力の奪取による対外政策の変化といった計算外の事件に出会っても意気沮喪することなく組織につくし、新政権の転覆を目論む不穏な動きをいたるところで阻止しながらそのつど難局を切り抜け、これといった致命的な失敗も犯さずにやってこられたのだし、分相応の役割を担って組織にもそれなりに貢献してきたのだという自負の念も捨てきれずにいるのだから、いまは、最後のものとなるかもしれないこの任務をぬかりなくやりとげることに専念すべきなのだろう」。つまりこれはスパイ小説であり、アクション小説でさえある。

前章で提示しておいた無根拠な仮説を思い出そう。『陥没地帯』は「一」作目であるがゆえに「一」から逃れようとして「二」を志向していた。これを踏まえるならば、「二」作目に当たる『オペラ・オペラシオネル』は、まずは「二」から逃走するべく「三」を擬態することになる筈だが、実際、この小説は「三」章立てであり、作中に登場するオペラ「オペラ・オペラシオネル」も「三」幕構成であり、しかも「三」時間の上演時間を要するのだという。これらだけではない。第一章で主人公は、豪雨が齎した交通機関の麻痺によって他の旅客ともども旅行会社が用意した巨大なホールで足止めを食っているのだが、どういうわけかこの空間に定期的にやってきている謎の横揺れを訝しみつつ、ふと気づくと、「いま、くたびれはてた鼓膜の奥にまぎれこんでくるのは、さっきから何やら低くつぶやいている聞きとりにくい女の声ばかりである」。

いまここにはいない誰かをしきりになじっているようにも聞こえるそのつぶやきには、どうやら操縦と聞きとれそうな単語がしばしばくりかえされており、それとほぼ同じぐらいの頻度で、やれ回避だのやれ抹殺だのといった音のつらなりとして聞きわけられる単語もまぎれこんでいる。だが、誰が何を操縦し、どんな事態を回避し、いかなる人物を抹殺するのかということまではっきりしないので、かろうじて識別できたと思えるたった三つの単語から、聞きとりにくい声がおさまるはずの構文はいうまでもなく、そのおよその文意を推測することなどとてもできはしない。

(『オペラ・オペラシオネル』)

むろんここで重要なのは、間違っても「誰が何を操縦し、どんな事態を回避し、いかなる人物を抹殺するのか」ということではない。この意味ありげな描写にごくさりげなく埋め込まれた「たった三つの単語」の「三」という数である。まだある。主人公が実際に任務を果たすのは「ここから鉄道でたっぷり三時間はかかる地方都市」だし、このあと先ほどの女の突然の接触──「かたわらの椅子に身を埋めていた女の腕が生きもののようなしなやかさで左の肘にからみつき、しっかりとかかえこむように組みあわされてしまう」──が呼び水となって主人公は「最後の戦争が起こったばかりだったから、こんな仕事に誘いこまれるより遥か以前」に「この国の転覆を目論む敵側の間諜がわがもの顔で闊歩しているという繁華街の地下鉄のホームでこれに似た体験をしていたこと」をふと思い出すのだが、そのときちょうどいまのようにいきなり腕をからませてきた女と同じ地下鉄のホームで再会したのは「それから三日後」のことなのだ。

「三」への擬態以前に、この小説の「二」に対する嫌悪、憎悪は、第三章で登場する女スパイが、いままさにオペラ「オペラ・オペラシオネル」を上演中の市立劇場の客席で、隣に座った主人公に「あなたを抹殺する目的で開幕直前に桟敷に滑りこもうとしていた女をぬかりなく始末しておいた」と告げたあとに続く台詞にも、さりげなく示されている。

もちろん、と女は言葉をつぎ、刺客をひとり始末したからといって、いま、この劇場の客席には、三人目、四人目、ことによったら五人目となるかもしれない刺客たちが、この地方都市の正装した聴衆にまぎれて、首都に帰らせてはならないあなたの動向をじっとうかがっている。（同）

なぜ、女は「二人目」を省いたのか。どうしてか彼女は「二」と言いたくない、いや、「二」と言えないのだ。何らかの不思議な力が彼女から「二」という数の発話を無意味に奪っている。実際『陥没地帯』にはあれほど頻出していた「二」が、一見したところ『オペラ・オペラシオネル』では目に見えて減っている。代わりに振り撒かれているのは「三」だ。三、三、三。

だが、これも前作と同様に、ここでの「二」への抵抗と「三」への擬態は、そもそもの逃れ難い本性であるところの「二」によってすぐさま逆襲されることになる。たとえばそれは、やはり『陥没地帯』に引き続いて披露される、相似をめぐる認識において示される。どうやら記憶のあちこちがショートしかかっているらしい主人公は、第一章の巨大ホールで突然左肘に腕を絡ませてきた女が「それが誰なのかにわかには思い出せない旧知の女性に似ているような気もする」と思ってしまうのだが——同様の叙述はこの先何度も繰り返される——、しかしそのとき彼は「経験豊かな仲間たち」からよく聞かされていた言葉をふと思い出す。

もちろん、それがどれほどとらえがたいものであれ類似の印象を与えるというかぎりにおいて、二人が同一人物であろうはずもない。似ていることとは異なる存在であることの証左にほかならぬという原則を見失わずにおき、みだりな混同に陥ることだけは避けねばならない。

（同）

この「似ていることとは異なる存在であることの証左にほかならぬという原則」は、もちろん『陥没地帯』の数々の相似にかんして暗に言われていたことであり、それは「一」に思えるが実は「二」、つまり「一ではなく二」ということだった。しかし、いまここで離反すべき対象は「二」なのだから、前作では「一」からの逃走の方策として導入されていた相似という装置は、こちらの世界では「二」から発される悪しき強力な磁場へと反転してしまうのだ。なるほどこの小説には、前作『陥没地帯』よりも更にあっけらかんとした、そう、まるでやたらと謎めかした、であるがゆえに適当な筋立てのご都合主義的なスパイ映画のような仕方で、相似の表象が次々と登場してくる。女という女は「旧知の女性に似ているような」気がするし、巨大ホールの女の亡くなったパイロットの夫は、第二章で主人公が泊まるホテルの部屋にノックの音とともに忍び込んでくる女、やはり亡くなっている夫は、売れない音楽家だったという自称娼婦の忌まわしくもエロチックな回想の中に奇妙に曖昧なすがたで再登場するし、その音楽家が妻に書き送ってくる手紙には、第一章の主人公の境遇に酷似する体験が綴られている。数え出したら枚挙にいとまのないこうした相似の仄めかしと手がかりは、本来はまったく異なる存在である筈の誰かと誰かを無理繰り繋いであたかもペア＝ダブルであるかのように見せかけるためのブリッジ、橋の機能を有している。どれだけ「三」という数字をあたり一面に撒布しようとも、思いつくまま幾らでも橋を架けられる「二」の繁茂には到底対抗出来そうにない。

では、どうすればいいのか。「二」から逃れるために「三」が有効ではないのなら、いっそ「一」へと戻ってしまえばいい。ともかく「二」でありさえしなければいいのだし、ベクトルが一方向でなくともよいことはすでに確認済みなのだから。

というわけで、第三章の女スパイは、こんなことを言う。

ただ、誤解のないようにいいそえておくが、これから舞台で演じられようとしている物語を、ことによったらあなたや私の身に起こっていたのかもしれないできごとをそっくり再現したものだなどと勘違いしてはならない。この市立劇場であなたが立ち会おうとしているのは、上演を目的として書かれた粗筋を旧知の顔触れがいかにもそれらしくなぞってみせたりするものではないし、それぞれの登場人物にしても、見るものの解釈しだいでどんな輪郭にもおさまりかねぬといった融通無碍なものでもなく、いま、この瞬間に鮮やかな現実となろうとしている生のできごとにほかならない。（中略）もはや、くりかえしもおきかえもきかない一回かぎりのものなのだから、これはよくあることだと高を括ったりしていると、彼らにとってよくある些細なできごとのひとつとして、あなたの世代の同僚の多くが人知れず消されていったように、あなた自身もあっさり抹殺されてしまうだろう。

（同）

そもそも三章立ての小説『オペラ・オペラシオネル』が、作中にたびたびその題名が記され、第三章で遂に上演されることになる三幕もののオペラ「オペラ・オペラシオネル」と一種のダブルの関係に置かれているらしいことは、誰の目にも歴然としている。しかしここでいみじくも女スパイが言っているのは、如何なる意味でもここに「二」を読み取ってはならない、これは「一」なのだ、ということだ。たとえ巧妙に「二」のふりをしているように見えたとしても、これは確かに「くりかえしもおきかえもきかない一回かぎりのもの」なのだと彼女は無根拠に断言する。それはつまり「二ではなく一」ということだ。そんなにも「二」を増殖させようとするのなら、その化けの皮を剥がして、それらの実体がことごとく「一」でしかないという事実を露わにしてやろうではないか（言うまでもなく、これは『陥没地帯』で起こっていたことだ）。いや、たとえほんとうはやはりそうではなかったのだとしても、ともかくも「二ではなく一」と信じることが何よりも重要なのだ。

「二」を「一」に変容せしめようとする力動は、また別のかたちでも確認することが出来る。この物語において主人公は何度か、それぞれ別の、だが互いに似かよってもいるのだろう女たちと「ベッドがひとつしかない部屋」で対峙する、もしくはそこへと誘われる。最後の場面で女スパイも言う。私たちが「ベッドがひとつしかない部屋で向かい合ったりすればどんなことになるか、あなたには十分すぎるほどわかっているはずだ」。「二」人の男女と「一」つのベッド。だが主人公は、一つきりのベッドをそのような用途に使うことは一度としてない。そしてそれは何度か話題にされる如何にも女性の扱いに長けたヴェテランの間諜らしい（らしからぬ？）禁欲というよりも、まるで「一」に対する斥力でも働いているかのようだ。

こうして『オペラ・オペラシオネル』は後半、あたかも「一」と「二」の闘争の様相を帯びることになる。第三章の先ほどよりも前の場面で、女スパイは主人公に「私たちふたりは驚くほどよく似ているといってよい」と言ってから、こう続ける。「しかし、類似とは、よく似たもの同士が決定的に異なる存在だという事実の否定しがたい証言としてしか意味をもたないものなのだ」。これだけならば「一」ではなく「二」でしかない。だがまだその先がある。「しかも、決定的に異なる者たちが、たがいの類似に脅えながらもこうして身近に相手の存在を確かめあっているという状況そのものが、これまでに起こったどんなできごととも違っているのである」。こうして「二」は再び「一」へと逆流する。まるで自らに念を押すように彼女は言う。いま起こっていることは「かつて一度としてありはしなかった」のだと。このあとの一文は、この小説の複雑な闘いの構図を、複雑なまま見事に表している。

だから、あたりに刻まれている時間は、そのふたりがともに死ぬことを選ぶか、ともに生きることを選ぶしかない一瞬へと向けてまっしぐらに流れ始めているのだと女が言うとき、そらんじるほど熟読していたはずの楽譜の中に、たしかにそんな台詞が書き込まれていたはずだと思いあたりはするのだが、疲労のあまりものごとへの執着が薄れ始めている頭脳は、それが何幕でのことだったのかと思い出そうとする気力をすっかり失っている。

（同）

かくのごとく「二」は手強い。当たり前だ。これはもともと「二」なのだから。しかしそれでも、彼女は繰り返す。「どこかしら似たところのある私たちふたりの出会いは、この別れが成就して以後、二度とくりかえされてはならない。そうすることがあなたと私とに許された誇らしい権利なのであり、それが無視されてこの筋書きにわずかな狂いでもまぎれこめば、とても脱出に成功することなどありはしまい」。『オペラ・オペラシオネル』のクライマックス場面における、この「一」対「二」の目眩く争いは、読む者を興奮させる。「実際、あなたと私とがともに亡命の権利を認められ、頻繁に発着するジェット機の騒音などには耳もかさずに、空港の別のゲートをめざしてふりかえりもせずに遠ざかってゆくとき、ふたり一組で行動すると

いう権利が初めて確立することになり、それにはおきかえもくりかえしもききはしないだろう」。「二」人組による、置換も反復も欠いた、ただ「一」度きりの逃避行。ここには明らかに、あの『アルファヴィル』のラストシーンが重ね合わされている。レミー・コーションはアンナ・カリーナが演じるナターシャ・フォン・ブラウンを連れて、遂に発狂した都市アルファヴィルを脱出する。彼らは「二人」になり、そのことによってこれから幸福になるのだ。『ドイツ零年』の終わり近くで、老いたるレミー・コーションの声が言う。「国家の夢は1つであること。個人の夢は2人でいること」。それはつまり「ふたり一組で行動するという権利」のことだ。

かくのごとく「二」は手強い。当たり前だ。これはもともと「二」なのだから。しかも、もはや夢幻なのか現実なのかも判然としない最後の最後で、主人公と女スパイが乗り込むのは「これまでハンドルさえ握ったためしのないサイドカー」だというのだから(これが「ベッドがひとつしかない部屋」と対になっていることは疑いない)、結局のところ「二」は、やはり勝利してしまったのではあるまいか。「二」が「二」であり「二」であるしかないという残酷な運命に対して、結局のところ「三」も「一」も歯が立たなかったのではないのか。小説家蓮實重彥の一作目『陥没地帯』が「一の物語」であったように、小説家蓮實重彥の第二作は「二の物語」としての自らをまっとうする。そして考えてみれば、いや考えてみるまでもなく、このことは最初からわかりきっていたことだ。だってこの小説の題名は『オペラ・オペラシオネル』、そこには「オペラ」という単語が続けざまに「二」度、あからさまに書き込まれているのだから。

四、

さて、遂にようやく「一、」の末尾に戻ってきた。では、小説家蓮實重彥の第三作『伯爵夫人』はどうなのか。この小説は「三」なのだから、仮説に従えば「四」もしくは「二」を志向せねばならない。もちろん、ここで誰もが第一に思い当たるのは、主人公の名前である「二朗」だろう。たびたび話題に上るように、二朗には亡くなった兄がいる。すなわち彼は二男である。おそらくだから「二」朗と名づけられているのだが、しかし死んだ兄が「一朗」という名前だったという記述はどこにもない、というか一朗はまた別に居る。だがそれはもっと後の話だ。ともあれ生まれついての「二」である二朗は、この小説の「三」としての運命から、あらかじめ逃れ出ようとしているかに見える。そう思ってみると、彼の親しい友人である濱尾も「二」男のようだし、従妹の蓬子も「二」女なのだ。まるで二朗は自らの周りに「二」の結界を張って「三」の侵入を防ごうとしているようにも思えてくる。

だが、当然の成り行きとして「三」は容赦なく襲いかかる。何より第一に、この作品の題名そのものであり、二朗にははっきりとした関係や事情もよくわからぬまま同じ屋敷に寝起きしている、小説の最初から最後まで名前で呼ばれることのない伯爵夫人の、その呼称の所以である、とうに亡くなっているという、しかしそもそも実在したかどうかも定かではない「伯爵」が、爵位の第三位——侯爵の下で子爵の上——であるという事実が、彼女がどうやら「三」の化身であるらしいことを予感させる。『オペラ・オペラシオネル』の「二」と同じく、『伯爵夫人』も題名に「三」をあらかじめ埋め込まれているわけだ。確かに「三」はこの小説のあちこちにさりげなく記されている。たとえば濱尾は、伯爵夫人の怪しげな素性にかかわる噂話として「れっきとした伯爵とその奥方を少なくとも三組は見かけた例のお茶会」でのエピソードを語る。また、やはり濱尾が二朗と蓬子に自慢げにしてみせる「昨日まで友軍だと気を許していた勇猛果敢な騎馬の連中がふと姿を消したかと思うと、三日後には凶暴な馬賊の群れとなって奇声を上げてわが装甲車部隊に襲いかかり、機関銃を乱射しながら何頭もの馬につないだ太い綱でこれを三つか四つひっくり返したかと思うと、（中略）あとには味方の特務工作員の死骸が三つも転がっていた」という「どこかで聞いた話」も——「四」も入っているとはいえ——ごく短い記述の間に「三」が何食わぬ顔で幾つも紛れ込んでいる。

しかし、何と言っても決定的に重要なのは、すでに触れておいた、二朗と伯爵夫人が最初の、贋の抱擁に至る場面だ。謎の「ふたり組の男」に「二朗さんがこんな女といるところをあの連中に見られたくないから、黙っていう通りにして下さい」と言って伯爵夫人が舞台に選ぶのは「あの三つ目の街路樹の瓦斯燈の灯りも届かぬ影になった幹」なのだが、演出の指示の最後に、彼女はこう付け加える。

連中が遠ざかっても、油断してからだを離してはならない。誰かが必ずあの二人の跡をつけてきますから、その三人目が通りすぎ、草履の先であなたの足首をとんとんとたたくまで抱擁をやめてはなりません、よござんすね。

（『伯爵夫人』）

そう、贋の抱擁の観客は「二」人ではなかった。「三」人だったのだ。しかし二朗は本番では演技に夢中で——射精という事故はあったものの——場面が無事に済んでも「あの連中とは、いったいどの連中だというのか」などと訝るばかり、ことに「三人目」については、その実在さえ確認出来ないまま終わる。つまり追っ手（？）が全部で「三」人居たというのは、あくまでも伯爵夫人の言葉を信じる限りにおいてのことなのだ。

まだある。一度目の射精の後、これも先に述べておいたが伯爵夫人は二朗に自らの性的遍歴を語り出す。自分はあなたの「お祖父さま」——二朗の母方の祖父——の「めかけばら」だなど噂されているらしいが、それは根も葉もない言いがかりであって、何を隠そう、お祖父さまこそ「信州の山奥に住む甲斐性もない百姓の娘で、さる理由から母と東京に移り住むことになったわたくし」の処女を奪ったばかりか、のちに「高等娼婦」として活躍出来るだけの性技の訓練を施した張本人なのだと、彼女は告白する。まだ処女喪失から二週間ほどしか経っていないというのに、お祖父さまに「そろそろ使い勝手もよくなったろう」と呼ばれて参上すると、そこには「三」人の男——いずれも真っ裸で、見あげるように背の高い黒ん坊、ターバンを捲いた浅黒い肌の中年男、それにずんぐりと腹のでた小柄な初老の東洋人——がやってきて、したい放題をされてしまう。とりわけ「三」人目の男による見かけによらない濃厚な変態プレイは、破廉恥な描写には事欠かないこの小説の中でも屈指のポルノ場面と言ってよい。

まだまだある。二朗の「三」度目の射精の前、和製ルイーズ・ブルックスに案内された「更衣室」には、「野獣派風の筆遣いで描かれたあまり感心できない裸婦像が三つ」と「殺風景な三つのシャワーのついた浴場」がある。伯爵夫人が物語る、先の戦時中の、ハルビンにおける「高麗上等兵」のエピソードも「三」に満ちている。軍の都合によって無念の自決を強いられた高麗の上官「森戸少尉」の仇である性豪の「大佐」に、山田風太郎の忍法帖さながらの淫技で立ち向かい、森戸少尉の復讐として大佐の「金玉」を潰すという計画を、のちの伯爵夫人と高麗は練るのだが、それはいつも大佐が「高等娼婦」の彼女を思うさまいたぶるホテルの「三階の部屋」の「三つ先の部屋」でぼやを起こし、大佐の隙を突いて「金玉」を粉砕せしめたらすぐさま火事のどさくさに紛れて現場から立ち去るというものであり、いざ決行直後、彼女は「雑踏を避け、高麗に抱えられて裏道に入り、騎馬の群れに囲まれて停車していた三台のサイドカー」に乗せられて無事に逃亡する。

このように「三」は幾らも数え上げられるのだが、かといって「二」や「四」も皆無というわけではない——特に「二」は後で述べるように伯爵夫人の一時期と切っても切り離せない関係にある——のだから、伯爵夫人が「三」の化身であるという予感を完全に証明し得るものとは言えないかもしれない。では、次の挿話はどうか?

三度目の射精の直後に例の「サボン」を投与されてしまった二朗は、今度は「黒い丸眼鏡をかけた冴えない小男」の先導で、さながら迷宮のようなホテル内を経巡って、伯爵夫人の待つ「お茶室」——彼女はあとで、その空間を「どこでもない場所」と呼ぶ——に辿り着く。そこで伯爵夫人はふと「二朗さん、さっきホテルに入ったとき、気がつかれましたか」と問いかける。「何ですか」「百二十度のことですよ」。今しがた和製ルイーズ・ブルックスと自らの「魔羅」の隆隆たる百二十度のそそり立ちについて語り合ったばかりなので、二朗は思わずたじろぐが、伯爵夫人は平然と「わたくしは回転扉の角度のお話をしているの。あそこにはいったいいくつ扉があったのか、お気づきになりましたか」と訊ねる。もちろんそれは、小説の始まりに記されていた「傾きかけた西日を受けてばふりばふりとまわっている重そうな回転扉」のことだ。

四つあるのが普通じゃなかろうかという言葉に、二朗さん、まだまだお若いのね。あそこの回転扉に扉の板は三つしかありません。その違いに気づかないと、とてもホテルをお楽しみになることなどできませんことよと、伯爵夫人は艶然と微笑む。四つの扉があると、客の男女が滑りこむ空間は必然的に九十度と手狭なものとなり、扉もせわしげにぐるぐるとまわるばかり。ところが、北普魯西《プロシア》の依怙地な家具職人が前世紀末に発明したという三つ扉の回転扉の場合は、スーツケースを持った少女が大きな丸い帽子箱をかかえて入っても扉に触れぬだけの余裕があり、一度に一・三倍ほどの空気をとりこむかたちになるので、ぐるぐるではなく、ばふりばふりとのどかなまわり方をしてくれる。

（同）

「もっとも、最近になって、世の殿方の間では、百二十度の回転扉を通った方が、九十度のものをすり抜けるより男性としての機能が高まるといった迷信めいたものがささやかれていますが、愚かとしかいいようがありません。だって、百二十度でそそりたっていようが、九十度で

佇立していようが、あんなもの、いったん女がからだの芯で受け入れてしまえば、どれもこれも同じですもの」と、いつの間にか伯爵夫人の語りは、またもや「魔羅」の話題に変わってしまっていて、これも笑うべきところなのかもしれないが、それはいいとして、ここで「四ではなく三」が主張されていることは明白だろう。とすると「ぐるぐるではなく、ばふりばふり」が好ましいとされているのも、「ぐるぐる」も「ばふりばふり」も言葉を「二」つ重ねている点では同じだが、「ぐる」は「二」文字で「ばふり」は「三」文字であるということがおそらくは重要なのだ。

そして更に決定的なのは、伯爵夫人がその後に二朗にする告白だ。あの贋の抱擁における二朗の演技に彼女は憤ってみせたのだが、実はそれは本意ではなかった。「あなたの手は、ことのほか念入りにわたくしのからだに触れておられました。どこで、あんなに繊細にして大胆な技術を習得されたのか、これはこの道の達人だわと思わず感嘆せずにはいられませんでした」と彼女は言う。だが二朗は正真正銘の童貞であって、あの時はただ先ほど観たばかりの「聖林製の活動写真」を真似て演じてみたに過ぎない。だが伯爵夫人はこう続けるのだ。「あのとき、わたくしは、まるで自分が真っ裸にされてしまったような気持ちになり、これではいけないとむなしく攻勢にでてしまった」。そして「そんな気分にさせたのは、これまで二人しかおりません」。すなわち二朗こそ「どうやら三人目らしい」と、伯爵夫人は宣告する。二朗は気づいていないが、この時、彼は「二」から「三」への変容を強いられているのだ。

ところで伯爵夫人には、かつて「蝶々夫人」と呼ばれていた一時代があった。それは他でもない、彼女がやがて「高等娼婦」と称されるに至る売春行為に初めて手を染めたロンドンでのことだ。「二朗さんだけに「蝶々夫人」の冒険譚を話してさしあげます」と言って彼女が語り出すのは、先の戦争が始まってまもない頃の、キャサリンと呼ばれていた赤毛の女との思い出だ。キャサリンに誘われて、まだ伯爵夫人とも蝶々夫人とも呼ばれてはいなかった若い女は「聖ジェームズ公園近くの小さな隠れ家のようなホテル」に赴く。「お待ちしておりましたというボーイに狭くて薄暗い廊下をぐるぐると回りながら案内されてたどりついた二階のお部屋はびっくりするほど広くて明るく、高いアルコーヴつきのベッドが二つ並んでおかれている」。こうなれば当然のごとく、そこに「目に見えて動作が鈍いふたりの将校をつれたキャサリンが入ってきて、わたくしのことを「蝶々夫人」と紹介する」。阿吽の呼吸で自分に求められていることを了解して彼女が裸になると、キャサリンも服を脱ぎ、そして「二」人の女と「二」人の男のプレイが開始される。

彼女はこうして「高等娼婦」への道を歩み始めるのだが、全体の趨勢からすると例外的と言ってよい、この挿話における「二」の集中は、おそらくはなにゆえかキャサリンが彼女を「蝶々夫人」と呼んでみせたことに発している。「蝶」を「二」度。だからむしろこのまま進んでいたら彼女は「二」の化身になっていたかもしれない。だが、そうはならなかった。のちの「伯爵」との出会いによって「蝶々夫人」は「伯爵夫人」に変身してしまったからだ。ともあれ伯爵夫人が事によると「二」でもあり得たという事実は頭に留めておく必要があるだろう。そういえば彼女は幾度か「年増の二流芸者」とも呼ばれるし、得意技である「金玉潰し」も——なにしろ睾丸は通常「二」つあるのだから——失われた「二」の時代の片鱗を残しているというべきかもしれない。

「二」から「三」への転位。このことに較べれば、回想のはじめに伯爵夫人が言及する、この小説に何度もさも意味ありげに登場するオランダ製のココアの缶詰、その表面に描かれた絵柄——「誰もが知っているように、その尼僧が手にしている盆の上のココア缶にも同じ角張った白いコルネット姿の尼僧が描かれているので、その図柄はひとまわりずつ小さくなりながらどこまでも切れ目なく続くかと思われがちです」——のことなど、その「尼僧」のモデルが他でもない赤毛のキャサリンなのだという理由こそあれ、読む者をいたずらに幻惑する無意味なブラフ程度のものでしかない（同様に、何度か意味ありげに挿入される「見えているはずもない白っぽい空が奥行きもなく拡がっている」という光景もブラフだと考えるべきだろう）。ただし「それは無に向けての無限連鎖ではない。なぜなら、あの尼僧が見えているものは、無限に連鎖するどころか、画面の外に向ける視線によって、その動きをきっぱりと断ち切っているからです」という伯爵夫人の確信に満ちた台詞は、あの『陥没地帯』が世界そのもののあり方として体現していた「反復=循環性」へのアンビヴァレントな認識と通底していると思われる。

「このあたくしの正体を本気で探ろうとなさったりすると、かろうじて保たれているあぶなっかしいこの世界の均衡がどこかでぐらりと崩れかねませんから、いまはひとまずひかえておかれるのがよろしかろう」。これは伯爵夫人の台詞ではない。このような物言いのヴァリエーションは、この小説に何度もさも意味ありげに登場するのだが、伯爵夫人という存在がその場に漂わせる「婉曲な禁止の気配」だとして、こんな途方もない言葉を勝手に脳内再生しているのは二朗であって、しかも彼はこの先で本人を前に朗々と同じ内容を語ってみせる。一度目の射精の後、まもなく二度目の射精の現場となる電話ボックスにおける長い会話の中で二朗は言う。「あなたがさっき「あたいの熟れたまんこ」と呼ばれたものは、それをまさぐることを触覚的にも視覚的にも自分に禁じており、想像の領域においてさえ想い描くことを自粛しているわたくしにとって、とうてい世界の一部におさまったりするものではない。あからさまに露呈されてはいなくとも、あるいは露呈されていないからこそ、かろうじて保たれているこのあぶなっかしい世界の均衡を崩すまいと息づいている貴重な中心なのです」。これに続けて「あたくしの正体を本気で探ろうとなさったりすると、かろうじて維持されているこの世界の均衡がどこかでぐらりと崩れかねないから、わたくしが誰なのかを詮索するのはひかえておかれるのがよろしかろうといった婉曲な禁止の気配を、あなたの存在そのものが、あたりに行きわたらせていはしなかったでしょうか」と、小説家蓮實重彥の前二作と同様に、先ほどの台詞が微細な差異混じりにリピートされる。こんな二朗のほとんど意味不明なまでに大仰な言いがかりに対して、しかし伯爵夫人はこう応じてみせるのだ。

でもね、二朗さん、この世界の均衡なんて、ほんのちょっとしたことで崩れてしまうものなのです。あるいは、崩れていながらも均衡が保たれているような錯覚をあたりに行きわたらせてしまうのが、この世界なのかもしれません。そんな世界に戦争が起きたって、何の不思議もありませんよね。

（同）

いったいこの二人は何の話をしているのか。ここであたかも了解事項のごとく語られている「世界の均衡」というひどく観念的な言葉と、あくまでも具体的現実的な出来事としてある筈の「戦争」に、どのような関係が隠されているというのか。そもそも「戦争」は、前二作においても物語の背景に隠然と見え隠れしていた。『陥没地帯』においては、如何にもこの作品らしく「なぜもっと戦争がながびいてくれなかったのか」とか「明日にも終るといわれていた戦争が日々混沌として終りそびれていた」とか「戦争が始まったことさえまだ知らずにいたあの少年」とか「戦争の真の終りは、どこまでも引きのばされていくほかはないだろう」などと、要するに戦争がいつ始まっていつ終わったのか、そもそもほんとうに終わったのかどうかさえあやふやに思えてくるような証言がちりばめられていたし、『オペラ・オペラシオネル』の老スパイは「最後の戦争が起こったばかりだったから、こんな仕事に誘いこまれるより遥か以前」の思い出に耽りつつも、知らず知らずの内にいままさに勃発の危機にあった新たな戦争の回避と隠蔽に加担させられていた。そして『伯爵夫人』は、すでに見てきたようにひとつ前の大戦時の挿話が複数語られるのみならず、二朗の冒険（？）は「十二月七日」の夕方から夜にかけて起こっており、一夜明けた次の日の夕刊の一面には「帝國・米英に宣戦を布告す」という見出しが躍っている。つまりこれは大戦前夜の物語であるわけだが、ということは「世界の均衡」が崩れてしまったから、或いはすでに「崩れていながらも均衡が保たれているような錯覚」に陥っていただけだという事実に気づいてしまったから、その必然的な帰結として「戦争」が始まったとでも言うのだろうか？

伯爵夫人は、二朗を迎え入れた「お茶室」を「どこでもない場所」と呼ぶ。「何が起ころうと、あたかも何ごとも起こりはしなかったかのように事態が推移してしまうのがこの場所なのです。（中略）だから、わたくしは、いま、あなたとここで会ってなどいないし、あなたもまた、わたくしとここで会ってなどいない。だって、わたくしたちがいまここにいることを証明するものなんて、何ひとつ存在しておりませんからね。明日のあなたにとって、今日ここでわたくしがお話ししたことなど何の意味も持ちえないというかのように、すべてががらがらと潰えさってしまうという、いわば存在することのない場所がここなのです」。だからあなたがわたくしを本気で犯したとしても「そんなことなど起こりはしなかったかのようにすべてが雲散霧消してしまうような場所がここだといってもかまいません。さあ、どうなさいますか」と伯爵夫人は二朗を試すように問うのだが、このとき彼はすでに「サボン」の効用で七十二時間＝三日間の不能状態にある。

そしてこの後、彼女はこの物語において何度となく繰り返されてきた秘密の告白の中でも、最も驚くべき告白を始める。そもそも先に触れておいた、二朗こそ自分にとっての「三人目らしい」という宣告の後、伯爵夫人は「お祖父さま」にかんする或る重要な情報を話していた。自分も含め「数えきれないほどの女性を冷静に組みしいて」きた「お祖父さま」は、にもかかわらず「あなたのお母さまとよもぎさんのお母さまという二人のお嬢さましかお残しにならなかった」。事実、隠し子などどこにもいはしない。なぜなら「それは、あの方が、ふたりのお嬢様をもうけられて以後、女のからだの中では——たとえ奥様であろうと——絶対においてにならなかったから。間違っても射精などなさらず、女を狂喜させることだけに生涯をかけてこられた。妊娠を避けるための器具も存在し始めておりましたが、そんなものはおれは装着せぬとおっしゃり、洩らすことの快感と生殖そのものをご自分に禁じておられた」。ならばなぜ、そのような奇妙な禁欲を自ら決意し守り抜こうとしたのか。二朗の死んだ兄は「「近代」への絶望がそうさせたのだろう」と言っていたというのだが、それ以上の説明がなされることはない。

だが実は、そうはならなかった、というのが伯爵夫人の最後の告白の中身なのだ。「ところが、その晩、そのどこでもない場所で、たったひとつだけ本当のできごとが起こった。ここで、わたくしが、お祖父さまの子供を妊ってしまったのです」。どういうわけか「お祖父さま」は伯爵夫人の膣に大量に放出してしまう。それが不測の事態であったことは間違いないだろう。だがやがて妊娠は確定する。当然ながら彼女は堕胎を考えるのだが、「ところが、お祖父さまのところからお使いのものが来て、かりに男の子が生まれたら一朗と名付け、ひそかに育て上げ、成年に達したら正式に籍に入れようという話を聞かされました」。こうして伯爵夫人は「一朗」を産んだのだった。しかもそれは二朗が誕生する三日前のことだったと彼女は言う。やはり隠し子はいたのだ。一朗はその後、伯爵夫人の母親の子として育てられ、いまは二朗と同じく来年の帝大入学を目指している。「しかし、その子とは何年に一度しか会ってはならず、わたくしのことを母親とも思っていない。ですから、ほぼ同じ時期に生まれたあなたのことを、わたくしはまるで自分の子供のようにいたわしく思い、その成長を陰ながら見守っておりました」。この「女」から「母」への突然の変身に、むろん二朗は衝撃と困惑を隠すことが出来ない。それに伯爵夫人のこのような告白を信じるにたる理由などどこにもありはしない。むしろ全面的に疑ってかかる方がまともというものだろう。二朗は自分こそが「一朗」なのではないかと思いつく。そういえば何度も自分は祖父にそっくりだと言われてきた。容貌のみならず「おちんちん」まで。それについ今しがた、伯爵夫人はここが「どこでもない場所」であり、それゆえ「明日のあなたにとって、今日ここでわたくしがお話ししたことなど何の意味も持ちえないというかのように、すべてががらがらと潰えさってしまう」と言ってのけたばかりではないか。その舌の根も乾かぬうちにこんな話をされて、いったい何を信じろというのか。

ことの真偽はともかくとして、ここで考えておくべきことが幾つかある。まず「一朗」が伯爵夫人と「お祖父さま」の間の秘密の息子の名前だというのなら、二朗の死んだ兄の名前は何だったのか、ということだ。そもそもこの兄については、曰くありげに何度も話題にされるものの、小説の最初から最後まで一度として名前で呼ばれることはなく、そればかりか死んだ理由さえ明らかにされることはない。幾つかの記述から、亡くなったのはさほど遠い昔ではなかったらしいことは知れるのだが、それだけなのだ。まさかこちらの名前も「一朗」だったわけはない。一朗が生まれた時には二朗の兄は生きていたのだから……書かれていないのだから何もかもが憶測でしかあり得ないが、結局のところ、兄は二朗を「二」朗にするために、ただそれだけのために物語に召喚されたのだとしか考えられない。そして別に「一朗」が存在している以上は、兄には何か別の名前があったのだろう。いや、いっそ彼は「無名」なのだと考えるべきかもしれない。「お祖父さま」と伯爵夫人の実在するのかどうかも定かではない息子には名前があり、確かにかつては実在していた筈の二朗の兄には名前が無い。「どこでもない場所」での伯爵夫人の最後の告白を聞くまで、読む者は二朗の兄こそ「一朗」という名前だったのだろうと漫然と決め込んでいる。だからそこに少なからぬ驚きが生じるのだが、つまりそれは「二」の前に置かれている「一」がずらされるということだ。その結果、二朗の「二」はにわかに曖昧な数へと変貌してしまう。それどころか彼には自分が「二」ではなく「一」なのかもしれぬという疑いさえ生じているのだから、このとき「一」と「二」の関係性は急激に解け出し、文字通り「どこでもない場所」に溶け去ってしまうかのようだ。

もうひとつ、このことにかかわって、なぜ「お祖父さま」は「一朗」の誕生を許したのかという問題がある。彼にはすでに「二」人の娘がいる。その後に奇妙な禁欲を自らに強いたのは、すなわち「三」人目を拒んだということだろう。「二」に踏み留まって「三」には行かないことが、二朗の兄言うところの「「近代」への絶望」のなせる業なのだ。つまり「三」の禁止こそ「世界の均衡」を保つ行為なのであって、このことは「お祖父さま」の爵位が子爵＝爵位の第四位だったことにも暗に示されている。ということは、彼はひとつの賭けに出たのだと考えられないか。確かに次は自分にとって「三」人目の子供になってしまう。それだけは避けられない。しかし、もしも伯爵夫人との間に生まれてくるのが男だったなら、それは「一」人目の息子ということになる。だから彼はおそらく祈るような気持ちで「一朗」という名前をあらかじめ命名したのだ。逆に、もしも生まれてきたのが女だったなら、その娘が果たしてどうなっていたか、考えるのもおそろしい。

「三」の禁止。仮説によるならば、それは『伯爵夫人』の原理的なプログラムの筈だった。「一朗」をめぐる思弁は、そのことを多少とも裏づけてくれる。だがそれでも、紛れもない「三」の化身である伯爵夫人の振る舞いは、この世界を「三」に変容せしめようとすることを止めはしない。彼女は二朗を「三」人目だと言い、たとえ「一朗」という命名によって何とか抗おうとしていたとしても、彼女が「お祖父さま」の「三」人目の子を孕み、この世に産み落としたことには変わりはない。「一」朗の誕生を「二」朗が生まれる「三」日前にしたのも彼女の仕業だろう。やはり「三」の優位は揺るぎそうにない。だから二朗が射精するのは「三」度でなければならないし、二朗が不能に陥るのは「三」日間でなければならない。考えてみれば、いや考えてみるまでもなく、このことは最初からわかりきっていたことだ。なぜならこれは小説家蓮實重彥の第三作、すなわち「三の物語」なのだから。

そして、かろうじて保たれていた「世界の均衡」が崩れ去った、或いはすでにとっくに崩れてしまっていた事実が晒け出されたのが、「ばふりばふりとまわっている重そうな回転扉」から「どこでもない場所」へと至るめくるめく経験と、その過程で次から次へと物語られる性的な逸話を二朗に齎した自らの奸計の結果であったとでも言うように、伯爵夫人は物語の末尾近くに不意に姿を消してしまう。どうやら開戦の情報を知って急遽大陸に発ったらしい彼女からの言づてには、「さる事情からしばらく本土には住みづらくなりそうだから」としか急な出奔の理由は記されていない。かくして「三」は勝利してしまったのか。本当にそうか。実をいえばここには、もうひとつだけ別の可能性が覗いている。すなわち「四」。ここまでの話に、ほぼ全く「四」は出てきていない。しかし「三」であることから逃れるために、いまや「二」の方向が有効でないのなら、あとは「四」に向かうしかない。では「四」はいったいどこにあるのか。

伯爵夫人が「伯爵」と出会ったのは、バーデンバーデンでのことだ。「あと数週間で戦争も終わろうとしていた時期に、味方の不始末から下半身に深い傷を追った」せいで性的機能を喪失してしまったという、絶体絶命の危機にあっても決して平静を失わないことから部下たちから「素顔の伯爵」と呼ばれていたドイツ軍将校と、のちの伯爵夫人は恋に落ち、彼が若くして亡くなるまでヨーロッパ各地で生活を共にしたのだった。バーデンバーデンは、他の土地の名称と同じく、この小説の中では漢字で表記される。巴丁巴丁。巴は「三」、丁は「四」のことだ。すなわち「三四三四」。ここに「四」へのベクトルが隠されている。だが、もっと明白な、もっと重大な「四」が、意外にも二朗の身近に存在する。

二朗が真に執着しているのが、伯爵夫人でも和製ルイーズ・ブルックスでもなく、従妹の蓬子であるということは、ほぼ間違いない。このことは、ポルノグラフィックな描写やセンセーショナルな叙述に囚われず、この小説を虚心で読んでみれば、誰の目にも明らかだ。この場合の執着とは、まず第一に性的なものであり、と同時に、愛と呼んでも差し支えのないものだ。

確かに二朗は蓬子に触れられてもしごかれてもぴくりともしないし、小春などから何度も従妹に手をつけただろうと問われても事実そのものとしてそんなことはないと否定して内心においてもそう思っているのだが、にもかかわらず、彼が求めているのは本当は蓬子なのだ。それは読めばわかる。そして小説が始まってまもなく、蓬子が伯爵夫人についてこともなげに言う「あの方はお祖父ちゃまの妾腹に決まっているじゃないの」という台詞が呼び水となって、二朗は「一色海岸の別荘」の納戸で蓬子に陰部を見せてもらったことを思い出すのだが、二人の幼い性的遊戯の終わりを告げたのは「離れた茶の間の柱時計がのんびりと四時」を打つ音だった。この「四」時は、二朗のヰタ・セクスアリスの抑圧された最初の記憶として、彼の性的ファンタズムを底支えしている。それに蓬子は「ルイーズ・ブルックスまがいの短い髪型」をしているのだ。二朗は気づいていないが、あの「和製ルイーズ・ブルックス」は、結局のところ蓬子の身代わりに過ぎない。蓬子は「二」女だが、彼女の母親も「二」女であり、すなわち「二」+「二」=四(「二」×「二」でも答えは同じだ)。そして何よりも決定的なのは、蓬子という名前だ。なぜなら蓬=よもぎは「四方木」とも書くのだから。そう、彼女こそ「四」の化身だったのだ。

小説の終わりがけ、ようやく帰宅した二朗は、蓬子からの封書を受け取る。彼女は伯爵夫人の紹介によって、物語の最初から「帝大を出て横浜正金銀行に勤め始めた七歳も年上の生真面目な男の許嫁」の立場にあるのだが、未だ貞節は守っており、それどころか性的には甚だ未熟な天真爛漫なおぼこ娘ぶりを随所で発揮していた。だが手紙には、緊急に招集された婚約者と小田原の旅館で落ち合って、一夜を共にしたとある。婚約者は誠実にも、自分が戦死する可能性がある以上、よもぎさんを未婚の母にするわけにはいかないから、性交には及べない――だがアナル・セックスはしようとする、ここは明らかに笑うところだ――と言うのだが、蓬子は「わたくしが今晩あなたとまぐわって妊娠し、あなたにもしものことがあれば、生まれてくる子の父親は二朗兄さまということにいたしましょう」と驚くべきことを提案し、それでようやっと二人は結ばれたのだという。それに続く文面には、赤裸々に処女喪失の場面が綴られており、その中には「細めに開いた唐紙の隙間から二つの男の顔が、暗がりからじっとこちらの狂態を窺っている」だの「あのひとは三度も精を洩らした」だのといった気になる記述もありはするのだが、ともあれ二朗はどうしてか蓬子のとんでもない頼みを受け入れることにする。彼は小春を相手に現実には起こっていない蓬子とのふしだらな性事を語ってみせさえするだろう。それは「二」として生まれた自分が「三」からの誘惑を振り切って「四」へと離脱するための、遂に歴然とその生々しい姿を現した「世界の均衡」の崩壊そのものである「戦争」に対抗し得るための、おそらく唯一の方法であり、と同時に、あるとき突然向こうからやってきた、偶然とも僥倖とも、なんなら奇跡とも呼んでしかるべき、因果律も目的意識も欠いた突発的な出来事としての「小説」の、意味もなければ正しくもない「原理」、そのとりあえずの作動の終幕でもある。

Ⅲ　予言

序章と終章と文字

一　終章と序章

『エピローグ』と『プロローグ』という円城塔の二つの長編小説は、ほぼ同時期に、前者は「SFマガジン」、後者は「文學界」に連載され、相次いで単行本として刊行された、題名からしても、あからさまな姉妹作と言ってよい。そして多少とも円城のことを知る者には言わずもがなではあるが、これは彼がそもそも小松左京賞最終候補落選作を改稿の上で「ハヤカワSFシリーズJコレクション」から刊行された『Self-Reference ENGINE』と、文學界新人賞を受賞した「オブ・ザ・ベースボール」という二つのデビュー作を持っていることに対応している。

円城塔という小説家は最初から「SF」と「純文学」という二つのジャンルの同時存在として登場した。それは二〇〇七年のことだったので、すでにして八年を越える時間が流れていることになるわけだが、まだたったの八年しか過ぎていないとも言える。ここへきて自らのデビュー時へと回帰してみせた、と見立てることは十分可能だが、しかしもちろんそれだけではない。この二長編の前に、あの『屍者の帝国』があり、その前に「道化師の蝶」での芥川賞受賞があったことを忘れてはならない。つまりこれらはやはり単純な意味での原点回帰ではない。単純という形容がこの作者にもともと全然相応しくないということは別にして、やはりここには複雑な回路が垣間見えている。

しかしここでは出来るだけ単純に語らなければならないだろう。ざっくりと見れば、発表媒体からして『エピローグ』は「SF」、『プロローグ』は「純文学」ということになるわけだが、では前者が『Self-Reference ENGINE』、後者が「オブ・ザ・ベースボール」をそれとなく或いはあからさまにアップデートしたヴァージョンになっているのかといえば、私見では、それは半分しか正解ではない。半分というのは前者で、『エピローグ』が『Self-Reference ENGINE』に似ているところがあるのは確かだが、『プロローグ』と「オブ・ザ・ベースボール」の間に明白な関連性を見出すことはむつかしい（いや何だって頑張れば見つかるに違いないが、とりあえずそういう問題ではない）。むしろ『プロローグ』も『エピローグ』とはまた違った意味で『Self-Reference ENGINE』の後裔であるように思われるのだ。つまり円城塔は、デビュー作である『Self-Reference ENGINE』でやってみたことを大きく二種類に分けた上で、八年後の双児の長編『エピローグ』と『プロローグ』に割り振ったのである。

『エピローグ』は、われわれの現在と必ずしも繋がっているとは限らない遠未来のいつか、チューリング・テストを人に圧勝でパスしてしまうオーバー・チューリング・クリーチャ（OTC）と呼ばれる存在（なのか何なのかもよくわからない何か）によって「現実宇宙」はその解像度を急激に上げまくり、遂に耐え切れなくなった人類は「こちら側」へと「退転」した、というのが前提。ＯＴＣの構成物質スマート・マテリアルの採掘を任務とするスカベンジャーズの朝戸連と彼（？）自身もＯＴＣの一種であるらしい支援ロボット・アラクネのパートと、並行宇宙（なのか何なのかもよくわからないどこか）で起こる奇怪きわまる連続殺人事件の捜査を命じられた刑事クラビトのパートが、基本的に交互に語られてゆく。そして次第に見え隠れというかあからさまに顔を出しまくる、おそらくはありとある「世界」を演算する「イザナミ・システム」の影というか実体。

『Self-Reference ENGINE』は、煎じ詰めればいわゆる「シンギュラリティもの」だったわけだが、『エピローグ』も同じである。それも究極の「特異点」超えがここではあっけなく果たされている。ＯＴＣが開示しているのは「何でもあり且つ何でも可能」ということだ。言いかえればそれは、ありとあらゆる何もかもがすべて起こり終わっているということでもある。エピローグとはそういう意味だ。ＳＦは「ＩＦ＝もしも」の小説形式であるというのは古典的な定義だが、ある意味でこれは「ＩＦ」がもはや存在し得ない世界である。もしもで始まる言明の全部がすでに成し遂げられた出来事として、ここにあるのだから。それはなんと退屈な世界だろう。だが当然そこには退屈さえもあらかじめインストールされているのだ。

とはいえ、にもかかわらず『エピローグ』は抜群に面白い。惜しげもなく繰り出されるアイデアとめくるめくガジェット群は読者の脳をよくわからないまま翻弄し回転させせダンスさせる。章ごとのターンは激しいスピン運動のようにこちらの理解力をシェイクする。主要登場人物ならぬ主要登場存在たちのキャラはやたらと立っているし、「イザナミ・システム」はまるで『マトリックス』みたいであったりもする。早めの段階で全容の把握さえ潔く放棄すれば、これほど愉快痛快に読み進められる円城作品は他には『屍者の帝国』ぐらいしか思い当たらない。デビュー時から指摘され円城塔本人もたびたび表明してきた「ラファティ的ホラ話」への志向＝嗜好が、スーパーハードＳＦの華やかな意匠とともに、ここでは全面展開されている。

ならば『プロローグ』はどうなのか。『Self-Reference ENGINE』に装填されていた「円城塔的なるもの」を「語る言葉」と「語られる世界」に分けるとすれば、『エピローグ』は後者を、そして『プロローグ』は前者を受け継いでいる。もちろん「世界」を語ることによって立ち上げるのは「言葉」を措いて他にないのだから、両者は分ち難く結びついているのだが。『プロローグ』は冒頭から最後まで延々と、いわゆる「私小説」なるものを擬態し続ける。いや、むしろ作者はこういうものこそ、これこそが「私＝小説」なのだと言いたいのだろう。『エピローグ』が「終わり続ける小説」だとしたら、こちらはむろん「始まり続ける小説」である。そこで相手取られるのはまず第一に言葉、言語である。それは「日本語」で書かれてはいるが、絶えずその同一性を激しく相対化され続ける。外国語によって、プログラミング言語によって、そして「日本語」という歴史＝システムの内部に穿たれた「他なる言語たち」によって。『エピローグ』よりも更に錯綜したストーリーライン／プロットは粗筋的な抽出／還元をあっさりと拒んでいるが、しかし読んでいくと『エピローグ』と同じ固有名詞が幾つも出てくるし、やがて「イザナミ・システム」という語さえ記されることになる。だからやはりこの二作は双児であり、姉妹なのだ。或いは、このプロローグとエピローグの合間、或いは、エピローグからプロローグへの空白に、真に掴まえられるべき何か（たち）が宿っているのだということなのかもしれない。

付言しておくと、この二作は単行本化の時系列に沿って、すなわち『エピローグ』→『プロローグ』という順序で読み進むべきだと思う。終章の後に序章が来るという事態を、おそらく作者は意図している。

一　『エピローグ』ハヤカワ文庫JA版解説二〇一八

（以下の記述にいわゆるネタバレはないはずですが、出来れば本編の後にお読みください）

『エピローグ』は「プロローグ」から始まる。このことは特段に不思議なことではない。むしろ当たり前のことだと言っていいのだが、しかし「プロローグ」で始まった『エピローグ』が、ちゃんと「エピローグ」で終わっているとなると、いささか不安な気持ちが頭を擡げてくる。これはほんとうにこれでいいのだろうか？　いやもちろんいいのだが、作者名に「円城塔」と記されているとなると、どうにもどこかで誑《たぶらかさ》れているような気がしてきて落ち着かない。ここには何か深遠なる罠が、あるいはあからさまな落とし穴が、作者であるところの「円城塔」によって仕掛けられているのではないか。根拠はないが理由はないわけではないそんな漠とした疑いが頭を擡げてくるのである。と同時に、ならばいっそのこと、その罠だか陥穽だかに思い切ってこちらから飛び込んでやろうという蛮勇も頭を擡げてくる。ともあれ「プロローグ」で始まり「1」「2」「3」「4」「5」「6」「7」「8」「9」「10」というこれまた驚くべきことに精確に順序正しく並べられた十章を経て「エピローグ」で終わる『エピローグ』という小説は、本書とほぼ同時に文庫化される、その構成に「プロローグ」も「エピローグ」も含まない全十二章から成るもうひとつの長編小説『プロローグ』と対になっている。実際、この『エピローグ』と、あの『プロローグ』は同時期に、前者は「SFマガジン」(早川書房)、後者は「文學界」(文藝春秋)に連載されたのだった。この二誌は「円城塔」の二重のデビュー媒体に当たる。周知のように「円城塔」は二〇〇七年「オブ・ザ・ベースボール」で第百四回文學界新人賞を受賞、ほぼ同時期に小松左京賞最終候補落選作を改稿した長編『Self-Reference ENGINE』を「ハヤカワSFシリーズ Jコレクション」の一巻として上梓したが、単行本刊行に先立ち同作の一章分が「SFマガジン」二〇〇七年七月号に掲載された。『エピローグ』の連載は「SFマガジン」二〇一四年四月号〜二〇一五年六月号まで、『プロローグ』の連載は「文學界」二〇一四年五月号〜二〇一五年五月号まで。小説家としての出発以来、主に「S

F」と「純文学」という二種の小説ジャンルで作品を発表してきた「円城塔」にとって、この二作がいわば原点に立ち返るような意味を持っていたであろうことは想像に難くない。また、この趣向を思うさま利用して読者を誑ってみせようという企図が「円城塔」にあったであろうことも想像に難くない。従って、この『エピローグ』と、あの『プロローグ』は、対となる作品として共に読まれる必要がある。もっと言ってしまえば、この二作は同時並行に読まれることが望ましい。ところが、当然ながら人間には独立した二つの小説を「同時並行」に読み進めることは出来ない。いや本当に「人間」全員に出来ないのかどうかは確かめていないし、もしかしたら右目で『エピローグ』を、左目で『プロローグ』を、同時に読み始めて同時に読み終えることが可能な者だっていないとは限らないわけだが、少なくとも私にはそんな芸当は出来ない。従って、この『エピローグ』と、あの『プロローグ』は、一方を読んだ後で、もう一方に取りかかるか、あるいは一章ごとに互い違いに読んでいくことぐらいしかないのだが(さすがに一文とか一行ごとというわけにはいかない)、だが、そこで『プロローグ』と『エピローグ』は、どちらが先でどちらか後であるべきかという問題が立ちはだかるわけである。この『エピローグ』の順序に従うならば、やはりここは常識に倣って先ず『プロローグ』を読んで、それから『エピローグ』に向かうということになりそうなものだが、私は以前、そうではなくて逆の方がよいのだと、そしてそれを「円城塔」も意図しているのだと主張したことがある。その根拠は、二冊の単行本が出版された順序が『エピローグ』→『プロローグ』だったから、という思えば実に根拠薄弱なものだったのだが、それだけでもないし、そうでなくともよい、ということをこの解説文の最後に述べるつもりである。ところで先に示した二作一章ずつ互い違いリーディングが困難なのは、何はともあれ一章ごとに叙述が進んでゆく『プロローグ』とは違い、『エピローグ』は「プロローグ」と「エピローグ」に挟まれた十章が奇数章と偶数章に分かれており、前者では「オーバー・チューリング・クリーチャ（OTC）」の構成物質スマート・マテリアルの拾集を任務とする特化採掘大隊（スカベンジャーズ）の朝戸連と、その相棒である支援ロボット・アラクネが、後者では「人類未到達連続殺人事件」の捜査を命じられた刑事クラビト（椋人）が、それぞれ主人公を務めるストーリーが展開してゆき、結末に至って合流（？）する、という形になっているからだ。そもそも互い違いなのである。更にその合間に『プロローグ』を一章ずつ挟み込もうものなら、大いなる混乱を来すことは必定である。しかしそれにしても「円城塔」は「ジャンルの掟」に意外（？）にも忠実である。『プロローグ』は「純文学」のサブジャンルである「私小説」の形態を採っており、『エピローグ』は設定からしてすこぶる「SF」らしさに溢れている。何よりもまず魅力的なのはOTCというアイデアだろう。けっして親切に説明されるわけではないので少々憶測混じりになってしまうが、要はOTCとはいわゆるひとつの（無数の？）特異点を超えまくった何かというか何ものかというか何もかもの名前であり、そのそれ（ら）の「何でもあり」の全能万能によって「現実宇宙」はその解像度を野放図に上げまくり、遂にそれに耐えられなくなった人類は命からがら「退転」した、というのが大前提。人間どもはそれでも何とかやっていくためにOTCを構成する物質であるところのスマートマテリアルを掘り当て拾い集めては自らの存在の維持に利用しつつ、あわよくばOTCに一矢報いたいと念じている。朝戸はそんな無謀な闘いの最前線に位置するスカベンジャーズの一員だが、しかしそもそも彼をヘルプするロボ(みたいなもの)のアラクネもOTCの一種であるらしいのだ。だからこれはもう負け戦以外の何でもなく、勝負の終わりははじめから決着がついている。しかしそれでも朝戸はアラクネと共に颯爽と闘いに赴くのであり、その戦闘シーンは無闇矢鱈と格好良かったりする。たとえばそれは「円城塔」もかねがね愛読者であることを公言している神林長平の「戦闘妖精・雪風」シリーズを彷彿とさせたりもする。一方の刑事クラビトはといえば、平行宇宙と呼べるのかさえわからない時間軸も因果律もあれもこれも無茶苦茶になった世界で次々と起こる奇っ怪な「連続殺人事件」の真相を求めて奔走というか右往左往するのだが、これまた最初から謎は解けないもしくは解けているもしくは謎など元々ないということが明々白々とされてしまっており、つまりはこっちもあらかじめ徒労を運命づけられているのだった。だがひとつひとつの「事件」を取れば逆説と詭弁と疑似論理のオンパレードが実に愉快痛快でもあり、その面白さは「円城塔」も愛読者であることをかねがね公言しているR・A・ラファティを彷彿とさせたりもする。すなわち、大きなことには拘らずにディテールだけに着目して読んでさえすれば、『エピローグ』はシンギュラリティSFでありパラドクサルSFミステリでもある作品として大変面白く享受してしまえるのである。しかしながら、ひとたびこの小説の全体像を掴み取ろうとしたが最後、読む者はあっけなく迷宮に入り込む気もないまま入り込み、自らの世界把握力をしとどに翻弄されまくったあげく、しまいには「全体像」という言葉の意味さえわからなくなってしまうのだ。そう、もっとも厄介なののは、ここでは「全体」という概念そのものが理解不可能にされてしまう、ということなのである。『エピローグ』は、あらゆる可能なるものと、あらゆる可能なることに、だらしがないほど放埒に、いやになるほど精密に、開かれてしまっている。読者はただ、叙述と描写の向こう側に、なんだかよくわからない途方もなく巨大な、というかこの際、ただ無限と言ってしまっても差し支えない何かが鎮座している、その気配、その影、その感触を、ぼんやりと、まざまざと、感じ取ることが出来るだけである。こう言ってしまうと身も蓋もないが、それは形而上的な自然、神という概念に限りなく近いものであり、ある意味では、ＳＦと呼ばれるフィクションの形態が、その誕生時から延々と直接間接に相手取ってきたものでもある。そしてそれは、考えてみれば「円城塔」が、その第一歩（の片足）であった『Self-Reference ENGINE』で敢然と相手取ってみせていたものでもある。ここで実にわかりやすい、それゆえに幼稚とも思われかねない喩えを弄するならば、結局のところ、小説（に限らない）がどうにかしようとしているのは「私」と「世界」のどちらかかどちらもである。『プロローグ』は「私」にフォーカスしており、『エピローグ』は「世界」にフォーカスしている。だが誰もが知っているように「私」と「世界」はぐるぐる入れ子になっている。

「世界」の内に「私」はあり、「私」の中に「世界」はある。そのどちらが間違っているのでも正しいのでもない。たったこれだけのことを繰り返し繰り返し問題に掲げてみては究極の答えに達することなくまた始めからやり直しを始めるのが小説の歴史だ。それは答えなどないという答えが最初から出ているということでもあり、そのことがわかっていても書かれ続けるのが小説なのでもある。『エピローグ』と『プロローグ』は、それゆえに同時並行に書かれなくてはならなかった。それゆえにそれらは同時並行に読まれることを夢見ている。だがそれはやはり不可能なのであり、それならば『プロローグ』→『エピローグ』という順序の読み方は、他ならぬ『エピローグ』がその順序を内包しているからには、せめて逆転することによって循環構造を擬態するべきではないか、というのが私が『エピローグ』→『プロローグ』を推奨した理由だったのだ。しかしもちろん、そうでなくても構わない。順序はどっちだってよい。真の問題は、どうしたって有限の文字列でしかない小説が、いかにして無限に、すなわち「自然」や「神」や「世界」と呼ばれる何かに、僅かなりともにじり寄ることが出来るのか、ということなのである。そのために「円城塔」は、デビュー以来の不屈の闘志をもって、この『エピローグ』を、あの『プロローグ』を書いた。

（文春文庫『プロローグ』解説につづく）

『プロローグ』文春文庫版解説二〇一八

（以下の記述はいわゆるネタバレを少々含みますが、出来れば本編の前にお読みください）

はじめに「はじめに」があった。あなたは今、このひとつ前の文章を読んだばかりだ。読むことによって、この二つ前の文章を遂行し、確認した。この三つ前の文章は正しく、その正しさは一通りではない。この四つ前の文章ではじめられた、総計100個の文章の連なりから成るこのこれは、円城塔『プロローグ』の文庫解説である。この解説は、この文章の後、94個の文章で終了する。この解説は、この文章の後、93個の文章で終了する。このように、この一つ前の文章、この二つ前の文章と同じ文章を、数字の部分をマイナス1に書き換えてゆくことで、「この解説文は、この文章の後、1個の文章で終了する」まで続け、最後に「おわりに置かれるのは「おわり」」とでもしておけば綺麗に終われるのだが、残念ながらそれでは「解説」にならない。というか、それはほとんど「それそのもの」でしかない。しかし見方を変えれば、そのようなもの、これ以後の文章の連なりがけっしてそうはならないだろう、そのような文章の連なりの特異なあり方こそ、この解説の対象であるところの『プロローグ』がしていることだと言ってみたい。何しろ、あっちのはじめはこうである。

名前はまだない。

自分を記述している言語もまだわからない。手がかりというものが何もないので、これが文章なのかさえ、本当のところわからないのだ。しかしそれでは何も進まないので、とりあえず文章なのだと仮定してみる。

右の引用の二つ目の文章の頭に置かれた「自分」に注目してみたい。それからその次の文章の「これ」にも。その次の文章の主張することは、すなわち「自分＝これ＝文章」ということである。これはまったくもってその通りであり、難があるとすれば「その通り」以外／以上のことが何も述べられていないようだ、ということだろう。ざっくり言って、今（とは畢竟それぞれの「今」でしかないのだが）、現に書かれ／読まれつつある、ひと連なりの文章それそのものがとつぜん語り始めており、それが語れるものといえば今のところは「自分」であり「これ」である何かでしかなく、そしてそれは誰の目にも明らかなように「文章」と呼ばれるものであるということで、まったくもってその通りである。これがこれをリアルタイムで記述する。たとえば「これはこれである」。或いはこういう文章もある。「わたしは今、この文章を書いている」。或いはこういう文章もある。「あなたは今、この文章を読んでいる」。この二つ

の文章は、時空を越えて向かい合っている。このような文章のことを何と呼ぼう。このような「これ」のことを何と名付けようか。それを『プロローグ』の作者はかつて「Self-Reference ENGINE」と名付けた。自己言及機関。それはこの作者の最初の小説のひとつでもある。二〇〇七年のことだ。『Self-Reference ENGINE』は、円城塔のデビュー長編である。小松左京賞の最終候補落選作（受賞作なし）を改稿した作品だった。相前後して「オブ・ザ・ベースボール」で第百四回文學界新人賞受賞、第百三十七回芥川賞候補となり落選。それから四年後に「これはペンです」で第百四十五回芥川賞候補となり落選。それから半年後に「道化師の蝶」で第百四十六回芥川龍之介賞受賞。しかしこういうことを解説に記すのは狡いのではないか。この文庫本のカバーのどこかに記されているかもしれず、そうでなくてもGoogleその他の検索エンジンに「円城塔」と打ち込めばすぐさま出てくる情報に過ぎない。便利な時代になったものだ。便利な時代になってから久しい。便利な時代の成れの果てにおいて書かれたのが『プロローグ』だと言ってもよい。便利が度を超すと却って一本道が迷路になってしまう、という認識を齎すのが『プロローグ』だと言ってもよい。話を戻すと、先ほど語り始めたばかりの「自分＝これ＝文章」は、大変残念なことに、事もあろうに「日本語」と呼ばれる超マイナー言語であったという驚くべき、だが誰の目にも最初から明らかだった事実が開示され、と同時に「自分＝これ＝文章」は「英語」なり何なりに翻訳される可能性をもあらかじめ心得ているようでもあり、しかし今、あなたの目に見えている文字が「日本語」であるように、これの前に置かれているはずのひと連なりの文章たちもまた「日本語」であることは一目瞭然で、しかし「自分＝これ＝文章」であるところの、日本語で書かれた『プロローグ』と名乗る小説はまだはじまったばかりだ。ところで、この「自分を記述している言語」が差し当たり「日本語」であるということを「自分＝これ＝文章」に教えるのは「わたし」である。と言っても、わたしではない。

丁度傍らを通りかかったわたしへ向けてこんにちはと声をかけると、こんにちはと返事が戻った。これは音声と思われるかも知れないのだが、この通り、目に見えている文章である。

「この通り」というのは、その通りである。わたしの三文字がこの並びでひとつの意味を成すものとして記されるのは、ここが最初である。「わたしはちょっと困った顔で「僕は今、吉祥寺のアーケードにあるエクセルシオール・カフェの二階でこれを書いており、通りかかったのはそっちの方だ」ということを言う」。ひとつ前の文章は鍵カッコで括られていることでもわかるように引用である。二つ前の文章には気になるところが数カ所ある。鍵カッコ内鍵カッコの「僕」というのが「わたし」と同一の存在であることはわかるが、何か変である。というかあからさまに変だ。あからさまなのを説明するのも無粋だけれど説明すると、いきなりはじまってからというもの、ここまでの文章の連なりを音声ではなく「目に見えている文章」のかたちで語っているのは「自分＝これ＝文章」であるらしい、ということはおおよそ確かなことだと思われたのだが、だとすればこの「わたし」とは何だというのか。「丁度傍らを通りかかったわたしへ向けてこんにちはと声をかける」って誰が誰に「こんにちは」を言っているのか。そして誰が誰に「こんにちは」と返事しているのか。二つ前の問いへの答えは「自分＝これ＝文章」が「わたし」に」であり、一つ前の問いへの答えはその逆である。しかしもちろん、これでは何も答えたことにはなっていない。そして問題をさらにややこしくしているのは、これの十個前の文章（引用）中の「これを書いており」の「これ」であることは言うまでもない。「これ」とはどれか。これはこれである。「これ」はこれである。これは「これ」である。「これ」は「これ」である。今、これを書いているわたしは「わたし」と今しがた呼ばれたばかりだが、これは「呼ばれた」を「名乗った」と書き換えても同じことである。だとすると、どうなるのか。「自分＝これ＝文章」を今、書きつつあるのが「わたし」なのであり、つまり「わたし」は遅ればせながら登場した、いうところの「一人称」のアレということになるのだろうか。アレには「語り手」を入れても「作者」を入れても両方入れても良いような気がするが、そのどれを入れたとしてもモヤモヤした感じは残り、モヤモヤするように書かれている。しかも、よりにもよって「わたし」は「自分＝これ＝文章」との対話の中で、こんなことを言い出す。「日本語は、なんとなく文字列を処理しながらだらだらと愚痴を連ねていくという仕事には向いていると思う。私小説というやつだね」。だらだらと、という意味ではこの解説もそうかも知れないが、わたしは今のところ愚痴は言っていない。むしろだらだらと愚痴を言ってるのは「自分＝これ＝文章」のようにも思える。

さすがにそろそろ名前を持つべきではないかと思うが、今日も今日とて喫茶店でこの文章を書いているわたしの方にはこの期に及んで尚、自分の書く話の登場人物に名前を与えるつもりがないようだ。「名前はまだない」ということだから、名前は「まだない」なのかも知れない。だってそう書いてある。あるいは「名前はまだない」自体が名前なのかもわからない。

ともあれ程なく名付けの儀式が執り行われることになるのだが、どういうわけか名前を与えられるのは「わたし」が面白がって「臣」と呼んで（本文参照）みせたりもする「自分＝これ＝文章」ではなく「わたし」の方なのだ。雀部《ささべ》。「名前」を産出するためのプログラムが案出

され、雀部に続く文字が選出される。雀部曽次。続けて理由は不明だが、もう一つの名前も導出される。榎室春乃《えむろはるの》。

榎室春乃とわたしはいう。榎室春乃が、自分の名前は榎室春乃であると言っている。

名前を手に入れ、ようやくわかった。雀部と榎室は根本的に別の人間で、雀部と榎室はそれぞれ別のわたしであるのだ。このわたし、榎室春乃を書いてきたのは雀部の方だが、雀部や榎室の名を決めたのはわたしの方だ。わたしにはまだ、自分を記述する言語の見当さえついていないが、それでも今や自分のことを、著者を命名したはじめての小説なのではないかと自負している。

これで引用は終わり、というか、この解説もあと残り僅かだ。しかしまだ『プロローグ』ははじまったばかり、プロローグの段階でしかない。だがしかし、あれを読みはじめるための準備、或いはあれを読み終わってから二読目、三読目、n読目をはじめるための準備としては、

これで差し当たり足りているのではないかと思う。『プロローグ』とは「著者を命名したはじめての私小説」なのであり、その場面をプロローグとして、雀部曽次と榎室春乃と、その他の名前を与えられた存在たちが「わたし」によって書かれ／語られ、ではなくて、「わたし」の方を記述し叙述してゆこうとする「小説」なのである。つまりこれはまたもう一つのセルフリファレンスエンジンなのだ。そしてすべての文章の連なりの向こう側には、更にまたもう一つの『エピローグ』と呼ばれるエンジンが鎮座している。従って、この解説のおわりに置かれるのは「おわり」ではない。「つづく」である。

（ハヤカワ文庫ＪＡ『エピローグ』解説につづく）

グラマトロジーについて——『文字禍』二〇一八

川端康成文学賞受賞作「文字渦」を書名／冒頭に置いた、全十二編から成る連作短編集である。

テーマは文字通り「文字」、より詳細に言えば「漢字」ということになる。英語の他言語に対する圧倒的な優位は、言うまでもなく、それがたった二十四個のアルファベットによって記述されるという点にある。無論、アルファベットにだって色々な経緯や事情はあるわけだが、兎も角も二十四の記号さえ知っていれば何とかなるという利点は歴然としている。これに対して日本語はというと、ひらがなというものがあるわけだが、五十音ならせいぜい二倍と少しではないかというのは方便に過ぎない。カタカナのことは擱くとして、問題は漢字である。当用漢字という区分もあるわけだが、実際のところ使用（読み書き）可能な漢字の総計はひとによってまちまちであり、そもそも自分で数えられるものでもない。アルファベットをひとつとかふたつとか知らないままでいる、ということはまずあり得ないが（だからこそそれをひとつずつ減らして書く遊びが創案されもした）、漢字の場合は、ひとつふたつどころではなく、ほとんどの日本語使用者は、自分の知らない漢字の方がきっと多いのだろうと漠然と思っているだろうし、その直感は正しい。そもそも漢字はその名称の通り、はるか昔に大陸からやってきたわけだが、以来幾星霜、独自の変化と発展を遂げて現在に至る。一見わからなくても辞書の類いを引けば大概の読みや意味は知れることが多い。そうならないこともあるかもしれない。日本語使用者の内、ごくごく僅かな数しか読むことの出来ない漢字や、ごくごくごく稀少な数しか書くことの出来ない漢字は無数にあると思われる。絶滅言語というか絶滅漢字というのもあり得るが、この漢字は絶滅しましたと書けてしまっては絶滅にならない。ともあれ確かなことは、漢字の総数はおそらく誰にもカウント出来ない。それはほとんど無限に近い。だが実際には絶対に無限ではない。だが無限でないことも有限であることも実証出来ないのだ。

おおよそこのような常識を遠い下敷きにして、これらの小説は書かれている。世の中には言語ＳＦとか、そんな呼称があるのか知らないが言語論文学と呼べるようなものがあったりするわけだが、これは「漢字SF」で「漢字論文学」であるという変わり種である。例によって作者はあらゆる次元で博覧強記を駆使し捲っており、個々の挿話の細部まで存分に理解し得たと私には到底言えないが、見慣れぬ単語はネットで検索すれば出てくるし、読みや意味のわからぬ漢字も大体調べられるし、何だったら飛ばしてもいい（よくない）。それにこういう難儀は円城塔の場合、特に今に始まったことではない。そんなわけでここでは、語りえるものについてのみ沈黙を破ることにしたい。

これも円城小説の例に漏れず、川端賞の「文字渦」を始めとして、本書に収められた作品のどれひとつとして、いわゆる粗筋をすっきりと述べられるものはない。それは物語としての了解を保証する因果律が意図的に失調を施されていたり、時空や審級や象限が意図的に攪乱されていたり、虚構内存在の存在論が意図的にわやにされていたりするからだが、今回は更に加えて、文字／漢字という実に厄介なものを相手取っていることが事態に拍車を掛けている。十二編を通して浮かび上がってくるのは、文字が、漢字が、記号であると同時に物質や現象でもあるということ、ここまでは特に変ではないし、過去作でもお馴染みの認識だが、そこから一気に飛躍して、漢字とは一種の生物なのだという驚くべき知見が示される。すぐさま「生物」の定義が云々されるわけだが、ここではややこしい注釈や詭弁は抜きにして、ほとんど文字通りに「漢字＝生物」とされていると言ってよい。「文字渦」には最初に「阿語」なる古代言語が持ち出され、「「阿」は「ふもと」の意であるとされていた。しかもただの「ふもと」ではなく、驪山（註：中国陝西省秦嶺山脈の山）の阿を指すとする」とあるのだが、暫く読み進むと「阿語生物群」なるものがいきなり出て来て、呆気なく漢字と生物がイコールで結ばれる。それは喩ではなく、ヒトが生物だというのと同じことなのである。その結果、漢字に生物進化論を適用することが可能となる。生物多様性の爆発とまったく同じ次元で、漢字多様性爆発が語られる。絶滅という言葉も違った響きを帯びてくる。種の変化と同様に、字の変化が、突然変異と同様に、部首とその配置などの特異例が提示される。先に挙げた無限と有限の逆説も、そのまま生物にこそ当て嵌まる。しかしそうすると、いま読んでいる文字と漢字それら自体も生物であることになってくるわけで、作者はこの奇怪な帰結を最大限に利用している。

進化論は時間と歴史の問題を喚起する。編を追う毎に見えてくるのは、この連作が「漢字＝生物」の伝来と伝播と伝奇と伝説を「仏教」の歴史にオーバーラップしているということである。もっと大がかりに言い換えるなら、それは「日本（という語＝文字＝漢字？）」はどのようにして成立したのか、という思弁と繋がっている。遣唐使として唐に渡り、のちに「新字」一部四十四巻を編んだ境部石積（坂合部磐積）を始め、実在した人物を大胆不敵にパラフレーズ／メタモルフォーズしてみせる手捌きは『屍者の帝国』を思い出す。前作に当たる『エピローグ』『プロローグ』と通じる要素もある。特に『プロローグ』で提起された、プログラマブルであることと「小説」の可能性の関係にかんして、この作品は明らかにその続きをやっている。

そういえば「人工生命」というものがあるのだった。自然と人工の止揚、というかなしくずしの同一化は、この作家のデビュー以来の一貫した主題である。本書の中に本書の中の他には存在しない漢字が幾つかあったとしても、私は別に驚かない（し、実際にあった）。

筒井康隆は「パラフィクション」を書いたのか？

私は二〇一四年に『あなたは今、この文章を読んでいる。』という奇妙な題名の著書を上梓した。副題は「パラフィクションの誕生」。同書で私は、従来、主に小説の分野においてメタフィクションと呼ばれてきた虚構の形式の原理的かつ現実的な限界を指摘し、新たにパラフィクションという概念＝用語を創案、提示した。メタとパラの関係をなるたけ簡潔に記すと以下のようになる。

メタフィクションとは煎じ詰めれば、或るひと連なりの虚構文が「作者」が「書くこと」によって生起したものであるという事実を何らかの方策によって前景化させる試みだと言ってよい。これに対してパラフィクションとは、ちょうどその反対、すなわち「読者」が「読むこと」によって生起するフィクションのありようを指すものである。このことは拙著の題名に端的に示されている。最もミニマルなメタフィクションは「わたしは今、この文章を書いている。」である。従って最もミニマルなパラフィクションは「あなたは今、この文章を読んでいる。」となる。

　二点、補足しておきたい。まず二つの文が何故「今」という時制を採っているのか、という問題。一編の小説は、完成したヴァージョンにおける最初の一字から書き出されたとは限らないし、語や文の順序が何度となく変更された可能性も、或いは一旦記されたものの最終的には抹消された文や語がある可能性もある。だが、活字なり何なりの形でひとたび固定された文字や文章が（それだって永続的なものではないのだが）書かれた「その時」は常に「作者」にとっての「今」であった筈である。つまり「わたしは今、この文章を書いている。」と書く時、必ずわたしは「この文章」を書いている。この文は現在形以外ではあり得ない。もしも仮に「わたしはかつて、この文章を書いた。」と書くのだとしたら、それは事後的には間違ってはいないが、そう書いている最中には一種のタイムパラドックスに陥っている。

　では「あなたは今、この文章を読んでいる。」についてはどうか。こちらも同様である。あなたが「あなたは今、この文章を読んでいる。」という文章を読んでいる時、あなたは必ず「この文章」を読んでいる。この現在形は「わたしは今、この文章を書いている。」よりも更に揺るぎがない。すべての（一見）固定／安定した文は、いつか何ものかによって書かれたからそこにあるのであり、ゆえにそれが書かれていたかつての現在という時間は、それがいつであれ、必ず存在する（していた）。だが当然のことながら、この世界には、書かれはしたがけっして書いた当人以外には読まれることのなかった文が膨大に存在している。それらは存在証明を持たない、仮想上の、理念上のものである（がゆえに無限に近い）。しかしこれに対して、今、読んでいる／読まれている文は確実にそこに／ここに存在している。もっと強い言い方をすれば、それは読まれることによって存在してゆく。今、読まれているからにはそれはかつて書かれたのだ、という遡行的な存在証明が成されるのだ。

もう一点は、すでにお分かりかと思うが、「わたしは今、この文章を書いている。」と「あなたは今、この文章を読んでいる。」という二つの文は、真逆の言表として同じ事態をいわば挟み撃ちしている場合があるということである。もう少し丁寧に言うと、わたしが「わたしは今、この文章を書いている。」と書く時、わたしはいつか誰かが「この文章」を読むだろうことを予測・期待しており、また、あなたが今「あなたは今、この文章を読んでいる。」という文章を読んでいるのならば、それは「わたしは今、この文章を書いている。」という文が真となる過去が存在していた、ということなのだ。

以上のことからも容易に察されることだと思うが、私が提起した「パラフィクション」の要点は、実際のところありとあらゆるフィクションにあらかじめ内在しているものである。「わたしは今、この文章を書いている。」を強調すればメタになり、「あなたは今、この文章を読んでいる。」を強調すればパラになるのだ。この意味で、あらゆるメタにはパラが潜在しており、あらゆるパラにはメタが装填されている。

拙著が世に出てから、読者や識者より何度か「お前の言うパラフィクションの具体例を示せ」という要望を頂戴した。パラ的に読めるフィクションについては同書で幾つか例を引いておいたが、しかしそれらはパラであると同時にメタでもある。メタとパラは切り離せない（おそらく）。然るに、パラフィクションをメタフィクションの次に来るもの、いわばポスト・メタフィクションとして捉える見方は間違っている。パラフィクションは――メタフィクションと同じく――ジャンルの名称ではないのである。

『あなたは今、この文章を読んでいる。』の論述において、円城塔と並んで最も重要な役割を担っていたのが筒井康隆の『虚人たち』だった。私は同作を日本／語におけるメタフィクションの嚆矢であると共に最良の作品として位置付け、と同時に「メタ」が孕む諸問題を導出するための出発点に置いた。筒井氏ご本人が拙著を読んでどう思われるか、もちろん畏怖するところがなかったとは言えないが、刊行記念の公開対談を恐る恐る依頼してみたところ、幸いにも快諾を得て、二〇一四年九月二十八日、青山ブックセンターで「メタフィクションの極意と掟、そしてパラフィクションの誕生？」なるイベントが執り行われたのだった。そして対談の最後に筒井氏は、これから十年掛けてパラフィクションの長編小説を書く、と宣言された。だが実際には、周知のように、それから僅か半年足らずで、まず短編「メタパラの七・五人」が突然発表され、更にそれから半年ほどで長編『モナドの領域』が発表されたのである。前者には私の名前とともに「パラフィクション」の一語が記され、後者の或る登場人物も「パラフィクション」と口にする。身に余る光栄であった。

その後、私は二〇一七年九月に『筒井康隆入門』という書き下ろしの新書を上梓した。「入門」とあるように、デビュー作「お助け」から、その時点での最新短編「漸然《ぜんぜん》山脈《さんみゃく》」までを、時間軸に沿って出来るだけ網羅的に紹介したものである。筒井氏には草稿を読んでいただいたのみならず、推薦コメントまで頂戴してしまった。

さて、新書であり「入門」であるという前提もあって『筒井康隆入門』で私は「筒井康隆論」と呼べるようなところまで踏み込むことはなかった。同書は、ただひたすら一作ずつ筒井小説を読み直していっただけの本である。だが、それゆえにこそ、長い時間のうねりの中から、幾つかのモチーフらしきものがじわじわと浮かび上がってきたことも、また事実だった。そのひとつが「演劇」である。小説家としてデビューする以前は俳優として舞台に立っていた筒井康隆は、周知のごとく、作家となってからも映画やテレビや舞台などでたびたび演技を披露しており、特に断筆期間は役者をメインに仕事をしていた。だが、ここで言いたいのは、そうした伝記的な部分とはまた別の話である。筒井作品の演劇的側面というか、もっと大胆に言うならば、筒井康隆の小説は全て「演劇」として書かれているのだ、と私は思う。

「メタパラの七・五人」は、著名な挿絵画家だった故・伊川谷兆治の四十九日の法要の後、親族と関係者が集っている応接間が舞台である。死んだ筈の兆治が何の説明もなくそこに居て、皆と会話したりしている。幾つか奇妙な出来事があってから、いきなりメタな展開が始まる。

「おかしいとは思わないかね」兆治が突然、いつまでも無言のままで読んでいる読者に苛立ち、読者のあなたに向って喋り始める。「登場人物が急にあらわれたり消えたりする。何よりも死んでいる筈のわしがこうやって食卓の椅子に掛けて喋っている。これはおかしいだろう。読者として何か言いたいことがある筈だ。そう。むろんあんたに疑問を抱かせようとしてのことなんだがね。（中略）そうだよ。あんただよ。あんたというのは、今この小説を読んでいるあんたのことだ。いやいや、他の誰でもないあんたのことなんだよ。あんたはきっと、この小説にはたくらみがあって、そしてわしの呼びかけは、読者全部に対するたくらみであり呼びかけなのだろうと思うかもしれないが、違うんだ。特定の読者であるあんたのことだ。そりゃあこの小説の読者は他にもたくさんあるだろうが、今現在、この小説のこの部分を読んでいるのはあんたしかいないんだからね。そうだよ。わしは今まさにあんたに向かって話しかけているんだ。たくらみと言えばたしかにたくらみだが、それはあんた一人に対するたくらみなんだよ。あんたをこの小説の中に引きずり込もうというたくらみだ。そのための、特定の読者であるあんた一人にこの小説の中に登場してもらいたいがための、今やっているこのわしの呼びかけなんだよ。そしてまたそのための今までの登場人物の会話だった。実を言うとあんたを呼び出そうというたくらみの方が主目的であって、今までの話なんかどうでもいいんだ。どうだね、言いたいことがある筈だよ」

（「メタパラの七・五人」）

「他の誰でもないあんた」「特定の読者であるあんた」すなわち「今現在、この小説のこの部分を読んでいる」ところの「読者＝あんた」に対して「呼びかけ」が行われる。現実にこの箇所を読んでいる読者にとって、この「あんた」は他ならぬ自分のことである。しかしだからといって「あんた＝読者」を「この小説の中に引きずり込」むことなど出来るわけがないのも自明である。より精確に言えば、このような仕掛けによって、あたかも「読者」が「この小説」の中に「引きずり込」まれたことにする、というのが従来のメタフィクションの欺瞞だったわけである。

「メタパラの七・五人」では、この後、またもや突然「作者」が現れる。

「伊川谷兆治はわたしの分身とも言える存在で、いやいやあなたがたすべてはわたしの分身と言えるわけだから、何も言わなくてもわかるだろうけど、読者の、つまりこの人のために言っておかなくてはならないだろうね。つまりわたしがここへ登場したことで、わたしは本当の作者ではなく、作者の役を演じるだけのただの登場人物になってしまったわけだが、それと同様のことがあなたにも言えるんだ。あなたを呼び出してこの小説の中へ引きずり込もうとするのもまた同じことで、あなたが出てくるとか何か喋りはじめるとかした途端にあなたはもう読者ではなく、読者の役を演じるだけの登場人物になってしまう……」

（同）

「作者」を名乗る「わたし」の台詞は、もはや完全に一種のメタフィクション論と化している。そして極めて重要なのは、以下の部分である。

そうそう。メタフィクションという言葉も出てきていたね。作者がなぜ——

> この概念に捉えられるようになったかについても簡単に記しておこう。そもそも作者の中には、現実に生きている人たちが日常的に演技をしているように思えてならない気持があった。子供の頃からだ。日常に頻出する喜怒哀楽の場面において。人はみな定型化した喜怒哀楽を表現しているように見えてならなかった。どんな大きな局面でも、今までにない奇妙な局面でも、人はみな誰から教わったというわけでもないそれらしい演技を演じることが本能的に可能なのではないかと思えてならなかったんだ。大事件の場合でさえいざとなれば茫然自失という演技に逃げ込むことは可能なんだからね。つまり日常というものはそのままフィクションなのではないかという疑問があり、わたしの小説の出発点はそこにあったと言えるだろう。
>
> （同）

「現実に生きている人たち」は「日常的に演技をして」いるのであり、すなわち「日常というものはそのままフィクション」なのだという認識、All the world's a stage. And all the men and women merely players. 或いは「人間とは、演じる生き物である」（平田オリザ）。よく知られて

いるように筒井康隆は『虚人たち』から『虚航船団』へと一連のメタフィクションの傑作を書き継いだ八〇年代前半に、以前から用いていた「超虚構」という概念を駆使して、小説論、虚構論の論陣を張った。だが、筒井氏自身の論脈からも離脱して、今となってはこう述べることが出来るのではあるまいか。「超虚構」とは、他でもない、この「現実」のことでもあるのだ、と。

誰も彼もが演技をしており、それゆえに世界は劇場であり、現実とは舞台である、このような考え方は、それ自体は凡庸なものであるかもしれない。実際、誰もが首肯し得ることだろう。だがひとは、そのおそるべき側面を、本当によくわかっているだろうか。虚構と現実が「演劇」という認識の装置によって通底してしまうこと、その徹底化が、いったい何を招くことになるのかを、しかと理解しているだろうか。筒井康隆のビブリオ／バイオグラフィを辿っていくことによって見えてくるのは、その作品世界のありようが現実世界へと滲み出て広がって覆い尽くしていくさまである。筒井小説の特権的な一人称であった「おれ」は、断筆明け以後、いつのまにか「わし」へと変貌していた。いわゆる役割語とは、日本語における演劇性の重要な表象である。しかし重要なのは、実のところ「おれ」も「わし」も芝居の台詞なのだということだ。そしてこの芝居は、虚構と現実の双方、小説の内と外の両側で演じられている。筒井康隆にとって、役割語とは役柄語でもあるのだ。

こうしてフィクションは世界へと裏返る。しかしそれは虚構至上主義ではないし、セカイ系的な脳内世界の肯定とも違う。ただ単純に、それゆえに残酷に、書かれた世界とそれが書かれている世界との敷居がなくなってしまう。私が思うに、この端的な事実を今更ながらに「上演」してみせたのが『モナドの領域』なのだ。あの小説は、それのみでは成立していない。あの作品は、書かれることが予告され、書かれたものが登場し、そして読まれ、読まれたがゆえに何事かを惹き起こしてゆくという一連のプロセスも全部含んだ上で、一個のフィクションなのである。だがしかし、それは、そのように企図されたから、そうあるのではない。そうならざるを得ないから、もはやどうしたってそうなってしまうのだという真理に抗うことが出来ないことをわかっているから、そのように書かれたのだ。

ＧＯＤとは「作者」すなわち「筒井康隆」の隠喩、いや、メタファーでさえない筒井康隆その人自身であることは誰の目にも明らかだが、ひとはそこに偉大なる小説家の権能や尊厳を見出すことはあっても、その表情や言動や振る舞いに、微かな、だが紛れもない悲哀や諦念を感じ取ることはほとんどない。ＧＯＤを演じる「筒井康隆」を演じる筒井康隆を演じる彼、それ以外には誰もいないのだということが、どういうことなのかを、深く考えてみようとはしないのだ。

筒井康隆は「パラフィクション」を書いたのかどうか？　この問いへの答えは、いまや明らかだろう。彼はそもそもの始めからメタ以上にパラを意識していたのだ。何故なら、観客の存在抜きに芝居を演じられる役者など、ひとりもいないからである。

三つの「小説」について

一　磯崎憲一郎『鳥獣戯画』

忿怒している。磯崎憲一郎の小説の語り手は、いよいよますます、この世の俗情への苛烈な憤りを滾らせている。本作を読み始めてすぐ思ったのはこのことだ。これをただ単に「磯崎憲一郎は」と言ってしまっても恐らく同じことだが、これがぐるりと廻って同じことになり得ること自体が磯崎文学の特異性でもある。要するに磯崎憲一郎は怒り狂っている。お前らさすがに大概にしろよと殺気を発しつつ言葉を記している。そう感じつつ読み進めた。

冒頭はこうである。「凡庸さは金になる。それがいけない。何とかそれを変えてやりたいと思い悩みながら、何世紀もの時間が無駄に過ぎてしまった」。語り手の「私」は「二十八年間」の会社員生活を自ら終わりにしたばかりの小説家であり、彼は「磯崎」と呼ばれもするし語られるエピソードも作者自身のものであったりする。だが、だとするなら、この「何世紀もの時間」とは何なのか。思い悩んでいたというのだからこれは誰かしら主体の存在する時間であり、それは誰なのかを問おうとすれば構文上は「私」すなわち「作者」すなわち「磯崎憲一郎」ということになってしまうのだった。いったい何が起きているのかと問おうとすれば、これはそう、ともかくも、このように書かれてある、こう書かれてしまったのだ、という他はない。逆に言えば、たったこれだけのことでこの小説は、これから自分は必要に応じて、いや必要などなくとも、あっけなくもやすやすと「何世紀もの時間」を行き来してみせようと宣言しているのでもある。そして実際そうなる。しかしこれは、考えてみればいつものことではある。

一見行き当たりばったりとしか思われないダイナミックに統覚を欠いた語りの進みゆきは『赤の他人の瓜二つ』以来加速してきたこの作者ならではのスタイルだが、これも最初からだが巨視的な歴史を手を替え品を替えて相手取ってきての本作はというと、泉鏡花賞を貰った『往古来今』が作者と瓜二つの「私」を時空間的に思うさま展開する作業であり、続く『電車道』では一転して人称の上でも気持ちの上でも「私」とは言わずに前作で辿り着いた境地の先へと足を進めたのだとすれば、更にその先に突破してみたら、そこはふたたび「私」だった、ということになろうか。しかしその突き抜けの向きは『往古来今』の時とは違っている。ほとんど真逆とさえ言っていいかもしれない。つまりここでの「私」はむしろマクロでありミクロでもある時空間が畳み込まれてゆく場となっているように見える。

第一話「凡庸さは金になる」は先の異様な書き出しのあと、意外なまでに身辺雑記的な、ほとんど私小説的な手触りで暫し進んでゆく。「私」が微温的な期待を隠して喫茶店で待ち合わせをした古い女友達は何故だかそこに現れず、代わりに「私」は面識のなかった年下の美人女優と知り合う。この女優は『電車道』に出てきた女優と幾つもの点で似ているのだが、時間軸が大きくずれており、同じ人物ではない。しかしそれでもある意味で同じと言ってしまって差し支えないのかもしれないのが磯﨑小説だ。あれよあれよと言う間に「私」は女優と京都で再会する段取りとなっており、二人は先斗《ぽんと》町の店で湯葉料理を食べる。彼女の物語がひとしきり語られ、それはいつしか「鳥獣戯画」を擁する栂尾山《とがおさん》高山寺を再興した明恵上人の話に移ってゆく。本作の中核を占めるこの部分は大変に魅力的であり、デビュー作『肝心の子供』を思い出させる宗教者の俗世での荒々しい生き様を至って即物的に描き出す叙述が何話分か続いたのち、語りは大きく旋回して「私」の過去へと向かって（潜って）ゆく。そのとき筆致はまた濃厚に私小説めいてくるのだが、最早始まりの際の構えとは色合いが違っている。そこまでに「何世紀もの時間」が挟み込まれているからだ。

　わかりやすく言えば、こういうことである。「凡庸さは金になる」。何とかそれを変えてやりたいと思い悩みながらも無駄に過ぎてしまったのが、たとえばほんとうは「二十八年間」だったのだとして、ならばそれを「何世紀もの時間」へと語りの負荷によって押し広げてゆこうとする力が、かつての磯﨑小説には漲っていた。いや今でもそれはあるのだが、ここへきて前面に押し出てきたのは、だとするなら結局のところ、この「二十八年間」は「何世紀もの時間」と等価だということにならないか、とする感覚である。あまりわかりやすくなっていないかもしれないが、仮に「世界」と呼ばれている何かを「私」と「私以外」に分けて、両者を足せば「世界」の全部になる、ということではなく、片方あればそれで足りるのだ、というか実はそもそもどちらかしかありはしないのだ、という認識の上に立ち、最終的に「私」が「私以外」と同じになる方向と「私以外」が「私」と同じになる方向とがあり、今回は後者に挑んだ、というのが私が受けた印象だったわけである。

「書くこと」の具体性のプロセスの中で思考する。構成はもちろん、結末さえ定めずに行く。自分の作品を逐一発見してゆく。即興演奏に近い「小説」の生成が自分のやり方だと常々言ってきた磯崎だから、今回もそうだったのだとして、ならば右に述べてきたようなことも、たとえ当たっていたとしてもそうするつもりでやったのとは違うことになる。だとすれば、終盤の不思議な収束ぶりと俄に立ち上がる静けさ穏やかさのようなものに誰よりも驚いたのは作者自身だったのではないか。あんなに怒り狂ってたのに!「小説が書かれたことの積み重ねとして揺るぎないのと同様、現実もじっさいに起きたことの積み重ねとして受け入れられねばならない」。「私」はこう書く。これは「現実がじっさいに起きたことの積み重ねとして揺るぎないのと同様、小説も書かれたことの積み重ねとして受け入れられねばならない」と言い換えられるだろう。この作品が雑誌連載であったことには意味がある。現実の時間の流れが不可避的不可逆的に齎した「私」の変容は、その中で語られた明恵の一生と二重写しになる。しかしだからといって、これは怒りに震えていた者が時を経て安穏を、あるいは諦めを手にするという物語ではない。そうではなく、いずれにせよ「受け入れられねばならない」からこそ、俺はこれから、この世のありとある「凡庸さ」との新たな闘いに赴くのだ、という宣言である。

ドアの向こうには荒野が広がっている。

一　坂口恭平『家の中で迷子』

迷子になるのは、いつだって家の中だ。

だって、そうではないか。踏み迷うのは、自分がどこにいるのかわからなくなるのは、常に家の中であり、机の前だ。

なぜならそれが、書くということ、思考するということだからだ。迷いながら考える、書くということではない。考えること、書くこと、それ自体が、文字通りの意味で、迷子になることなのだ。自分の位置が、座標が、とつぜんに失われること。そして、どこまでもいつまでも、失い続けること。

坂口恭平のさまざまな書きものを、私は一定の関心を持って読んできてはいた。だが本気で吃驚したのは『現実宿り』が最初だった。あの小説の「わたしたち」は、あれ以前の小説の、どの「わたし／たち」にも似ていない。と同時に、あの「わたしたち」たちは、明らかにわたしたちがよく知っている存在、というかわたしたちそのもののことだった。続く『けものになること』には更に興奮させられた。何しろ書き出しが「おれはドゥルーズだ。どう考えてもそうだ」なのだ。もちろんそこには、ドゥルーズという特権的な固有名詞を介して「私、アントナン・アルトー、私は私の子、私の父、私の母、そして私だ」という声が遠く谺している。だが真に重要なのは「アントナン・アルトー」でも「私」でも「子」でも「父」でも「母」でも「ドゥルーズ」でもない。「になること」の方だ。になること自体を、純粋に取り出してみせること。それははっきり言って超難しいことであり、そもそも不可能ぽいのだが、それでもいけるところまではいこうとする試みが嘗て幾らか存在しており、その細く逞しい系譜に坂口恭平も位置している。それは頼もしい態度ではあるが、険しい道であることも疑い得ない。それは、そっちに向かったら絶対やばい、としか言い様のない道なのだ。それは、方向を選ぶというよりも、ふと気づいたらそっちに進んでいた、というようなものである。つまり、迷子になるということだ。

だから私は「新潮」にこの小説が載った時、貪るようにして読んだ。文字通り文字を頬張るようにして、一息で読んだ。これは明らかに前二作を踏まえた作品だ。もちろん物語が繋がっているわけではない、というか物語などない。ただモノと語りがある。『現実宿り』は「わたしたち」だった。『けものになること』は「おれ」と「わたし」の共同作業だった。そして『家の中で迷子』には、たった一箇所だけ「僕」が出てくる以外、一人称の主語はない。つまり「僕」は小説の中で迷子になっているのだ。

「(僕)」(以下「 」)は、小説が始まるなり「家の中で迷子」になっているのだが、最初それは或る種の心の病いに似ている。そう思って納得しようとすれば出来るような描写がある。だが程なく「ふと、四歳の頃、福岡の天神で迷子になったことを思い出した」と「 」は書きつける。そこから旅が始まる。迷子の旅。それは冒険と言い換えてもよい。相変わらず家の中である筈なのだが、ひとたび迷子になればそこはどこにだってなる。「になること」。あっという間に「 」は異人たちの棲む異郷にいる。異郷なのに郷愁が溢れている。鮮烈なイメージ。それは視覚だけではない。耳も口も鼻も手も足も肌も何もかもが総動員されて、不在のノスタルジーを醸し出す。ノスタルジーであるからには、それは記憶と時間に関係している。体験しているのではなく、思い出しているだけなのかもしれない。いや、逆だ。思い出している筈なのに、いまここで体験しているのだ。ここでいま起こっているのだ。そんなことがどうして可能なのだろうか。可能ではない。そんなことは不可能だ。にもかかわらず、それは起こっている。不可能なまま、可能になっている。そういうことの全部が、迷子になることから始まっている。迷子になるとは未知の只中に放り出されることであり、それは既知であったものたちもあっけなく未知に変容してしまうことを意味する。未知と既知は区別がつかなくなる。全部が懐かしく、新鮮だ。何がなんだかわからない。しかしそれは全然おそろしくはない。むしろ嬉しい。そして、この歓喜は少しさみしくもある。このさみしさは少し甘くもある。文字を言葉を文章を追いながら読者もどんどん迷子になる。「になること」。そこにはやはりよろこびとさみしさと甘さが生じる。そう、読むこと、思考すること、それ自体が、文字通りの意味で、迷子になることなのだ。この小説は、そのことを思い出させてくれる。
美しい小説だ。「　」と一緒に何度でも迷子になろう。それでも気づけば、やはり家の中だ。机の前だ。目の前にパソコンのディスプレイがある。わたしは、おれは、僕は、これを書いている。もうすぐ書き終える。でもまだ迷子のままだ。

―

古川日出男『ミライミライ』

すべての小説は、そう書いてなかったとしても、「むかしむかし」という語り出しを潜在的に有している。物語られ（得）るのは常に、すでに起こってしまったことだ。もちろん例外はある（だがここでは例外の話はしない）。たとえ未来を舞台にしていたとしても、何ごとかそこでの物語が語られる時からすれば、それはもう「むかしむかし」になっている。つまり「語り」はほぼ常に「出来事」の後にやってくる（もちろん例外はある）。そしてもっと重要なことは。或る物語が、小説が、誰か他者に受け取られる／読まれる時、それは更に「むかしむかし」になっている、ということである。読者はひとりの作家が、いままさに書きつつある小説を、その行為と同じ時制のなかで読むことは出来ない（もちろん例外はあり得る）。読者に出来るのはせいぜい、いま自分の眼前に存在する有限の文字列としての小説が、むかしむかし小説家によって書き進められていったさまを仮想的にトレースしつつ読む、ということぐらいだ。だがここに、古川日出男の『ミライミライ』と題された小説がある。みらいみらい？にもかかわらず、雑誌連載時にはなかった、それ自体すこぶる思考喚起的な「前書き《ライナーノーツ》」を経て開始されるこの小説のはじまりには「みらいみらい」ではなく「むかしむかし」と記されている。確かにそれは昔の話だ。「むかしむかし、詩人たちは銃殺された。一九七二年の二月上旬のことだった」。三十二人もの詩人たちが。そんなことが「むかしむかし」にあったのか。いや、そんなことが「むかしむかし」にあったという、これは物語なのか。そういう作り話なのか。私たちの知る限り、そんな事実はこの現実には、こちらの歴史には、つまりこちらの「むかしむかし」にはなかった筈だ。すぐに齟齬はより歴然となる。むかしむかし、大日本帝国が戦争に負けて、一九七二年五月に返還されるまでは（だがそれは本当に「返還」されたのか？）沖縄がアメリカ合衆国の統治下にあったように、北海道は戦後、ソビエト連邦の領土となった。そしてアメリカとソ連に東西から挟み撃ちにされた日本国は、地政学的な知略によって、インドと印日連邦を結んだ。となればこれはますます、われわれの知る「むかしむかし」ではない。そんな「むかしむかし」はどこにもありはしなかった。

ところで「むかしむかし」という語句の面白いところは、最初に述べたことの言い換えになるが、そういうからには、その発話／発語は常に必ず「むかしむかし」の後になされるということである。ではこの小説の始まりに据えられ、それから何度も繰り返される「むかしむかし」は、いったいどの時点から告げられているのか。それはいつのことであれ、当然ながら「むかしむかし」に対する「みらいみらい」ということになる。だがそれを語っている何ものかにとっては、それを語っている／記しているのは「いま」である。けれどもその「いま」は、事実とは違えられた「むかしむかし」にとっての「みらいみらい」なのだ。そう、おそらく真の問題は、事実がどうであろうと、このように「むかしむかし」と「みらいみらい」と「いま」が、そのどこかを弄ると他も全部変わってしまうようなひと繋がりの鎖のごときものとして在る、ということなのだ。この小説で古川日出男が闘いを挑んでみせるのは、このことだ。

このことと、この小説の主人公が、ヒップホップならぬニップノップ・ユニット「最新〃」であることは完全に繋がっている。そのためにこそ彼らが召喚されたのだと言ってもいい。天才的なラッパーであるMC野狐、またの名をタイチ（彼には他にも「またの名」いや「前の名」がある）。グループの言い出しっぺであるMCユウキ。役者として有名になり、物語の後半で誘拐されるMCジュンチ、そしてDJ産土こと三田村真。彼の妹である花梨も加えるべきだろう。冒頭の「一九七二年」は「むかしむかし」の一点に過ぎず、この小説は一九四五年から二〇一六年までのおおよそ七十年もの時間を非常に激しく行きつ戻りつする。一九八〇年代半ばに生まれ、二〇〇〇年代に「最新〃」となった野狐タイチたちにとって、小説の約半分ほどの時間は「むかしむかし」の話である。ところでヒップホップの重要な二つの役柄はもちろんラップとＤＪだ。ＭＣ＝ラッパーは言葉を発明し、発語を操作する。それはしばしばリアルタイムで行なわれるし、少なくともそれぐらいやれなければラッパーを名乗れない。ＤＪは音盤を、過去のいつかどこかで奏でられ／発された音楽／音響がアナログ／デジタルに刻み付けられたディスクを次々と繋いでゆくことで、ラッパーが声を乗せる足場をその時その場で用意する。その足場は固く重くどっしりと安定していることもあれば、乗りこなすのに曲芸的な技術が必要になる場合もある。ＤＪが操る音盤はいずれも「むかしむかし」の容れ物である。しかしそこで「むかしむかし」は時間軸がバラバラになっている。ＤＪは無数の「むかしむかし」を「いま」ミックスする。ラッパーはその上で「いま」言葉を紡ぎ出す。『ミライミライ』の語りは明らかにこれを小説としてやっている。この小説はヒップホップの原理で書かれているのだ。

何故か。現在よりも前に位置するのが過去であり、後に来るのが未来であり、過去から見たら現在は未来で、未来から見たら現在が過去である、という鎖を粉砕し、ほんものの「みらいみらい」を手に入れるためだ。この小説のラストは、ほぼ連載当時の現在時に連なる。つまりわれわれはすでに「みらいみらい」にいるということか。違う。語り＝ミックスの内に、膨大なミライミライが孕まれている。読者はそれが書かれつつあった「いま」と同期し、小説家自身と共に、未生の書かれざるミライたちをリアルに夢見ることになるのだ。

死んでいる者たち

I shall soon be quite dead at last in spite of all.
"Malone Dies"

1　シャチ

目の前に二人の男が坐っている。

左の男は短髪で大柄、なので男（大）と呼ぼう。

右の男は男（大）より年上に見える。だが実際はそれほど違わない。髪は真っ白だ。なので男（白）と呼ぼう。

男（白）と男（大）はやや緊張しているように見える。初めて会ったからだ。

私も少し緊張している。

だがそれは嫌な緊張感ではなかった。張り詰めた、というような感じではなく、むしろどこか穏やかな空気がそこには流れていた。中年男が三人、ほとんど話さずにじっとしているわりには。

清澄白河の小洒落た喫茶店だった。私は男（大）が書いた小説を基に男（白）に演劇を創ってもらおうとしており、その最初の打ち合わせというか顔合わせのために三人はそこにいた。具体的にどんな話をしたのかは覚えていない。その時はほとんど何も決まってはおらず（その後、男（大）はその演劇に出演することになるのだが、たぶん私はまだその話をしていない）、私が何か訊ねて、それに答えて男（白）が話し、男（大）が短く応じる、といったことが順番を変えながら何度かぽつりぽつりと繰り返されたのではなかったか。

それでも私はこのとき、これはきっと上手くいくだろうと、特に根拠のない確信らしきものを得ていた。目の前の男二人の佇まいが、そう語っていた。

二人の男は会ったそばから（というかたぶん会う前から）互いを信用しているように私には見えた。少なくともそこには相手の思惑を探り合うような雰囲気は微塵もなかった。私と同じく、彼らもまた、これから何がどうなるにせよ、この試みは重要な意味を持つ出来事になるに違いないと感じていた。

そして実際、そうなったのだ。

二〇一四年の十二月六日のことだったと思う。そして数ヶ月後の二〇一五年四月に、男（大）の原作による男（白）演出の演劇『コルバトントリ、』が、私たちが話した喫茶店から程近い、かつてはスナックだったという小さなスペースで上演された。

男（大）の小説の題名は『コルバトントリ』だったが、台本も書いた男（白）はそれをそのまま舞台に上げるのではなく、彼ならではとしか言い様のない独特なアダプテーションをさまざまに施して、原作のきょうだいともいうべき芝居を編み上げていった。そこで私は題名の末尾に「、」を付け、公演タイトルとした。男（大）は「原作者」であり「登場人物」でもあるという二重の存在として全公演に出演した。だがそれはさほど驚くことではなかった。そもそも彼は小説を書く前から長年、自分の劇団を率いて演劇活動をしていたのだから。だが男（大）にとって、劇団の活動を一旦休止すること、自分の演劇を創るのをやめることと、それまで書いたことなどなかった（書こうとも思っていなかったのじゃないか）小説を書き始めることは、おそらく彼にしかちゃんとした説明は出来ないようなかたちで、密接に結びついていたのではないかと思う。それだけに、この成り行きにいちばん意外性を感じていたのは、ひょっとしたら男（大）だったかもしれない。

『コルバトントリ』の結末は、こうである。

雨が降ってきた。ぼくはまだ小学校のスタンドにいた。いつの間にか父のかたちも消えた。だけど父はいた。母もまだいた。二人の声は聞こえてこないけどぼくにはそれがわかっていた。雨は気持ちよかった。

みんなが雨の音を聞いていた。
シャチにも聞こえてるかな、水の中にいるシャチにはわからへんかな。
こんなにええ音やのに。でも聞こえてるな。

シャチにも聞こえていた。

（『コルバトントリ』）

『コルバトントリ、』では、開演前の諸注意を客席に伝えていた受付スタッフが、そのまま劇という虚構への扉を開ける役割を担うのだが、そこで彼は原作小説の冒頭を朗読してから、最後の一文も読んでしまう。「シャチにも聞こえていた」。彼はそれを何度も繰り返す。

シャチにも聞こえていた。
シャチにも聞こえていた。
シャチにも聞こえていた。

こうして小説は終わり、こうして演劇が始まった。

2 死生観

喫茶店での面会に先立って、当然ながら私は自分のアイデアを男（白）と男（大）に伝え、基本的な了承を得ていた。最初は、具体的な作品名は挙げずに、ただ男（大）の小説を男（白）が演劇化する、というものだった。それぞれに相次いでEメールを送ったのだが、男（白）は男（大）の小説を幾つか読んでおり、可能ならやってみたい、という返事であり、男（大）はといえば、もちろん男（白）の演劇は観たことがあり（およそ演劇をやっている者で男（白）の存在を知らない者は居ないだろう）、男（白）がやるのならば全ては任せる、原作をどう使ってもどう変えても構わないし、協力も惜しまない、という返信があった（私はこの時点ですでに男（大）の出演を思いついていた）。話はとんとん拍子に進んだのである。

私は二人に送ったメールのなかで、なぜこの組み合わせなのかということについて、男（大）と男（白）の世界は、死生観がどこか似ているように思う、と書いた。何とも陳腐で浅薄な言葉だが、そのときはそうとしか書きようがなかった。死生観のどこがどう、ということも特に説明しなかった筈である。二人がどう思ったのかはわからない。そんな簡単な話じゃない、と思われたかもしれない。そもそも死生観とは変な言葉だ。どうして生死観ではないのか。死が先に置かれているのに何か意味はあるのだろうか。しかし、産まれて生きてそして死ぬ、という普通はその順序だと思われているプロセスよりも、死があって、そして生がある、という方が私には、特に今の私には、どちらかといえばしっくりくるし、男（大）の小説も、男（白）の演劇も、その順番になっている、というか死と生に順番も序列もないと言っているように私には感じられた。そもそもこの二つは対立概念なんだろうか？

『コルバトントリ、』よりも後のことだが、私との対話のなかで、男（白）はこんなことを話した。

演劇は、生身でそこにいてはじめてできるものです。でも同時にその生身の生身性をどんどん失わせていく行為でもあります。その延長線上には、ここに自分がいることといないことが完全に等価であるようなあり方がある、おおげさなことを言うと、そもそも自分は確実に死ぬらしい、生まれてこなかったかもしれない、それをわかっている自分がいまここにいる、地球がいずれ消滅することを知っている自分が、いま生きて子どもを育てていて未来のことを考えている、そういうことが関係している。

（「演劇とは「半々」である」）

『コルバトントリ、』よりも前のことだが、『コルバトントリ』について私と対談した際、男（大）は「ぼくはたぶん、人が死ぬ、というようなことをたいしたことと思っていないんです。コップが倒れるくらいのこと、と。自分が死ぬことも含めてですけど」と話した。

ひとは誰もが死ぬ。自明のことである。いや、こう書くといつもすぐに思ってしまう。ひとは誰もが死ぬだなんて、どうしてわかるのか。死なない者だっているかもしれないじゃないか。さまよえるオランダ人？　サン・ジェルマン伯爵？　荒川修作？　死とは有機物だけに訪れる機構の停止のことで、路に落ちている石は死ぬことなくいつまでもそこに在る。それと同じように、と言っていいのかどうかはわからないが、死という停止の手前で、いつまでもずっと在り続ける者だって、どこかにいるのかもしれない。自然科学は、そのような存在を否定するしかないが、少なくとも、そのような存在がいないということを具体的にひとりひとりしらみつぶしに証明することは誰にも出来ない。この世のあらゆる人間が、生まれてきたからには必ず死ぬのだと、どうして言えるのか？

むろんこれは戯言に過ぎない。だが私は、どこかでなかば本気でこう考えている節がある。存在しないことを完璧に証明出来ない存在の非在を信じることは、私には出来ない（同じ理由で、私は霊を見たことはないが、その非在も信じることが出来ない）。フィクションには、しばしば死なない者が描かれる。興味深いことは、不死の存在が描かれた虚構の物語において、死なない者たちはただ単に死なないのではなく、死にたくてもけっして死ねない永遠の生の囚人だとされていることが多々あり、誰よりも本人たちがまずそう思っているらしく見えることだ。つまり死を奪われてあるとは不幸なのだと。このことも考えてみると不思議な気がしてくる。

グレッグ・イーガンのSF小説『順列都市』や『ディアスポラ』には、人類が生身の肉体を捨ててコンピュータ・ネットワーク上のソフトウェアとして存在してゆく未来が描かれている。これも一種の非死というか無死の状態と言えるだろうが、現実世界から切り離されているという点で、その永遠の生はむしろ死に似ている。だが多くの場合、それは一種のユートピアとして描かれている。精確に言うと、そこにいる者たちに、それは肉体の劣化や老化、死などという宿痾から解放された望ましい安穏、ある紛れもない幸福状態として受け入れられているように見える。これもどこか不思議な気がしなくもない。どうして、現実世界でいつまでも死が訪れないことは不幸で、仮想世界でいつまでも生き続けるのは幸福なのか。どちらかといえば逆じゃないのか。いや、実際逆のケースもあるだろうし、だからこれは私の感じ方ということなのかもしれない。

ひとは自分の死を経験することが出来ない。あまりにもよく言われることである。しかしこれを裏返すと、ひとが経験するのはいつも他人の死である、となる。二つは同じことを言っているのだが、意味するものは随分違ってくるように思われる。しかしまず、ひとは自分の死を経験することが出来ない、というのは本当なのか、と疑うことだって可能だ。経験した者だっていたかもしれないじゃないか。いわゆる臨死体験のことではなくて、ただその死の経験がどうであるかを表沙汰に出来ないだけで、ひとは自分の死をちゃんと経験しているのかもしれない。だから精確には、ひとは自分の死を経験することが出来たかどうかわからない、だろう。それはそうだ、当たり前じゃないかと思われるかもしれないが、私は最近ますます、ひとは自分の死を経験することが出来ない、という言い草に露骨に流れる装われた観念性のようなものが嫌いである。それがどうした、そんなの問題でも何でもない、そんなのは死とは何の関係もない、と言いたくなってくる。

むしろ重要なのは、明らかに、ひとが経験するのはいつも他人の死である、の方ではないのか。これも当たり前だが、その当たり前さを、私たちはほんとうに真に受けているだろうか。そもそも私たちは、ほんとうに他人の死を経験していると言えるのか。他人の死とは何か。経験とは何か。あるのはただ、現実の具体的な誰か、自分以外の誰かの具体的な現実の死、そのたびごとに常に、ただそれだけでしかないのではないか。そして、ただそれだけでしかないということこそ、もっとも驚くべき、畏るべき、語るべき、考えるべきことなのだ。つまり、私の知っている／知らない誰かが、これればかりは疑いようもなく、確実に、死んだのだということ。

3　虚実

ところで、私はすでにひとつ嘘を書いた。しかもそれは最初の一行だ。「目の前に二人の男が坐っている」と私は書いた。そんな筈はない。初対面の男二人を引き合わせるのに並んで坐らせるわけがないだろう。実際には男（白）か男（大）のどちらかが私の横に坐っていた筈である。だが私はそれがどちらだったのか思い出せない。しかし二人が並んで坐ってなどいなかったことだけは間違いない。ところが今でも私はそんな気がするのだ。だから嘘を書いた。嘘とわかってはいるが、事実はそうではなかったと知ってはいるが、そしてさして注意深くない者でも読んですぐにそれが嘘だと気づくだろうと思ったが、それでもそうであったとしか思えないから虚偽を書いた。私のイメージでは、男（大）と男（白）のどちらかが私の隣にいた映像よりも、目の前に彼らが並んでいる映像の方が、ずっと本当らしく思える。それはひょっとしたら、ある写真家が撮った、二人が並んで立っている写真、短髪の大きな男が左に、白髪の男が右にいる写真を見たからかもしれない。

嘘と勘違いと虚構を厳密に区別する方法はあるのだろうか。宗教や恋愛においては、それらの違いは限りなく曖昧になる。あのときお前も一緒にいたじゃないか、と言われ、そんなことはまったく覚えていなかったとしても、ただ話を合わせるために、そうだったそうだったと応える場合もあれば、そう言っているうちにそうだったとしか思えなくなってくることもある。じつは相手が嘘をついている場合も、相手が記憶違いをしている場合もある。三人目が出てきて、いやお前らは二人ともそこにはいなかった、と言い出すこともある。そいつの言うことが記憶違いだったり嘘だったりすることだってあるだろう。過去の出来事は、何らかの仕方で、確たる証拠、記録が残っていない限り、どこまでも可能態の束を膨らませてゆくしかない。

男（白）は、自分は演劇にかんして「作品」という意識がない、と言っていた。「大昔から存在している演劇が、映画が登場したいまもわざわざやられている。メディアとしてはあきらかに効率が悪いのに。だからぼくは、自分のなかで映画の原理と演劇の原理は区別して考えています。映画は作品だと思っている」。だが演劇は「作品」ではない、ならない。

映画はスクリーンで見る「像」であり、同じ「反復可能」といっても反復の意味が演劇とはぜんぜんちがう。あたりまえのことだけど、演劇では死んだひとは絶対に舞台の上にいない。けれど映画の場合は逆に、死んだひとの姿を明確な像として見ることができる。同じように役者さんが演技をしていても、演劇と映画は原理的に真逆の表現だと思っています。

ぼくは、すべての演劇はフィクションだと思っている。でもそのフィクションは、いま生きているひとがフィクションを目のまえで上演して見せているというドキュメントでもあるわけです。開演時間になってなにか現象が起こり始めて、上演時間のあいだそれが起こり続けている。極端な例で言うと、途中でそのひとが死んじゃうこともありうる。そういう、その日その時間に起こってる事柄のドキュメントを、作品と呼ぶ気にはならないんです。

(「演劇とは「半々」である」)

演劇は「作品」ではなく「現象」である。これはほとんど、演劇が、というだけではなく、にんげんは、ということなのだと思えてくる。あまりにも有名な、あの詩篇を思い出す。

わたくしといふ現象は
仮定された有機交流電燈の
ひとつの青い照明です

（あらゆる透明な幽霊の複合体）
風景やみんなといつしよに
せはしくせはしく明滅しながら
いかにもたしかにともりつづける
因果交流電燈の
ひとつの青い照明です
（ひかりはたもち　その電燈は失はれ）

これらは二十二箇月の
過去とかんずる方角から
紙と鉱質インクをつらね
（すべてわたくしと明滅し
　みんなが同時に感ずるもの）
ここまでたもちつゞけられた
かげとひかりのひとくさりづつ
そのとほりの心象スケツチです

（「春と修羅・序」）

私が二人の男を引き合わせた日から三年と三ヵ月ほど前、男（白）は東京の夢の島公演で、イタリア人の演出家と、演劇では比較的珍しいダブル・ビルを行なった。毎年その時期に開かれる大規模な演劇祭の一環としての野外公演だった。イタリア人演出家は右の詩篇をほぼリテラルな「原作」として、いかにも彼らしい幻想的かつ即物的なスペクタクルを現出させた。対して男（白）は、シンプルな仕上がりのイタリア人演出家の作品とは異なり、幾つもの出来事が同時多発的に惹起する、まさに「開演時間になってなにか現象が起こり始めて、上演時間のあいだそれが起こり続けている」としか表現しようのない、複雑で重層的な時空間を立ち上げてみせた。題名は『じ　め　ん』だった。二〇一一年三月十一日から半年しか経っていなかった。地面は、まだ時々揺れていた。地面に穴を掘り続ける少年が出てきた。イタリア人演出家の作品と併せて主演を務めた少年は俳優ではなく、ある音楽家の息子だった。ちなみにその音楽家は、それから五年半後に、こう歌うことになる。「さよなら／さよなら／バイバイ／アディオス／これから／この先／いつか／どこかへ／親しい人の／記憶さえも／時とともに／滲んで消えていくよね」。

男（白）の『じ　め　ん』を観たとき、私はまだ男（大）と知り合ってはおらず、というか彼のことは全く知らなかった。男（大）が最初の小説を出版するのは、それからちょうど半年後のことだ。だが男（大）は『じめん』を観ていたのだった。そのことを私は、やがて『コルバトントリ、』と呼ばれることになる舞台の実現のために男（大）に最初に書き送ったメールの返信で知らされた。男（白）と男（大）と私は、あの日、同じ地面の上に立っていたかもしれない。男（大）が自分の劇団の現時点での最後の公演を打ってから約一年が過ぎていた。私はその劇団を観たことがなかった。男（大）の劇団の名前はＦＩＣＴＩＯＮという。

―

4　しんせかい

『しんせかい』の話をしよう。といっても、男（大）が二〇一七年に日本でいちばん有名な文学賞を獲った小説のことではない。彼の劇団ＦＩＣＴＩＯＮが、二〇〇八年の夏から秋にかけて全国四箇所で上演した演劇『しんせかい』のことである。同じ題名なのだ。だが内容はぜんぜん違っている。私はこれをＤＶＤで観た。ややこしいのだが、それからちょうど十年前にＦＩＣＴＩＯＮは『新世界』という舞台もやっている。これは私は観ていないので『新世界』と『しんせかい（演劇）』あるいは『しんせかい（小説）』が繋がっているのかどうかはわからない。

なぜかプロレスの覆面を被っている青年が、求人広告雑誌で探して一ヶ月だけの仕事をすることになる。彼はネットカフェ暮らしで、住所がなくても雇ってくれたのがそこしかなかったのだ。雇い主は妙に明朗快活な調子のいい男だが、やたらと咳き込む。青年はコタニ、雇い主はオオキ。オオキはコタニを彼の経営する海の近くの小さな工場（？）に連れていく。寮もある。だが働いている連中は全員いかにも怪しげだ。到着まもなく工員のひとりが激昂して現れる。男（大）だ。役名はイケタニ。イケタニはオオキが同じ工員の自分の女みちこに言い寄ったと怒り狂っている。顔を腫らせ全身痣だらけのみちこも出てくる。いきなりの修羅場にびびるコタニ。背の高いヤクザ風の足の不自由なミウラも、ロシア人だという金髪で何を言ってるのか全然わからないアレクも、特に騒ぐことなく、むしろどこか愉しげに傍観している。コタニはイケタニから、オオキが病気で余命一ヶ月だということ、だからお前は一ヶ月だけの契約なのだと知らされる。そこで働く者は全員、そのことをわかっているが、みちこ以外はオオキを慰めもいたわりもせず、むしろ冗談のネタにしたりしている。そんな相当に酷い環境でのコタニ青年の一ヶ月を物語るのが『しんせかい』である。

イケタニ＝男（大）は、コタニにオオキの病気の話をする際に、こんなことを捲し立てる。「つい昨日までぴんぴんしとった奴が、あとひと月したら死ぬてどうゆうこと？」「死んだらどこ行くの？」「宇宙の外には何があるの？」。冗談めかしてはいるが、いや冗談なのだが、冗談だろうが何だろうがオオキは一ヶ月経って予告通りちゃんと死んで、物語は終わる。誤解されるといけないが、この舞台の雰囲気は、実は泣ける的なものでは全くない。確かに終盤にペーソスらしき感情が浮き上がってきはするが、すぐさまそれを台無しにするような巫山戯たしょうもない台詞や動作が続いて、全体としては終始、登場人物の死に向かって、つまりそのこと自体を目的＝終点として一直線に進んでゆくというこの芝居の構造そのものを、ひたすら脱臼させ、シリアスから遠く遠く離れてゆこうとしている。そしてもちろん、それだからこそ感動的と言うしかない芝居になっている。いや、それは間違い。作演出をした男（大）は、こんなことで「感動」なんかしたらおかしいやろ、とたぶん思っている。それに、これはお話の、フィクションだからこうなってるわけじゃなく、むしろ現実だったらこんなだろう、もしも自分らの内の誰かが、つい昨日までぴんぴんしとった奴が、あとひと月したら死ぬと告げられたら、それはもう、こうなるしかないやないか？

この芝居でミウラを演じたＦＩＣＴＩＯＮの俳優、井上唯我は、二〇一二年六月、三十五歳の若さで亡くなった。癌だったという。最後の一言は「おれ、死ぬの？」だったという。ネットで読んだだけなので、確かではない。私は井上唯我というひとと、一度も会うことはなかった。私はただ『しんせかい』やその他のＦＩＣＴＩＯＮのＤＶＤで、彼の姿を見ただけだ。私は『しんせかい』のミウラを、何度でも見ることが出来る。その他のＦＩＣＴＩＯＮの演劇で彼が演じる姿も、何度でも見ることが出来る。演劇の映像記録とは不思議なものだと思う。それはいわば「現象」と「作品」が「半々」になっている。私はＦＩＣＴＩＯＮの演劇を一度も生で観たことがなかったが、ＤＶＤで現時点での最後の、いや最新の公演『ボノボ』を観て、『しんせかい』を観て、二作の間に位置する『ディンドンガー』を観た。三作とも井上唯我は出演している。このあとも何作か観るだろう。
井上唯我については保坂和志が短編小説に書いている。

死んだ友達の奥さんに「猫が死んだときみたいだった。」と私はメールしたら、「私の友達も一年前に死んだうちの犬のお葬式を思い出したと言ってくれました。」という返事が来た。
死んだその友達は唯我という一度聞いたら忘れない名前だった。私は彼と抗ガン剤が効いてガンがとても小さくなったとか消えたとかいうときに二人だけで一度食事して彼はふつうに酒も飲んで煙草も吸った、次は半年後というのはなんか余命が短かいから急いでるみたいだから一年後にしようと私は彼に言うと、彼も「そうっすね。」と笑ったが一年後のその日に彼はもういなかった。

（「夏、訃報、純愛」）

私はこの小説を最初に読んだとき、ここに出てくる「唯我」と劇団ＦＩＣＴＩＯＮの「井上唯我」が結びついていなかった。『ボノボ』のＤＶＤは観ていたがわかっていなかった。「夏、訃報、純愛」によると、通夜ではずっとボブ・マーリィが流れていた。保坂は書いている。「私は唯我がボブ・マーリィがこんなに好きだったのを知っていたらもっといろいろ話ができた。あれ以来ボブ・マーリィを思い出すと唯我も一緒に思い出す。もう何年も自分ではボブ・マーリィをかけないから家でボブ・マーリィをかけて唯我のことを考えることはない」。だが二人だけで食事をしたときも、彼らはボブ・マーリィの話はしなかった。

それでもどこかでボブ・マーリィが流れていれば唯我や唯我のようにボブ・マーリィを好きだったやつがそこでボブ・マーリィを聴く、音楽とはそういうものだ。こんなことは信じない人は全然信じない。言葉とか概念とかは繰り返し声に出して言われ、文字に書かれ、ということはそれを今度は目で読んで頭の中で無音の音となり、そういうことが繰り返されることによって真理値を獲得する。私に聞こえる聞こえないにかかわらない、世界のどこかでボブ・マーリィが流れていれば唯我や唯我のようにボブ・マーリィを好きだったやつがそこでボブ・マーリィを聴く。

（同）

一九九六年の夏の終わり、私は岡山まで年下の友人の葬式に行った。軍馬修というその友人の出身地を知ったのは彼が死んだ後だった。そもそも軍馬修は本名ではなかった。たぶん本名ではないだろうとは思っていたがそれを確かめることも本名を聞いたこともなかった。皆と同じく、ずっと軍馬君あるいは軍ちゃんと呼んでいた。かなり前、軍馬君はもうひとりのこちらはまだ生きている虹釜太郎（もちろんこれも本名じゃない）と一緒に渋谷で小さなレコード店をやっていた。その店を始める前に二人は私に会いに来て、私は幾らかアドバイスみたいなことをした。その店はパリペキンという名前だった。私はそこで、普通に生きていたらそれらの存在を知らぬまま終わってしまうだろう奇妙だったり極端だったり意味不明だったりする数多の音楽たちを解説付きで紹介する小規模なイベントをやった。名前は「UNKNOWNMIX」だった。私はその後、この名前で音楽レーベルを始め（現在も続けている）、これをタイトルとする雑誌の連載を長く続け、そして『未知との遭遇』という本のなかでも使った。その最初の場所がパリペキンで、そこに軍馬修はいた。やがて彼は店を辞め、もうひとりのまだ生きている男、ヤマベケイジと共に新宿に新たなレコード店ロス・アプソンを開いた。私はそこにもよく通った。ロス・アプソンは何度か引っ越しをして、今でもある。だが私はもう何年も行けていない。

そんな軍馬修の葬式でもずっとボブ・マーリィが流れていた。私は保坂和志の小説を呼んで、そのことを思い出した。私は軍馬君がボブ・マーリィがあんなに好きだったのを知っていたらもっといろいろ話が出来ただろうか。あれ以来、ボブ・マーリィを思い出すと軍馬君のことも一緒に思い出す。だが、もう何年も自分ではボブ・マーリィをかけないから家でボブ・マーリィをかけて軍馬君のことを考えることはない。それでもどこかでボブ・マーリィが流れていれば軍馬修や井上唯我のようにボブ・マーリィを好きだったやつがそこでボブ・マーリィを聴く、音楽とはそういうものだ。

岡山からの帰りの新幹線の車中で、私は、もう二度と友達の葬式には出ないと決めた。誰が何と言おうと、不義理だろうが非人情だろうが、絶対に葬式には行かない、そう決めてそれからほんとうに一度も出ていない。何人も、ちょっと信じ難いほどに何人も友達が、あれから死んだ。死ぬのはいつも自分以外の誰かだ。私はその誰の葬式にも行っていない。これからも行かない。これは嘘ではない。

5 蟹

『しんせかい（演劇）』には、イケタニ＝男（大）が大きな蟹の鋏に挟まれる場面がある。もちろん蟹は作り物だ。大きな蟹は英語でCancer、言うまでもなくこの語には癌という意味もある。なぜ「蟹」と「癌」が同じ語なのかというと古代ギリシャまで遡る。医学の創始者と言われるヒポクラテスが乳癌を摘出した際、その形状を「蟹のよう」と喩えたことから来ていると言われる。オオキの病気が何であるのかは語られないが、語るかわりに蟹を出したということなのか、私は男（大）に確かめていないのでわからない。ただの偶然かもしれない。どうであれ、その場面をＤＶＤで観て私は動揺した。『蟹と歩く』という舞台を観て間もなかったからだ。

悪魔のしるしの演劇公演『蟹と歩く』は、二〇一七年三月二十五日と二十六日、倉敷市立美術館講堂で上演された。私は二日目、二十六日の二度目の上演、千穐楽の回に観た。品川から新幹線で岡山まで行き、山陽本線に乗り換えた。岡山に行ったのは、これも嘘ではないが、軍馬修の葬式に行って以来だから、二十年以上が経っていた。私はもちろん、あのときのことを思い出した。だが思い出すのはいつも、ボブ・マーリィが延々と流れていた葬儀ではなく、帰りの新幹線で、どうしても嗚咽を止められなかった自分の姿だ。

三月十七日、悪魔のしるし主宰の危口統之（本名ではない。本当は木口統之だった）は、僅か三ヵ月ほどの闘病生活ののち、肺腺癌で亡くなった。四十二歳だった。癌とわかったときにはステージ4だったという。危口君は実家のある倉敷に戻り、療養を続けていた。『蟹と歩く』が悪魔のしるしの新作公演としてアナウンスされたとき、彼はまだ生きていたし、公演の前に自分がいなくなるとは思っていなかったかもしれない。いや、覚悟はしていたかもしれない。そんなことは私にはわからない。しかし現実として、『蟹と歩く』の一週間ほど前に彼は逝ってしまった。それよりも前から、具体的な舞台の制作は、彼の書いたアイデアのメモやスケッチを基にして、全員が「同行者」と呼ばれるスタッフ、キャストたちに預けられていた。『蟹と歩く』というタイトルは危口統之による。英語題名は"Walking with Cancers"。

蟹と歩く。
打ち寄せる波と並行に、
前でも後ろでもなく、
ひたすら横に、
海中に沈むでもなく、陸上に上がるのでもなく、
ただ波の打つ際、際にそって、
向こうと此方を斜に見つつ、
鎌首もたげ、大きな鋏を振るシオマネキに招かれ横滑りしていく、
一日一歩、3日で散歩するのにも飽き、
波打つ布団の中、
寝たきりの浜辺によするのは眠気の波、夢のしぶき、

（『蟹と歩く』）

悪魔のしるしの過去の公演もそうだったように、『蟹と歩く』もまた、明確なプロットを持った作品というよりも、非常に多様な要素が多層のレイヤーとして、ある意味では雑然と取り込まれた、未生の、もしくは崩壊寸前の演劇だった。その多くの作品で、ある時は狂言廻し的な役割として、ある時は「演出家」という「登場人物」として、ある時は「木口統之」という「登場人物」として出演してきた主宰者の姿はそこにはない。彼はオジー（ブラック・サバスの初代ヴォーカリスト、オジー・オズボーンにちなんでいる。劇団名「悪魔のしるし」もサバスの名曲「Symptom of the Universe」の日本語題名から採られている）と呼ばれ、思い出話の中に登場し、劇の後半では山崎皓司が「オジー」に扮したりもする。

だが『蟹と歩く』の内容について触れるのはやめておく。それは「同行者たち」による危口統之のメモワールであり、レクイエムだった。劇の開始の前に、危口君の妹弟が舞台上で挨拶し、なぜか森山直太郎の「さくら」を妹さんのピアノ演奏、弟さんの歌唱で披露した。その前に妹さんが、「木口統之」と共に悪魔のしるしの傑作『わが父、ジャコメッティ』に主演した危口君の父親、木口敬三氏が、火葬の入棺前の参加者への言葉のなかで突然「アディオス！」と叫んで全員が驚いたというエピソードを語った。そんなことを口にするようなひとではないんですが、と。そして劇の最後にオジーこと「危口統之」こと山崎皓司は叫んだ。「アディオス！」。さよなら、さよなら、バイバイ。アディオス……。

もうひとつ、劇のオープニングに、どこなのかわからない美しく透き通った海の、視界の果てまで続く浜辺の波打ち際を、ゆっくりといつまでも歩いてゆく者の後ろ姿を捉えた映像が流される。「打ち寄せる波と並行に、前でも後ろでもなく、ひたすら横に」その人物は歩いていく。一度も振り向くことなく、それゆえ顔の映らないその人物を、私は危口統之なのかと思ってしまったが、公演後に制作されたDVDに附された冊子「記録集」での映像担当、荒木悠によると、「海辺を歩くおじさん」と題されたその映像は荒木が二〇一〇年にマイアミで撮影したものであり、映っているのは見ず知らずの男性だという。「まだ危口さんと出会って間も無い二〇一一年にこの素材を一度だけ見てもらったことがある。使い道がわからないまま時が経ち、二〇一七年二月十日に「むかし見せてもらった、海辺を延々と歩く動画、あのイメージをもしかしたら使いたいかも」と連絡を受け、覚えていてくれたことに驚いた」。その後、危口君から新たな指示はなかったが、結果としてこの映像は『蟹と歩く』の始まりに置かれることとなった。「海辺を歩くおじさん」が誰であれ、彼は「危口統之」をあらかじめ演じていたのだと私は思う。

私が最後に危口君に会ったのは、二〇一六年七月末、彼がKanzan Galleryで行なった個展「劇的なるものをネグって」を観に行ったときだった。展示概要として書かれたテクストを、やや長くなるが、そのまま引用する。

2007年の秋頃、つるんでいた友人たちと共に演劇の真似事を始めたときから今の今まで扱う主題は「出来てなさ」であり続けた。それは専門的な訓練を経ぬまま活動を始めた自分自身への言い訳でもあったし、舞台に立ったことのない友人を引っ張り込み何とかして演劇らしきことをさせようとするときの価値基準でもあった。そうこうしているうちに、そもそも出来ているとは何だ、どういうことだと考え始めることになる。いっけんダメなことのように思えるが実はそれこそが演劇の本質ではないかと疑いを持ちはじめる。写実にこだわるほど舞台上での振る舞いは滑稽に見えてくる。むしろまがい物であることを強調するほうが格好いいんじゃないかと思えてくる。埋葬された真らしさの上に建てられた立派な墓碑。その美しさ、そのつつがなさを生みだす高度な技能をついに持てずじまいだった我々は倒錯だと重々承知の上でリアリティという棺の中で腐っていく。西洋から伝わった演劇なるものをこの国がどう演じたかについては様々な論者が語っている。その失敗、片時の成功、そしてさらなる失敗、そうこうしているうちに到来する多様性賛美の時代。みんな違ってみんないい。それら多様な差異の住まう館は完全にバリアフリー化されている。弱者に厳しい段差などあってはならない。こうしてまたひとつ劇的なるものはネグられ、世界は完成に近づく。

（「劇的なるものをネグって」）

そのときはしかし、挨拶ぐらいで何も話さなかった（だから私は最後に会った際の彼の印象が希薄である）。だがその前、同じ年のゴールデンウィークに、かもめマシーンという劇団の『俺が代』を観に行ったとき、それは銀座のはずれの若山美術館、精確に言うと同ギャラリーが入っているビルの屋上で上演されたのだが、日本国憲法を主題とする清水穂奈美のひとり芝居は極めてハードだったものの、昼間の上演で、天気も良く、終わってから私としては珍しく（私は普段観劇の後はすぐ消えてしまう）、たまたま同じ回を観ていた桜井圭介、危口統之と三人で、近くの中華料理店に入って数時間、杯を重ねたのだった。おそらく（他の何人もと同様に）危口君と私の関係は、微妙な距離感と緊張を孕んだものだった。正直に言えば、私は彼に疎まれているような気がすることもあったのだが、もしかしたら彼の方もそう思っていたかもしれない。私は酒の席であれなんであれ、オフの状態で真面目な芸術談義をしたくない人間なので、そのときも大した話はしなかったろう。二ヶ月後の個展の話は、そのとき聞いたのではなかったか。

あのときはぴんぴんしとった、少なくともそう見えた奴が、それから一年も経たずに死ぬだなんて、どういうことやと私は思う。しかしそれもよくある話だ。倉敷市美術館の近くに危口統之の実家はあり、公演終了後は献花を受け付けているとのことだったが、私は演劇が終わると、知り合いに見咎められないようにして、すぐに会場を後にした。アディオス！と言ったのは危口君ではなかったが、彼が言ったも同然だった。そう思うこと、そう信じることが、あの場の全員に許されていた。私は頭の中でアデューと返した。いや、Twitterに一言だけそう書いた。意味は誰にもわからなかっただろうが、それはいささか芝居がかった振る舞いだったと今では思う。

男（白）も『蟹と歩く』の公演に行っていた。おそらく私と同じ日だったが、互いに姿を見かけることはなかった。じつは彼はその一週間前のお通夜にも顔を出していた。だが葬式には出なかった。あのあと大分経って、私は男（白）からそう聞いた。男（白）は『わが父、ジャコメッティ』の地方公演を観に行ったときに、木口敬三氏とも知り合っていた。でも僕はそれほど彼と親しかったわけじゃないんだよね、と彼は言った。私よりは親しかったと思うが、それでも特殊な行動と言えるかもしれない。彼は居ても立ってもいられなくなって、何も持たずに新幹線に乗ったのだ。

『しんせかい』で、男（大）＝オオキは、偽物の蟹に指を挟まれて、痛っ！と叫んでから、必死の形相（の演技）で鋏をやっと外して、そして思い切り放り投げた。それは全体の筋からしたらまったくどうでもいいシーンだった。ちょっと笑えるシーンだ。

6　その「ほし」は、この「ほし」でもある

つい最近、男（大）と男（白）は、ほとんど同時にそれぞれ本を出した。同じ雑誌に連載されていたものであり、同じ版元によって出版された。

その一方の『ほしのこ』は、男（大）の「第二期」の始まりを告げる作品だ。

わたしでも私でも僕でもぼくでもおれでも俺でもいいのだが、一人称と呼ばれているもの、そういうものとして語られている／書かれているものは、いわば容れ物に過ぎない。これが男（大）が彼の小説によって一貫して述べてきた、そして作品を追うごとにますます強まってきた主張、というか（彼にとっては）真理の確認だ。今ここで「わたし」として語っている何（者）かは、そうであるからこそ、いつでも誰／何とでも交換可能であり、それは切りも加減もなくそうなのだが、しかしその時その時の「わたし」が「わたし」であるということだけはけっして変わらない。「わたし」によって「彼」と呼ばれていた誰か、あるいは「あなた」と呼ばれていた誰かが、直後に、でも瞬時に、でもなく、時間差を伴わず精確に同時に「わたし」である、「わたし」になるというよりもそもそも「わたし」で（も）あったことが示される、というようなことが男（大）の小説では頻繁に起こる。「わたし」という容れ物には誰で

も／何でも、入るし、入れるし、入ってくる。入ってからまた出ていくものもある。入っているときだけ、それは「わたし」になる。ある意味で「わたし」には最初から全部入っているのだと言ってもいい。それはつまり「わたし」という容れ物は、ほとんど存在しないも同然だ、ということでもある。

この感じは『ほしのこ』において、ほとんどぎりぎりまで極まっている。『壁抜けの谷』で、デビュー作『緑のさる』以来、毀誉褒貶を浴びつつひたすら突き詰めてきた自らの小説の在り方を、何もここまでやらなくてもと思ってしまうほど厳格かつ徹底的に問い直し、『しんせかい（小説）』によって、敢えて自身のバイオグラフィと「作り話＝フィクション」に半透明の導線を引いてみせた男（大）は、今や「わたし」を使ってほとんど何だって出来るようになっている。『ほしのこ』の最初の三文字は「わたし」だ。「わたし」は「天」と名付けられた女の子である。この名前は『しんせかい（小説）』にも出てきた。変わった名前だし、これはだから同一人物なのである、というほど事はもちろん単純ではない。かといって「たまたま同じ名前の別人なのだが、そのことには意味がある」というよくある手口とも違う。『しんせかい』の「ぼく」が手紙を書き送る「天」と『ほしのこ』の「天」は、やはり同じ存在なのだと思う。しかしそれは『しんせかい』と『ほしのこ』（そういえばどちらもひらがなだが）の世界が地続きだということとは違う。違うけど繋がっている。繋がっているが違っている。「天」はひとりであってひとりではなく、それにそこにいる「わたし」は「天」だけではない。

「わたし＝天」は「お父さん」と二人きりでいつからか生きてきたが、あるとき父は星に帰ってしまう。ひとりになった「わたし」の前に「ルル」が現れる。彼女は「天」よりもっと小さい女の子だ。「ルル」は最初「わたし」の言うことを復唱することしかしない。だんだんと「ルル」は「わたし」と入り交じってくる。「お父さん」と暮らしていた頃から見知っていた「昆布ばばあ」も入り交じってくる。その後のまたあるときに空から山に落ちてきた「飛行機乗り」も入り交じってくる。「飛行機乗り」は「おれ」だが、「おれ」が撃ち落とした「おれ」と「おれ」に撃ち落とされた「おれ」も区別がつかなくなってくる。「おれ」と「お父さん」も入り交じってくる。時間も場所も入り交じってくる。これらの入り交じりを解きほぐそうとしてはならない。そんなことをしたらすべては台無しだ。たとえ出来たとしても何にもならない。

ひとつ重要なことは、これが紛れもない「戦争小説」であるということだ。この物語の遠い下敷きになっているのは、サン＝テグジュペリと『星の王子さま』だと思われる（「と」であって「の」ではない）。最後は空に消えた（？）飛行機乗りが書いた、最後は星に帰った（？）ほしのこの物語。『コルバトントリ』の冒頭にも戦場が描かれていた。戦場はひとつではない。たくさんある。しかしそれは、いつでも、どこでも、ということではない。「わたし」が容れ物であり、その中身がどれだけ入れ替わっていこうとも、「わたし」を媒体としてどれだけ多くの存在が入り交じってゆこうとも、それでもその都度の「わたし」は「わたしたち」

でなく「わたし」でしかないように、戦場もまた、いつのことでもある、とか、どこもかしこも、などではなく、誰かが、わたしが、おれが、死んだり死ななかったり殺したり殺されたりするのは、そのたびごとに常に「ここ」でしかあり得ない。他のどこでもない、この戦場での、他の誰のものでもない、この死。交換可能性と交換不可能性。偶然性と必然性は、男（大）の小説世界では、いつもぐるぐる廻っている。それはどんな場合であってもそうなのだが、とりわけそのことの特別さ、どうにもならなさ、どうにもならないことの切実さが、鋭く立ち上がってくるのが、戦争であることは言うまでもない。

男（大）は、一人称でしか小説を書いたことがない。だが彼の「わたし」が他の小説家の「わたし」たちとは随分違ったものであるということは、誰の目にも明らかである。彼は何度か「いつか自分は三人称の小説を書くのだろうが、今はまだその時ではない」といった意味のことを語っている。『ほしのこ』を読むと、彼の一人称はもはや三人称と呼ばれているものを丸ごと含み込んでいることがわかる。何よりも強調しておくべきことは、男（大）の「わたし」は――『しんせかい』を経た今もなお／いや今だからこそ――男（大）という「わたし」ではないということだ。彼の小説は誰が何と言おうと「私小説」ではない。

ではこの「わたし」は何なのか。

7　待ちながら

死、というものが、どんなものなのか、知ってる人はいない。経験した当人は、死んでしまっているから聞くことが出来ない、ということではない。

死を、経験した人は、一人もいない。

死なれた、だけが存在し、死んだ、は存在しない。

（中略）

すべては、死んでないものの都合による。

（『彼の娘』）

右は男（白）の本からの引用である。これは一見すると、私が先に書いたことの、正反対というか、私が否定しようとしたことが書かれている、そう思うひともいるかもしれない。だが、そうではない。この書物は、彼が、すなわち男（白）が「彼の娘」について物語るという構成になっている。帯には「ドキュメント小説」とあり、文字の埋まった頁のあいだに時おり挟み込まれているのは、確かに私も知っている彼の娘の写真だ。しかし、だからといって油断してはならない。男（白）にとって「ドキュメント」とは「フィクション」のことなのだから。あと数頁で終わろうとするところで、あっけなく、時間は現時点から四年後の未来に跳ぶ。いつのまにか語り手は「彼」ではなく「くるみ」「くんちゃん」と呼ばれる「彼の娘」になっている。そしてそのとき、すでに「彼女の父親」は亡くなっているのだ。

彼は死んだ。
ここには、いない。
彼女は、泣いたりした。
が、しばらくしたら、自分のこともいろいろ忙しく、彼のことを忘れるようになった。
彼の方は、死んだので、忘れたも、覚えてるもない。
（同）

「彼は死んだ」「ここには、いない」と彼は書いたのだ。「開演時間になってなにか現象が起こり始めて、上演時間のあいだそれが起こり続けている。極端な例で言うと、途中でそのひとが死んじゃうこともありうる」のが男（白）の演劇観なのだとして、彼は小説というかたちでも、それをやっている。思い出してみれば、あの『じめん』でも、最後にいきなり四十年後の未来に時間が跳んだのだった。音楽家の息子が演じていた主人公は五十一歳になっており、男（白）自身が演じている。五十一歳とはそのときの男（白）の年齢とほぼ同じだ。二〇五一年、もう夢の島は存在していない。日本という島も存在していない。二〇五一年、音楽家の息子は生きているだろうが、男（白）は生きているだろうか？

男（大）が書いた物語の最後では、ふたたび「天」はひとりきりになる。

わたしは一人になったのにさみしいとか思わない。

そのことがどうしてかもわたしにはわかっていたから、ルルがいなくなっても昆布ばばあがいなくなっても大きな声を出したり泣いたりしていない。お父さんが一人で星に帰ったときみたいになったりしていない。

みんなはいつもわたしといる。

今までとは違うやり方で、わたしのまわりにいつもいる。

もしかしたら最初からそうだったのかもしれないとわたしは思っている。最初から昆布ばばあもルルも、今みたいに、いた。だけどわたしがまだそのことをよくわかってなかったから、昆布ばばあとしてあらわれてくれたり、ルルとしてあらわれてくれたりしていたのだ。

お父さんは違う。

お父さんは、いた。

いて、いなくなった。いなくなって、いつも、いた。今も、いる。今も一人のかたちになったわたしを浜から見ている。

ほら、あそこにいる。


（『ほしのこ』）

二冊の本はどちらも「彼女の父親」がいなくなる話だ。いや、いなくなったが、いる、いないのに、いる、という話だ。いるといないは、いないといるは、どこがどう違うのだろうか。どこも違わないのだろうか。私は何度か、演劇とは、ここにはいないひとを、ここにいるひとが、ここにいることにすることだと述べてきた。それを男（大）は、今は小説というかたちでやっている。こう言い換えることも出来る。死んでいる者たちを、死んでいない者たちが、死

んでいないことにする、いや、死んで、だが、いる、ことにする。たぶんそれが、芸術と呼ばれているもののひとつの機能なのだと思う。

死んでいる者たちは、ここにはいない。いないのだが、いる。ここにいる。死ぬのはいつだって他人だ。そもそも死とは、コップが倒れるくらいのことでしかない。「とうとうもうじきわたしは完全に死ぬだろう」。男（白）こと飴屋法水も、男（大）こと山下澄人も、そして私も、とうとうもうじききっと必ず死ぬだろう。だがしかし、だからといって私たちは、いつか来る死を待っているのではない。私たちが待っているのは、別の何かなのだ。

And dream of a way in a space with neither here nor there where all the footsteps ever fell can never fare nearer to anywhere nor from anywhere further away? No for in the end for to end yet again by degrees or as though switched on dark falls there again that certain dark that alone certain ashes can. Through it who knows yet another end beneath a cloudless sky same dark it earth and sky of a last end if ever there had to be another absolutely had to be.

"For to end yet again"

おわりに

おわりに、と題された、この文章をいま書き始めて、これまでになく、いよいよ終わりか、もう終わりなのか、という感慨にとらわれている。これまで何冊もの本を作ってきたが、これは私にとってかなり特別な意味を持つ書物になりそうである。

本書には、過去五年ほどの間にあちこちに寄稿した、主に小説にかかわる文章から選んで収録した。執筆時期は、先に刊行された『新しい小説のために』（二〇一七年）や『例外小説論』（二〇一六年）と一部重なっている。思えば二〇一〇年代は、芸術文化のさまざまなジャンルについて節操無く書いてきた私が、これまでになく小説にかんする文章を数多く発表した十年だったと思う。どうしてそうなったのかはよくわからないが、自ら望んでそうしたわけではなかったことは確かである。とはいえ、自分が「小説」のことを考えるのに、いわば耽溺したということも間違いない。

私にとって「小説」とは、今もってなんだかよくわからないものである。まだしも「文学」の方が定義がしやすいくらいだ。だがしかし、私は私の「小説」の好みというか、自分がどんな小説に惹かれるのか、どのような小説に思考を刺激されるか、批評的な欲望を起動されるのか、を今ではよくわかっている。というか、それはあまりにも歴然としており、とりわけ本書には私の「小説」観がいささか赤裸々なまでに顕われてしまっていると思う。だからこれはある意味できわめて個人的な書物である。

個人的である、というのは、批評対象となった小説や小説家の固有名詞の偏りにのみ示されているわけではない。それらの作品や作家から私が何を読み取ったか、という批評の照準や解析にも、私が私であるがゆえの論理や倫理のありよう、つまり私がどういう人間なのか、ということが露骨なまでに出ていると思う。批評は結局、技術の問題ではない。もちろん理論的な問題などは色々とあるだろうが、それらを通して明らかにされるのは、最終的にはやはり個人的な問題なのだ。願わくば、それが多少とも普遍性へと足を掛けた個人的問題になっていることを願うばかりである。

では、その個人的問題とは何か。それはおそらく、ひとがこの世界に生まれてきて或る時間を生きてやがて死ぬ、とは、いったいどういうことなのか、という問いになるのだろうと思う。いや、ひとが、などという一般的な、狡くて曖昧な書き方をしてはならない。私の知っている／知っていた誰かが、誰かたちが、そして、私自身が、この世界に生まれて生きて死ぬ、ということ、それは果たして何なのか。つまり誰もがもっとも気にかけているのと同じ素朴で凡庸な問題に、私もまた拘っている。私はそのことを小説を通して考えようとしている。

おわりに至ってなんだか恥ずかしい告白をしているような気もしてきたが、しかし、これはほんとうにそうなのだ。

そのせいなのかどうかはわからないが、本書は自分でも不思議なほど一貫性のある論集になっている。この本の中で、はじまりからおわりまで、とにかく私は同じ（ような）ことを何度も繰り返し書いている。自分でもそう思う。しかしこれもまた、けっして意図したわけではなかったのだ。

奇を衒ったと思われても仕方のない書名については「はじめに」に書いたのでよしとしよう。三つのパートの標題である「事実」「虚構」「予言」は、ネルソン・グッドマンの著書の題名から採った。特に深い意味があるわけではないが、当て嵌めてみたら妙に合っているような気がしたのだ。編集を担当された幻戯書房の名嘉真春紀氏は、本書のために書き下ろした（というほどのものではないごく短い）「「花束」について」という文章を賚した。小説をよく読める編集者と仕事が出来て頼もしかった。

装幀と造本は、いぬのせなか座の山本浩貴＋hのお二人にお願いした。多忙を極めるいぬのせなか座さんなので、じつは駄目もとでの依頼だったのだが、快諾してくれたのみならず、このような驚くべき美しい書物に仕立て上げてくださって、心から感謝します。ありがとう。

本書が私にとって特別な意味を持つということには、著者校正のためにはじめて通読したときに気づいた。ああ、自分はこんな本を書いたのか、そう思った。何かがわかったような、自分が書いた筈の文章から何ごとかを教えられたような、そんな気がした。だが、じゃあそれは何だったのかと問われたら、それは答えたくない、としか言いようがないのだが。

本書を亡き親友、田島昌也に捧げる。私はかつて彼のことを小説に書こうとしたのだが、うまくいかなかった。

二〇一九年八月二日
佐々木敦

初出一覧

―― I 事実

小島信夫の／とベケット
図録『サミュエル・ベケット　ドアはわからないくらいに開いている』岡室美奈子監修、早稲田大学坪内博士記念演劇博物館、二〇一四年

反実仮想のかなしみとよろこび――小島信夫の／とベケット2
「表象・メディア研究」第五号、早稲田表象・メディア論学会、二〇一五年

「自然成長性」にかんするメモ――小島信夫『別れる理由』
『小島信夫長篇集成5　別れる理由II』水声社、二〇一五年

不可逆性と運命
『小島信夫短篇集成5』『6』『7』月報、二〇一五年

おわらないおわりのはじまり――小島信夫『公園／卒業式』
『公園／卒業式　小島信夫初期作品集』講談社文芸文庫、二〇一四年

慟哭と吃驚——小島信夫と小沼丹

「三田文學」二〇一四年夏号

想い出すことなど——小沼丹『藁屋根』

小沼丹『藁屋根』講談社文芸文庫、二〇一七年

慕情と追憶——小沼丹『お下げ髪の詩人』

『お下げ髪の詩人　小沼丹未刊行少年少女小説集・青春篇』幻戯書房、二〇一八年

「花束」について

書き下ろし

「あなた」のための音楽——保坂和志『地鳴き、小鳥みたいな』

「三田文學」二〇一七年冬号

—— II 虚構

大江健三郎VS村上春樹

「文學界」二〇一六年一、四、六、九月号

（「ムラカミ・ケンザブロウ　日本的エゴの文学」改題）

凡庸ならざる肖像画家の肖像——村上春樹『騎士団長殺し』
「文學界」二〇一七年五月号

小説家蓮實重彥、一、二、三、四、
「新潮」二〇一六年八月号

III 予言

序章と終章と文字
「終わりの始まりと始まりの終わり　円城塔『エピローグ』」『SFが読みたい！2016年版』
早川書房、二〇一六年
円城塔『エピローグ』ハヤカワ文庫JA、二〇一八年
円城塔『プロローグ』文春文庫、二〇一八年
「グラマトロジーについて」「群像」二〇一八年十月号

筒井康隆は「パラフィクション」を書いたのか？
『文藝別冊　総特集・筒井康隆　日本文学の大スタア』河出書房新社、二〇一八年

三つの「小説」について

「「凡庸さ」との新たな闘い　磯﨑憲一郎『鳥獣戯画』」「新潮」二〇一七年十二月号

「迷子になるのは、いつも家の中　坂口恭平『家の中で迷子』」「波」二〇一八年七月号

「今ここにあるミライミライ　古川日出男『ミライミライ』」「群像」二〇一八年五月号

死んでいる者たち

「新潮」二〇一七年十月号

「その「ほし」はこの「ほし」でもある　山下澄人『ほしのこ』」「群像」二〇一七年十月号

佐々木敦（ささき・あつし）
批評家。ＨＥＡＤＺ主宰。芸術文化の諸分野を貫通する批評活動を行なっている。著作に『批評時空間』『シチュエーションズ』『あなたは今、この文章を読んでいる。』『筒井康隆入門』『新しい小説のために』『アートートロジー』『この映画を視ているのは誰か？』など。

私は小説である

二〇一九年九月九日　第一刷発行

著　者　佐々木敦
発行者　田尻　勉
発行所　幻戯書房
郵便番号一〇一－〇〇五二
東京都千代田区神田小川町三－十二
岩崎ビル二階
電　話　〇三（五二八三）三九三四
FAX　〇三（五二八三）三九三五
URL　http://www.genki-shobou.co.jp/

印刷・製本　美研プリンティング

ISBN 978-4-86488-176-0　C0095

幻戯書房の既刊（各税別）

小沼丹未刊行少年少女小説集・推理篇

春風コンビお手柄帳

小沼　丹

「あら、シンスケ君も案外頭が働くのね。でも80点かな?」。中学生二人組が活躍する表題連作ほか、日常の謎あり、スリラーあり、ハードボイルドあり、と多彩な推理が冴え渡る。名作『黒いハンカチ』以来60年ぶりとなるミステリ作品集。（巻末エッセイ・北村薫）

四六判上製／二八〇〇円

小沼丹未刊行少年少女小説集・青春篇

お下げ髪の詩人

小沼　丹

「ああ、詩人のキャロリンが歩いている。あそこに僕の青春のかけらがある」。東京から山間へとやって来た少年の成長を明るく描く中篇「青の季節」ほか、物語作者としての腕が存分に発揮された恋愛短篇を集成。切ない歓びに満ちた作品集。（解説・佐々木敦）

四六判上製／二八〇〇円

祭り裏

島尾ミホ

端正な散文と南島の言葉が入り交じる独自の文体で織り成した、島の「夜」にうごめく物語世界。日本文学史上稀有の傑作として絶讃を得つつも長らく入手困難だった中短篇小説集を、石牟礼道子による書評など新資料を加え復刊。（解説・樋口良澄）

四六判上製／三二〇〇円

骨踊り

向井豊昭小説選

あらゆる小説ジャンルを呑み込み笑い飛ばす強靱な文体。「ヤマト」によるアイヌ差別への苛烈な批判精神——「平成」の文学シーンを揺るがしたおそるべきゲリラ作家の入手困難な代表作を精選。傑作長・中・短篇六作を（ほぼ）初書籍化したメガ・コレクション。

四六判並製／四九〇〇円

銀河叢書既刊（以下続刊）

小島信夫	『風の吹き抜ける部屋』	四三〇〇円
田中小実昌	『くりかえすけど』	三二〇〇円
舟橋聖一	『文藝的な自伝的な』	三八〇〇円
舟橋聖一	『谷崎潤一郎と好色論　日本文学の伝統』	三三〇〇円
島尾ミホ	『海嘯』	二八〇〇円
石川達三	『徴用日記その他』	三〇〇〇円
野坂昭如	『マスコミ漂流記』	二八〇〇円
串田孫一	『記憶の道草』	三九〇〇円
木山捷平	『行列の尻っ尾』	三八〇〇円
木山捷平	『暢気な電報』	三四〇〇円
常盤新平	『酒場の風景』	二四〇〇円
田中小実昌	『題名はいらない』	三九〇〇円
三浦哲郎	『燈火』	二八〇〇円
赤瀬川原平	『レンズの下の聖徳太子』	三二〇〇円
色川武大	『戦争育ちの放埓病』	四二〇〇円
小沼丹	『不思議なシマ氏』	四〇〇〇円
小沼丹	『ミス・ダニエルズの追想』	四〇〇〇円
小沼丹	『井伏さんの将棋』	四〇〇〇円
小沼丹	『ゴンゾオ叔父』	四〇〇〇円